Lib 296

MÉMOIRES

SUR

LA GUERRE DES FRANÇAIS

EN ESPAGNE.

AVIS DE L'ÉDITEUR.

La première Édition de cet Ouvrage était sous presse à Londres, avant l'entrée des puissances coalisées à Paris et la restauration de la famille royale sur le trône de France.

MÉMOIRES

SUR

LA GUERRE DES FRANÇAIS

EN ESPAGNE;

PAR M. DE ROCCA,

OFFICIER DE HUSSARDS ET CHEVALIER DE L'ORDRE DE LA LÉGION D'HONNEUR.

SECONDE ÉDITION.

DE L'IMPRIMERIE DE J. GRATIOT.

PARIS,

GIDE FILS, LIBRAIRE, RUE SAINT-MARC, N°. 20;
H. NICOLLE, A LA LIBRAIRIE STÉRÉOTYPE,
RUE DE SEINE, N°. 12.

M. DCCC. XIV.

MÉMOIRES

SUR

LA GUERRE DES FRANÇAIS

EN ESPAGNE.

PREMIÈRE PARTIE.

Le deuxième régiment de hussards, autrefois nommé Chamboran, dans lequel j'ai eu l'honneur de servir, reçut, un an après la fin de la campagne qui se termina par la bataille de Friedland, et la paix de Tilsitt, l'ordre de quitter la Prusse pour aller en Espagne. Je me trouvai ainsi à portée de comparer deux genres de guerre absolument différens ; la guerre des troupes réglées qui s'intéressent peu d'ordinaire à l'objet de la querelle qu'elles soutiennent, et la guerre de résistance qu'une nation peut opposer à des armées de ligne conquérantes.

Nous sortions des plaines sablonneuses du nord

de l'Allemagne ; nous avions eu affaire à des peuples soumis, pour la plupart, à des gouvernemens dont les formes étaient toutes militaires. Les divers souverains, faisant partie de l'empire germanique, avaient depuis plus d'un siècle, tourné toutes leurs vues vers le perfectionnement de ces institutions guerrières, qui pouvaient assurer leur autorité, et servir leur ambition personnelle ; mais en accoutumant leurs sujets à une soumission exacte et minutieuse, ils avaient affaibli le caractère national, seul boulevart invincible que les nations puissent opposer aux invasions des étrangers.

Lorsqu'une province d'Allemagne était conquise par les Français, et qu'elle ne pouvait plus recevoir les ordres de son souverain, les classes inférieures, qui n'avaient point l'habitude de faire usage de leur volonté, n'osaient agir sans l'impulsion des gouvernemens ou des seigneurs : ces gouvernemens devenaient, par la conquête, subordonnés à l'influence des vainqueurs, et les seigneurs, accoutumés depuis long-temps au spectacle des vexations momentanées que les soldats exercent envers les peuples, se résignaient plus facilement aux maux que la guerre entraîne après elle.

Le clergé n'avait en Prusse que peu d'ascendant sur le peuple; la réformation a détruit, chez les protestans, cette puissance que les prêtres ont encore conservée de nos jours dans quelques pays catholiques, et sur-tout en Espagne. Les gens de lettres, qui auraient pu influer sur l'opinion, et faire servir leurs lumières aux succès de la cause de leur pays, n'étaient que rarement appelés à prendre une part active dans les affaires publiques. La considération littéraire était le but unique de leur ambition, et ils ne s'adonnaient guère à des occupations ou à des études applicables aux circonstances. La puissance réelle des divers états de l'Allemagne reposait sur leurs systèmes militaires, et leur existence politique devait dépendre en entier de la force ou de la faiblesse de leurs gouvernemens.

Dans les plaines du nord de l'Allemagne, les localités du pays ne permettaient pas d'échapper aussi facilement au joug des vainqueurs, que dans quelques autres contrées d'une nature différente. De petits corps de troupes contenaient dans l'obéissance une grande étendue de pays conquis, et assuraient les subsistances de nos armées. Les citoyens n'auraient pu trouver des retraites sûres, s'ils avaient essayé contre nous des révoltes partielles; d'ailleurs les Allemands, accoutumés à un genre de vie tranquille et régulier, ne prennent un parti désespéré que lorsqu'on les a entièrement déracinés de toutes leurs habitudes.

Nous n'avions rien à craindre des habitans dans les pays conquis par nos armes, et la guerre d'Allemagne se faisait uniquement entre des troupes de ligne, chez lesquelles il existe plutôt des rivalités que des haines. Le succès d'une campagne dépendait de l'ensemble des opérations militaires, de l'activité, de la persévérance des chefs, et de leur habileté à se deviner, à se prévenir, et à porter à propos et avec promptitude de grandes masses sur des points d'attaque décisifs. On évitait toutes ces petites rencontres partielles, qui ne font dans la guerre régulière que rendre quelques individus malheureux, sans contribuer à aucun avantage important; et les talens des généraux n'étaient jamais déjoués par les volontés individuelles ou par les mouvemens spontanés des peuples.

En Allemagne, nous n'avions eu à vaincre que des gouvernemens et des armées : dans la péninsule espagnole, où nous allions faire la guerre, il n'y avait déjà plus ni troupes réglées, ni gouvernemens. L'empereur Napoléon avait envahi le Portugal et l'Espagne, mis en fuite ou conduit en captivité les souverains de ces deux pays, et dispersé leurs forces militaires. Nous n'étions point appelés à combattre contre des troupes de ligne par-tout à peu près les mêmes, mais contre un peuple que ses mœurs, ses préjugés, et la nature même du pays, isolaient de toutes les autres nations continentales. Les Espagnols devaient nous opposer une résistance d'autant plus opiniâtre, qu'ils croyaient que le gouvernement français voulait faire de la péninsule un seul état secondaire, irrévocablement soumis à la domination française.

Sous le rapport des connaissances et du perfectionnement des habitudes sociales, l'Espagne était de plus d'un siècle en arrière des autres états du continent. La situation reculée et presqu'insulaire du pays, et la sévérité des institutions religieuses, avaient empêché les Espagnols de prendre part aux disputes et aux controverses qui avaient agité et éclairé l'Europe pendant le seizième siècle. Ils ne se ressentaient pas non plus, dans le dix-huitième, de l'esprit philosophique, l'une des causes de la révolution de France.

Quoique les Espagnols fussent trop abandonnés à l'indolence, et qu'il y eût dans leur administration ce désordre et cette corruption, suites inévitables d'un long despotisme, leur caractère national n'avait cependant reçu aucune atteinte : leur gouvernement, quelqu'arbitraire qu'il fût, ne ressemblait en rien au pouvoir militaire absolu tel qu'il existait en Allemagne, où la soumission constante des volontés de chacun et de tous, à l'ordre d'un seul, comprimait sans cesse le ressort individuel.

Ferdinand le catholique, Charles-Quint et Philippe II avaient, il est vrai, usurpé presque tous les priviléges des grands et des cortès, et ils avaient anéanti les libertés espagnoles; mais la faiblesse du gouvernement, sous leurs successeurs, laissait toujours au peuple, malgré le despotisme des souverains, une liberté de fait qui allait souvent jusqu'à l'insubordination.

Dans les annales des monarchies allemandes, on n'avait jamais entendu nommer que le souverain et ses armées. Depuis l'époque où Ferdinand le catholique réunit en un seul état les divers royaumes de l'Espagne, il s'était à peine passé un seul règne sans que le peuple eût fait sentir son existence et son pouvoir, en imposant des conditions à ses maîtres, et en expulsant quelques-uns de leurs ministres ou de leurs favoris. Lorsque les habitans de Madrid se révoltèrent pour demander à Charles III, père de Charles IV, le renvoi de son ministre Squilaci, le roi fut lui-même obligé de venir composer avec le peuple, et de s'appuyer de l'intervention d'un moine, qui tenait un crucifix dans la main. La cour, qui s'était sauvée à Aranjuez, voulut ensuite faire marcher les gardes vallones contre Madrid ; le peuple en tua plusieurs, et de toutes parts on l'entendait crier : *Si entraran los vallones, no reynaran los Borbones*, « si les gardes vallones » entrent dans Madrid, les Bourbons cesseront » de régner. » Les gardes vallones n'entrèrent pas, Squilaci fut renvoyé, et l'ordre fut rétabli. A Berlin et en Prusse, les habitans respectaient les soldats de leur roi dans leurs fonctions militaires, comme les soldats respectaient eux-mêmes leurs chefs ; à Madrid, les sentinelles placées en faction pour faire exécuter les ordres du souverain, cédaient le pas au plus simple des bourgeois.

Les revenus attachés à la couronne d'Espagne étaient très-bornés, et elle ne pouvait entretenir que des troupes peu nombreuses ; ses régimens de ligne, hors quelques corps privilégiés, étaient incomplets, mal payés, et mal disciplinés. Les prêtres étaient la seule milice exécutive puissante qu'eussent les rois d'Espagne ; c'était par les exhortations des ministres des autels, et par la présentation des ornemens pontificaux ou des reliques, qu'ils réprimaient ou dissipaient les tumultes populaires.

Les prêtres espagnols haïssaient les Français par patriotisme et par intérêt ; car ils savaient qu'on voulait abolir leurs priviléges, et les priver de leurs biens et de leur puissance temporelle. Leur opinion entraînait celle de la partie la plus nombreuse de la nation ; et nous avions enfin presqu'autant d'ennemis à combattre, que la presqu'île espagnole contenait d'habitans.

Les montagnes élevées et stériles qui entourent et traversent l'Espagne étaient peuplées de races guerrières, toujours armées pour faire la contrebande, accoutumées à repousser les troupes réglées de leur nation, qu'on envoyait souvent à leur poursuite. Le caractère indompté des habitans de la péninsule, la douceur du climat, qui permet de vivre presque toute l'année en plein air, et d'abandonner au besoin sa demeure ; les retraites inaccessibles des montagnes de l'intérieur, la mer qui baigne des côtes étendues, toutes ces grandes circonstances provenant du caractère national, du climat et des localités, devaient procurer aux Espagnols des facilités sans nombre pour se soustraire à l'oppression des vainqueurs et pour multiplier leurs forces, soit en les transportant avec rapidité sur les points où les Français étaient faibles, soit en les faisant échapper à leurs poursuites.

Quand nous quittâmes, à la fin du mois d'août de l'année 1808, nos cantonnemens de la Prusse pour aller en Espagne, nous avions peu réfléchi aux obstacles imprévus que nous pourrions rencontrer dans un pays si nouveau pour nous. Nous croyions marcher à une expédition facile et de peu de durée : vainqueurs en Allemagne, nous ne supposions pas que rien pût désormais nous résister.

Nos soldats ne demandaient jamais dans quelle contrée on les conduisait ; mais s'il y avait des vivres là où ils allaient, c'était sous ce seul point de vue qu'ils considéraient la géographie de la terre. Le monde était partagé pour eux en deux parties, la zone heureuse où croît la vigne, et la zone détestable qui en est privée. Ayant entendu dire au commencement de chaque campagne, qu'ils étaient appelés à porter le dernier coup à la puissance chancelante des Anglais, ils confondaient cette puissance, sous toutes ses formes, avec l'Angleterre elle-même. Ils jugeaient de la distance qui les en séparait, par le nombre de marches qu'ils faisaient depuis bien des années, d'une extrémité du monde à l'autre, sans avoir encore atteint cette espèce de pays imaginaire et lointain qui reculait sans cesse devant eux. — Enfin, disaient-ils, si le désert nous en a séparés en Égypte, et la mer à Boulogne, nous y arriverons bientôt par terre en traversant l'Espagne.

Après avoir passé l'Elbe et le Weser, nous atteignîmes la rive gauche du Rhin et la France. On parlait depuis deux mois d'une guerre prochaine avec l'Autriche, et quand nous quittâmes la Prusse dans le mois de septembre de l'année 1808, nous étions tous persuadés qu'on nous conduisait sur le Danube. Ce fut avec une profonde tristesse et presque les larmes aux yeux, que nos hussards quittèrent l'Allemagne, cette belle contrée qu'ils avaient alors conquise, cette patrie de guerre dont ils emportaient tant de souvenirs de gloire, et où ils avaient même su quelquefois se faire aimer individuellement.

Nous traversâmes la France comme si c'eût été une terre nouvellement conquise et soumise à nos armes. L'empereur Napoléon avait ordonné que ses soldats fussent bien reçus et fêtés par-tout ; des députations venaient nous complimenter aux portes de ses bonnes villes. Les officiers et les soldats étaient conduits, d'abord après leur arrivée, à des banquets somptueux préparés d'avance ; et lors de notre départ, les magistrats nous remerciaient encore de ce que nous avions bien voulu dépenser en un jour, plusieurs semaines des revenus particuliers de leurs octrois municipaux.

Les soldats de la grande armée ne perdirent pas en France l'habitude qu'ils avaient contractée en Allemagne, de maltraiter quelquefois les bourgeois et les paysans chez lesquels ils étaient logés. Les auxiliaires alliés sur-tout, ne voulaient pas comprendre pourquoi ils ne devaient pas se conduire en France comme en pays ennemi ; ils disaient que c'était sans doute l'usage, puisque les troupes françaises n'en avaient pas agi autrement chez eux, en Allemagne et en Pologne. Les habitans des villes et des campagnes par où nous passions souffraient tout avec patience, en attendant que le torrent armé se fût écoulé.

Nos troupes se composaient (outre les Français) d'Allemands, d'Italiens, de Polonais, de Suisses, de Hollandais, et même d'Irlandais et de Mamelucks. Ces étrangers étaient vêtus de leurs uniformes nationaux, conservaient leurs mœurs et parlaient leurs propres langues ; mais malgré ces dissemblances de mœurs qui élèvent des barrières entre les nations, la discipline militaire parvenait facilement à tout réunir sous la main puissante d'un seul ; tous ces hommes portaient la même cocarde, ils n'avaient qu'un seul cri de guerre et de ralliement.

Nous passâmes la Seine à Paris, la Loire à Saumur, la Garonne à Bordeaux ; là nous prîmes, pour la première fois depuis notre départ de Prusse, quelques jours de repos, pendant que le reste de l'armée se rendait sur l'autre rive du fleuve. Nous traversâmes ensuite les landes incultes qui sont entre Bordeaux et Bayonne. Dans ces plaines solitaires, comme dans les bruyères de la Prusse et de la Pologne, le sol sablonneux ne retentit plus sous les pieds des chevaux, le bruit régulier et accéléré de leurs fers ne sert plus à ranimer leur ardeur. De vastes forêts de pins et de liéges bordent l'horizon à de grandes distances; on voit de loin en loin des bergers vêtus de peaux de moutons noirs, montés sur des échasses de six ou sept pieds de haut, et appuyés sur une longue perche; ils restent immobiles à la même place, sans jamais perdre de vue leurs troupeaux, qui paissent autour d'eux dans la bruyère. Lorsque l'empereur Napoléon traversa ces grandes landes, la pauvreté du pays ne permit pas qu'on pût lui fournir, suivant l'usage, une garde d'honneur de cavalerie; il fut escorté par un détachement de ces bergers qui suivaient, avec leurs longues échasses, le trot des chevaux dans le sable.

A quelques lieues par de là Bayonne, nous atteignîmes la Bidassoa, ruisseau qui borde la France dans les Pyrénées. Dès qu'on a mis le pied sur le territoire espagnol, on aperçoit un changement sensible dans l'aspect du pays, et dans les mœurs des hommes. Les rues étroites et tortueuses des villes, les fenêtres grillées, les portes des maisons toujours étroitement fermées, l'air sévère et réservé des habitans de toutes les classes, la défiance qu'ils nous montraient généralement, accroissaient la tristesse involontaire qui s'empara de nous lors de notre entrée en Espagne.

Nous vîmes passer l'empereur Napoléon avant qu'il arrivât à Vittoria; il était à cheval : la simplicité de son uniforme vert le distinguait entre les généraux richement vêtus qui l'entouraient : il fit à chaque officier en particulier un salut de la main, par lequel il semblait dire : — Je compte sur vous. — Français et Espagnols s'étaient rassemblés en foule sur son passage; les premiers voyaient en lui seul la fortune de l'armée entière : les Espagnols cherchaient à lire dans ses regards et dans son maintien quel serait le sort de leur malheureuse patrie.

Les derniers jours du mois d'octobre de l'année 1808, la grande armée d'Allemagne vint successivement se réunir à l'armée française que le roi Joseph commandait en Espagne. Ce fut seulement alors que nous apprîmes avec étonnement de nos frères d'armes, une partie des événemens de la guerre péninsulaire, et les détails des affaires malheureuses qui avaient forcé les généraux Dupont et Junot à capituler en Andalousie et en Portugal, le maréchal Moncey à se retirer de devant Valence, et enfin l'armée entière à venir se concentrer sur la rive gauche de l'Èbre (1).

(1) Le roi Joseph était à Vittoria avec l'état-major général de son armée et ses gardes. Le maréchal Moncey, avec son corps d'armée, était à Tafalla, observant l'armée espagnole du général Palafox, placée à Sanguessa sur les frontières de la Navarre et de l'Aragon. Les troupes aux ordres du maréchal Ney, occupaient Logronio et Guardia; elles avaient devant elles, aux environs de Tudela sur l'Èbre, les armées espagnoles, commandées par les généraux Castannos et Palafox, qui, réunies, devaient être fortes de quarante mille hommes. Le maréchal Bessières était à Miranda de l'Ebro; il avait laissé, en se retirant, une garnison dans le fort de Pancorvo; sa position était couverte par la cavalerie nombreuse et bien montée du général Lassalle. Le maréchal Lefèvre occupait Durango : les corps commandés par les maréchaux Bessières et Lefèvre étaient opposés aux armées du centre et de la gauche des Espagnols, sous les ordres des généraux Belvedere et Blacke. L'armée du centre des Espagnols, placée à Burgos, était forte de douze à quatorze mille hommes seulement. Elle devait être renforcée par vingt-six mille Anglais, qui s'avançaient du Portugal et de la Corogne, sous les ordres des généraux Moore et Sir D. Baird. Cette armée était destinée à soutenir l'armée de la droite, que le général Blacke com-

Le 8 de novembre dans la nuit, le quartier impérial quitta Vittoria et vint à Miranda. Le mandait dans la Biscaye, et à entretenir les communications avec les armées des Espagnols dans l'Aragon et la Navarre.

L'armée du général Blacke, quoique forte de trente-sept mille hommes, avait peu de cavalerie, aussi n'osait-elle pas descendre dans les plaines, aux environs de Miranda et de Vittoria: elle avait quitté ses positions entre Ona Frias et Erron, pour s'emparer de Bilbao, et elle s'était avancée au travers des montagnes qui séparent la Biscaye de la province de Alava, jusqu'à Zornosa et Archandiano, vers Durango, pour insurger le pays et attaquer la droite et les communications de l'armée du roi Joseph. Les armées espagnoles de la Navarre et de l'Aragon devaient exécuter le même mouvement contre le centre et la gauche des Français, afin de les forcer à se retirer par la route de Tolosa, ou bien de les rejeter dans les défilés de la Navarre, vers Pampelune. Voilà quels étaient les projets des Espagnols, et la situation des affaires, lorsque l'empereur Napoléon prit en Espagne le commandement des armées.

Le trente-un du mois d'octobre 1808, le corps du maréchal Lefèvre avait attaqué près de Durango l'armée du général Blacke, il l'avait repoussée, et il était entré le jour suivant dans Bilbao. Le corps d'armée du maréchal Victor se porta, le 6 de novembre, de Vittoria sur Orduna; il devait former, conjointement avec celui du maréchal Lefèvre, l'armée de notre droite.

jour suivant toute l'armée du centre dont nous faisions partie, se mit en marche sous les ordres immédiats de l'empereur. Nous devions faire un puissant effort sur Burgos, où était le centre des forces espagnoles, pour menacer ensuite, en avançant rapidement, les flancs de leurs armées de gauche et de droite dans la Biscaye et vers les frontières de la Navarre et de l'Aragon. Nous voulions empêcher ces armées de se concentrer vers Madrid, si elles se retiraient, et les couper en nous portant, en arrière d'elles, sur leurs communications, si elles essayaient de résister.

A cet effet, notre armée de la droite, formée des corps aux ordres des maréchaux Victor et Lefèvre, devait continuer à marcher contre l'armée de Blacke qui se retirait sur Espinosa, après avoir été repoussée de Durango et de Valmacéda. Notre armée de la gauche, sous les ordres des maréchaux Lannes et Moncey, resta aux environs de Logrono et de Tafalla; elle attendait pour s'ébranler et remonter l'Ebre vers Saragosse, le résultat de l'affaire que nous allions indubitablement avoir à Burgos.

Le quartier impérial arriva le neuf au soir à Briviesca; l'armée sous les ordres de l'empereur se cantonna aux environs de cette ville. Les habitans du pays s'étaient par-tout enfui dans les montagnes à notre approche.

Le 10, au point du jour, le maréchal Soult alla reconnaître, avec une division d'infanterie, les positions de l'ennemi dans la direction de Burgos. Arrivé au village de Gamonal, il fut accueilli par une décharge de trente pièces de canon. Ce fut pour les Français le signal de l'attaque. Le maréchal Soult n'attendit pas le reste de l'armée qui suivait derrière lui, il engagea aussitôt l'affaire et culbuta les gardes vallones et espagnoles, qui étaient la principale force de l'armée ennemie. Le maréchal Bessières étant ensuite arrivé avec la cavalerie de l'armée, déborda les ailes des ennemis, acheva de les mettre en pleine déroute, et il entra dans Burgos pêle-mêle avec les fuyards.

Notre brigade de hussards était restée seule de l'armée dans un cantonnement écarté à deux lieues en arrière de Briviesca. L'adjudant qui devait nous apporter l'ordre de la marche, s'était égaré faute d'avoir pu se procurer un guide, et nous ne nous mîmes en route qu'à neuf heures du matin seulement ; nous suivîmes tout le jour les traces de l'armée, sans nous douter de ce qui s'était passé le matin même en avant de nous.

Quand la nuit vint, nous aperçûmes à une grande distance les feux des gardes avancées de l'armée. Malgré l'obscurité, nous reconnûmes, à l'allure de nos chevaux, que nous traversions un champ de bataille; ils rallentissaient le pas de moment en moment, levant leurs pieds avec précaution, dans la crainte de toucher les morts, par-dessus lesquels ils passaient. Ils s'arrêtaient aussi quelquefois pour baisser la tête, et flairer avec effroi les cadavres des chevaux tués pendant l'affaire.

Burgos avait été entièrement abandonnée par ses habitans. Cette grande cité n'était plus qu'une vaste solitude quand nos troupes y arrivèrent d'abord après la bataille, elle était livrée au pillage. Dans le quartier par où nous entrâmes, on entendait de toutes parts le bourdonnement et les voix confuses des soldats qui allaient et venaient dans tous les sens, chercher des vivres et des ustensiles dans les maisons désertes. Ils portaient, pour s'éclairer, d'énormes cierges qu'ils avaient trouvés dans les couvens voisins. Plus loin, dans une partie de la ville moins fréquentée par nos troupes, on entendait les plaintes étouffées et lugubres des malades et des vieillards qui, n'ayant pas eu la force de s'enfuir, s'étaient réfugiés dans une église où ils étaient entassés en grand nombre ; ils récitaient des prières avec leurs curés, dans l'attente d'une mort qu'ils croyaient prochaine : la faible lueur de la lampe sacrée passait à travers les vitraux de cette église. Nous passâmes entre deux murs élevés faits avec d'énormes balles de laine, que les Espagnols avaient rassemblées de toutes parts, pour les transporter à la suite de leur armée dans le midi de la France, se croyant certains de remporter sur nous une grande victoire.

Nous arrivâmes, à onze heures du soir, dans le bivouac qui nous avait été désigné près des bords de l'Arlanzon. Quand le jour vint, nous vîmes dans la rivière basse qui coulait auprès de nous, les corps de quelques soldats espagnols et de quelques moines qui étaient morts la veille en combattant.

Le 11, notre brigade de cavalerie légère se mit en route au lever du soleil, pour aller explorer le pays en remontant l'Arlanzon. Nous découvrions à distance sur les bords de cette rivière, des troupes de paysans et d'habitans de la ville, qui se retiraient derrière des hauteurs, ou bien entre les escarpemens de la rive opposée. Souvent on n'apercevait que leurs têtes qu'ils élevaient de temps en temps du milieu des broussailles, pour voir si nous étions passés.

Quelques-uns de nos flanqueurs rencontrèrent des religieuses, qui avaient quitté Burgos la veille pendant la bataille. Ces pauvres filles, dont quelques-unes n'étaient jamais sorties de l'enceinte de leurs cloîtres, avaient, dans leur terreur, marché sans s'arrêter, aussi loin que leurs pieds avaient pu les porter, et elles étaient venues se cacher dans les bosquets près de la rivière. Elles s'étaient d'abord dispersées en nous voyant venir de loin, ensuite elles se rassemblèrent à notre approche, et elles restèrent à genoux pressées entr'elles, tenant leurs têtes baissées et enveloppées dans leurs capuchons. Celle qui avait conservé le plus de présence d'esprit, se plaça debout devant ses compagnes. On voyait sur sa figure un air de candeur et de dignité, et cette apparence de calme que donne une grande émotion dans un moment désespéré. La religieuse qui était debout, disait, en remuant les grains de son chapelet, aux soldats qui passaient auprès d'elles, comme pour implorer leur protection, ces seuls mots qu'elle savait de notre langue : *Bon jour, messieurs Français*. Ces pauvres religieuses furent laissées en paix.

Nous passâmes quatre jours dans un bourg situé à quatre lieues de Burgos, et dont j'ignore le nom, parce que nous ne trouvâmes personne à qui le demander. Le quartier impérial resta à Burgos, et il y séjourna jusqu'au 22. Cette ville était au centre de toutes les opérations militaires, et l'on pouvait de là communiquer, avec une égale facilité, avec les divers corps d'armée dans la Biscaye et dans l'Aragon, observer la marche de ces corps et les soutenir au besoin si cela eût été nécessaire.

Le lendemain de l'affaire de Burgos, de nombreux détachemens furent envoyés dans toutes les directions à la poursuite des ennemis, afin de compléter la destruction d'une armée qu'une victoire facile avait dispersée, mais qui pouvait n'être pas encore totalement anéantie. Dix mille hommes de cavalerie et vingt pièces d'artillerie légère se mirent en route pour aller fondre rapidement, par Placentia, Léon et Zamora, sur les derrières de l'armée anglaise, qu'on croyait à Valladolid. Le maréchal Soult se porta par Villarcayo et Reynosa, en arrière de l'armée de la gauche des Espagnols. Une division d'infanterie alla, par une route plus directe, occuper les gorges des montagnes vers Saint-Ander; ces troupes, malgré la rapidité de leur marche, ne rencontrèrent déjà plus d'ennemis. L'armée du général Blacke, en retraite depuis l'affaire de Durango, avait en vain essayé de se rallier successivement à Guénes et à Valmacéda. Poursuivie par le maréchal Victor, dans la direction d'Espinosa ; par le maréchal Lefèvre, dans celle de Villarcayo, elle venait d'être enfin totalement défaite, le 10 de novembre, à Espinosa, après deux jours de combat.

Les armées du centre et de la gauche des Espagnols ayant été battues sur tous les points, il ne restait plus, avant de marcher sur Madrid, qu'à disperser leurs armées de la droite : le corps d'armée du maréchal Ney fut envoyé, dans ce but, de Burgos, par Lerma et Aranda, pour remonter le Duero, puis redescendre ensuite vers l'Èbre, afin de prendre à revers les corps des généraux Castannos et Palafox, qui devaient dans peu être attaqués de front par notre armée de la gauche sous les ordres des maréchaux Lannes et Moncey. Ces corps français de notre gauche occupaient encore Logronio et Tafalla, et ils se préparaient à redescendre l'Èbre.

Le 15 de novembre, notre brigade de hussards alla rejoindre, à Lerma, le corps d'armée du maréchal Ney, auquel elle fut dès lors provisoirement attachée. Le 16, le corps d'armée du maréchal Ney se porta de Lerma à Aranda ; les habitans abandonnaient toujours leurs demeures à notre approche, emportant avec eux, au loin dans les montagnes, leurs effets les plus précieux ; la solitude et la désolation que laissent d'ordinaire après elles les armées victorieuses, semblaient nous avoir devancé partout où nous arrivions.

En approchant des villes et des bourgades désertes de la Castille, on ne voyait plus ces vapeurs de fumée qui, s'élevant sans cesse dans les airs, forment une seconde atmosphère au-dessus des cités habitées et populeuses. Au lieu des bruits vivans, des rumeurs continuelles, on n'entendait dans l'enceinte des murs que les heures mortes, dont notre arrivée n'avait pu suspendre le cours ; ou bien les croassemens des corneilles qui planaient autour des clochers élevés. Les maisons, vides pour la plupart, n'étaient plus que des échos qui répétaient d'une manière tardive et en désaccord les sons éclatans des tambours et des trompettes.

Les logemens se distribuaient avec promptitude ; chaque régiment occupait un quartier, et chaque compagnie une rue, selon la grandeur de la ville : peu de temps après notre arrivée, nos soldats étaient déjà établis dans leurs nouvelles demeures, comme s'ils étaient venus fonder une colonie. Cette population guerrière et passagère donnait ainsi de nouvelles dénominations aux lieux qu'elle occupait. On disait : *le quartier des dragons, la rue de telle compagnie, la maison de notre général, la place de la grand'garde, la place du rassemblement.* On lisait sur les murs d'un couvent ces mots écrits avec du charbon : *Caserne de tel bataillon.* On voyait sortir d'une des cellules d'un cloître abandonné, une enseigne avec une inscription française, portant le nom d'un des premiers restaurateurs de Paris; c'était un vivandier qui se hâtait d'établir en ce lieu son auberge ambulante.

Lorsque l'armée arrivait tard pendant la nuit au lieu où elle devait se reposer, on ne pouvait pas alors distribuer avec régularité les quartiers, et on se logeait militairement, c'est-à-dire, indistinctement, et sans observer aucun ordre, par-tout où l'on trouvait de la place. Dès que les grand'gardes avaient pris leurs postes, à un signal convenu, les soldats rompaient les rangs, se précipitaient tous ensemble, tumultueusement, comme un torrent, dans la ville, et on entendait long-temps encore après l'arrivée de l'armée, de grands cris, et le retentissement des portes que l'on enfonçait à coups redoublés avec des haches ou des pierres. Des grenadiers avaient trouvé un moyen aussi prompt qu'efficace pour ouvrir les portes qui résistaient obstinément, ils tiraient à bout portant un coup de fusil dans la serrure, et déjouaient ainsi les précautions des habitans qui fermaient toujours soigneusement leurs maisons avant que de s'enfuir dans les montagnes à notre approche.

Le corps d'armée du maréchal Ney partit d'Aranda le 20 au matin; nous remontâmes pendant deux jours les bords du Duero, étant sans nouvelles de l'ennemi, et ne rencontrant nulle part des êtres vivans. Le 21, peu avant le coucher du soleil, nous remarquâmes tout à coup quelque incertitude dans les mouvemens de nos éclaireurs. Nous formâmes aussitôt les escadrons, et peu de temps après, notre peloton d'avant-garde fut engagé avec un corps ennemi qu'il repoussa sans peine; nous fîmes quelques prisonniers en entrant dans Almazan.

Le corps d'armée du maréchal Ney passa la nuit au bivouac sous les murs de cette ville; elle avait été abandonnée par ses habitans. Il était trop tard pour faire des distributions régulières, et on ne put malheureusement pas empêcher le pillage pendant une demi-heure, pour fournir au besoin des troupes. Nous envoyâmes le soir même des partis de vingt-cinq hussards faire des reconnaissances dans diverses directions. Le détachement qui alla sur la route de Siguenza revint pendant la nuit, ramenant des bagages et quelques prisonniers. Le corps d'armée du maréchal Ney partit le jour suivant, 22 de novembre, pour Soria. Notre régiment, le deuxième de hussards, fut laissé seul à Almazan, pour garder les communications avec Burgos par Aranda, et observer les corps ennemis qu'on disait être aux environs de Siguenza, de Medina-Cœli et d'Agréda.

Je reçus le 24, à la pointe du jour, l'ordre d'aller, avec vingt-cinq chevaux, pousser une reconnaissance sur la route directe qui conduit d'Almazan à Agréda. N'ayant pu me procurer de guide, je remontai, avec mon détachement, la rive droite du Duero, d'après la direction indiquée par une mauvaise carte française qui m'induisit en erreur, et nous nous égarâmes. Nous aperçûmes, après quatre heures d'une marche pénible dans des sentiers de traverse, deux enfans qui s'enfuyaient dans des halliers, en poussant des cris de frayeur; je les suivis, et je me trouvai tout à coup seul au milieu d'un camp de femmes qui s'étaient sauvées des villages voisins, pour se réfugier, avec leurs enfans et leurs brebis, dans une petite île que forme la rivière. J'arrivai tellement à l'improviste, que je parvins par des signes à les rassurer avant d'avoir été suivi par mon détachement. Je leur fis demander, par l'interprète que j'avais avec moi, où était la route directe qui conduisait d'Almazan à Agréda. Un curé très-âgé, le seul homme qui fût avec ces femmes, me répondit que je m'en étais éloigné de plus de quatre lieues, et il nous indiqua la vraie route de l'autre côté de la rivière. Nous traversâmes une suite de villages et de bourgs, qui étaient habités par des hommes seulement, et nous arrivâmes enfin à notre destination.

L'interprète dont je me servais était un déserteur flamand que la faim, et la crainte d'être massacré par les paysans des campagnes, avaient forcé à venir se rendre à nous après l'affaire de Burgos; nous l'avions surnommé Blanco, à cause qu'il avait endossé, pour se préserver du froid, par-dessus son uniforme usé et déchiré des gardes vallones, un habit blanc de moine dominicain que lui avaient donné les hussards; il avait mis aussi sur sa tête l'énorme chapeau des religieux de cet ordre. Dans les villages habités que nous traversions, les paysans croyaient en le voyant marcher à pied en avant de nous, que c'était un véritable moine que nous conduisions par force avec nous; ils le saluaient profondément en plaignant son malheureux sort, et ils donnaient tous de l'argent au révérend père, qui, fier de tant d'honneurs, ne voulut pas d'abord quitter, quand il en eut l'occasion, un costume qui lui était si lucratif.

Faute d'avoir pu nous procurer un guide avant notre départ de la ville d'Almazan, nous nous égarâmes, et nous marchâmes pendant neuf heures pour faire quatre lieues seulement. Cette difficulté de trouver des guides se renouvelait à chaque instant, parce que les habitans désertaient leurs villages à notre approche.

Notre régiment reçut l'ordre de partir d'Almazan le soir même. Nous marchâmes une nuit et un jour presque sans nous arrêter, et nous rejoignîmes le corps du maréchal Ney au moment où il entrait dans Agréda par la route de Soria. L'infanterie logea dans la ville. La cavalerie légère fut envoyée à une lieue plus loin, sur la route de Cascante, afin de couvrir la position de l'armée. Nous nous croyions très-près et en arrière de l'aile gauche des forces espagnoles.

La ville d'Agréda était déserte; le chef d'état-major de notre brigade de hussards y fit en vain chercher un guide, et nous fûmes obligés d'aller, d'après la carte seulement, à la recherche du cantonnement qui nous avait été désigné. La nuit étant survenue, nous nous égarâmes bientôt dans les montagnes; trompés par le prestige d'une obscurité nébuleuse, nous nous croyions toujours au bord de quelque précipice. Chaque fois que nous avions marché une centaine de pas, on faisait de longues haltes, pendant que ceux qui étaient à la tête de la colonne cherchaient presque à tâtons le chemin entre les rochers, et l'on entendait pendant long-temps encore dans le profond silence de la nuit, les piétonnemens sourds et les frémissemens des chevaux qui rongeaient leurs freins, impatiens d'arriver et de se reposer. Nous avions mis pied à terre, et nous marchions à la file, écoutant et répétant tour à tour aux approches des mauvais pas et des précipices, les avertissemens qu'on se transmettait à voix basse, pour ne pas donner l'éveil à un corps de troupes dont nous voyions les feux à demi-éteints de l'autre côté d'un ravin profond. Nous ignorions si elles étaient amies ou ennemies, et une attaque faite par de l'infanterie nous aurait été funeste dans la situation où nous nous trouvions.

Nous passâmes ainsi la plus grande partie de la nuit dans des marches et contre-marches continuelles. La lune s'étant levée un peu avant le jour, nous nous retrouvâmes à peu près à la place où nous étions la veille, et nous vîmes enfin, au fond d'une vallée étroite, le village où nous aurions dû passer la nuit : nous étions en marche depuis plus de trente heures. L'impossibilité de trouver des guides nous offrait ainsi à chaque pas mille sortes de difficultés de détail d'un genre nouveau. Dans ces pays inhabités, dont la population entière était contre nous, nous ne rencontrions que rarement des individus qui pussent, même en cherchant à nous tromper, nous donner quelques vagues informations sur les ennemis.

Nous apprîmes, mais trop tard, que l'armée des généraux Castannos et Palafox avait été complétement défaite à Tudéla le 23; si nous étions arrivés un jour plutôt à Agréda, nous aurions rencontré et pris dans cette ville les colonnes dispersées des Espagnols qui se retiraient sur Madrid.

Notre armée de la gauche, dont nous devions seconder le mouvement, s'était concentrée, le 22, au pont de Lodosa. Le 23, elle avait rencontré l'armée espagnole de la droite, rangée en bataille sur une lieue d'étendue, entre la ville de Tudéla et le village de Cascante. Le maréchal Lannes fit enfoncer le centre de cette ligne ennemie, par une division d'infanterie qui marchait en colonne serrée; la cavalerie du général Lefèvre passa aussitôt par cette trouée, et enveloppa, par un mouvement oblique, l'aile droite des Espagnols : une fois coupés sur un point, ils ne purent plus manœuvrer, et ils se retirèrent en désordre, laissant trente pièces de canon, beaucoup de morts et un grand nombre de prisonniers sur le champ de bataille.

Les Espagnols avaient acquis, depuis la retraite du roi Joseph sur l'Ebre dans le mois de juillet, une si grande confiance dans leurs propres forces, que leurs inquiétudes lorsqu'ils devaient se mesurer avec nous, ne se portaient pas tant sur les moyens de nous résister ou d'assurer leur retraite en cas de revers, que sur la crainte que des Français ne leur échappassent. Ils préjugeaient de l'événement du combat par le désir ardent qu'ils avaient de vaincre et de détruire leurs ennemis ; ne sachant pas manœuvrer, craignant de ne pas développer assez tôt leurs colonnes pour nous envelopper, ils se plaçaient sur de longues lignes sans profondeur, dans des plaines où la supériorité de notre tactique et notre cavalerie devaient nécessairement nous donner l'avantage. Cet ordre de bataille, vicieux même pour des troupes manœuvrières, ôtait à celles des Espagnols les moyens de renforcer avec rapidité les points attaqués par nos colonnes serrées, ou de se concentrer pour résister à nos masses. Nos troupes avaient rencontré plus de résistance dans la Biscaye et dans les Asturies, parcequ'elles avaient eu à combattre dans des pays montagneux, où les difficultés du terrain et le courage individuel peuvent quelquefois déjouer les calculs de l'art militaire ; avant que d'arriver à Reinosa, elles avaient été obligées de vaincre à Durango, à Zornosa, à Guénes, à Valmacéda et enfin à Espinosa.

Pas un Français ne doutait alors, que des victoires aussi rapides n'eussent décidé du sort des Espagnols. Nous croyions, et l'Europe le croyait aussi, qu'il ne nous restait plus qu'à marcher sur

Madrid, pour compléter la soumission de l'Espagne, et organiser le pays à la manière française, c'est-à-dire, accroître les moyens de conquêtes par toutes les ressources des ennemis vaincus. Les guerres que nous avions faites précédemment nous avaient accoutumés à ne voir dans une nation que ses forces militaires, et à ne compter pour rien l'esprit qui animait des citoyens.

Le 26 novembre le corps d'armée du maréchal Ney se porta par Cascante sur Borja. Une division du général Maurice Mathieu nous précédait d'un jour, faisant un grand nombre de prisonniers dans sa marche. Le 27 nous arrivâmes à Alagon, bourg situé à quatre lieues de Saragosse, dont nous vîmes de loin les clochers nombreux

Les Aragonais ne s'étaient point laissé abattre par les revers récens de leurs armées ; ils avaient résolu de se défendre dans Saragosse. Ils n'avaient pas pu s'entourer de fortifications régulières, mais ils avaient fait de chaque demeure une forteresse séparée, et chaque couvent, chaque maison exigeait un assaut partiel : ce genre de fortifications est peut-être le meilleur de tous pour traîner un siège en longueur.

Palafox venait de se jeter dans la ville avec un corps de dix mille hommes qu'il avait sauvé de la bataille de Tudéla, et ces mêmes soldats de l'armée d'Aragon, que nous avions défaits presque sans effort, en rase campagne, firent comme citoyens, dans l'enceinte de leur ville principale, une résistance de près d'une année.

Cinquante mille paysans accouraient en armes pour défendre Saragosse ; ils se précipitaient de toutes parts dans cette ville au travers même de nos colonnes victorieuses, craignant d'arriver trop tard, là où l'impulsion de leur âme et l'amour de la patrie les appelaient. La vierge miraculeuse du Pilar, disaient-ils, nous a protégés depuis des siècles ; dans les temps de bonheur nous allions en foule en pélerinage l'implorer pour nos moissons ; nous ne laisserons pas maintenant ses autels sans défense.

Le caractère des Espagnols de ces provinces ne ressemble en rien à celui des autres nations de l'Europe. Leur patriotisme est tout religieux comme il l'était chez les anciens, où aucun peuple ne se laissait aller au désespoir et ne s'avouait vaincu malgré des revers, tant qu'il conservait intacts les autels des dieux protecteurs. Les aigles sacrés du dieu du Capitole portés dans les combats, conduisaient les Romains à la victoire ; et lorsqu'après les temps de la chevalerie, nos armées modernes furent organisées à la romaine, le point d'honneur remplaça, dans nos troupes de ligne, le sentiment religieux qui attachait les soldats de Rome à leurs drapeaux. La discipline fondée sur le point d'honneur militaire a fait triompher les armées de nos jours : mais le patriotisme politique ou religieux rend seul les nations indomptables.

Les peuples de l'Espagne n'étaient généralement animés que par un sentiment de patriotisme religieux ; ils n'avaient aucune connaissance pratique de la discipline et des lois de la guerre. Ils abandonnaient facilement leurs drapeaux après des revers ; ils ne se croyaient point obligés à garder la foi promise à leurs ennemis : mais ils n'avaient qu'un seul intérêt, qu'un seul désir, celui de se venger par tous les moyens possibles du mal que les Français faisaient à leur pays.

Un de ces paysans insurgés de l'Aragon, entr'autres, fut atteint par nos éclaireurs ; il était armé d'un fusil seulement, et il chassait devant lui un âne qui portait des vivres pour plusieurs mois. L'officier qui commandait notre avant-garde, en ayant eu pitié, ordonna qu'on le mît en liberté, et lui fit signe de gagner la montagne pour s'échapper. Le paysan avait d'abord eu l'air de comprendre; laissé à lui-même il chargea son fusil, et revint bientôt après dans nos rangs, mettre en joue son libérateur. Le coup fut heureusement détourné. Ce paysan espagnol croyait mourir martyr, en tuant celui qu'il avait pris faussement pour l'un des principaux d'entre nos chefs. Il fut amené, à la halte, au colonel du régiment.

Nous l'entourâmes, curieux de le voir; un geste que fit un de nos hussads, lui ayant persuadé qu'on allait le fusiller, il se mit aussitôt fièrement à genoux, pria Dieu, la vierge Marie, et attendit ainsi la mort. On le releva, et il fut envoyé le soir au quartier-général. Si ces hommes avaient su se battre comme ils savaient mourir, nous n'aurions pas si facilement passé les Pyrénées.

Le corps d'armée du maréchal Lannes resta dans l'Aragon, pour faire le siége de Saragosse : celui du maréchal Ney continua à poursuivre, à marches forcées, les débris de l'armée de Castannos, qui se retiraient sur Guadalaxara et Madrid. Le 28, la division d'avant-garde tailla en pièces l'arrière-garde des Espagnols, qui voulait défendre le défilé de Buvierca sur le Xalon.

Les grandes marches de notre armée se prolongeaient souvent dans la nuit, et l'on entendait en passant auprès des escadrons, des Italiens, des Allemands ou des Français, qui chantaient leurs airs nationaux pour oublier leurs fatigues, et se donner, dans une terre lointaine et ennemie, le souvenir présent de la patrie absente.

L'armée s'arrêtait le soir très-tard auprès de bourgs ou de villages déserts, et nous nous trouvions, lors de notre arrivée, dans un manque absolu de tout : mais bientôt les soldats se répandaient de toutes parts pour aller fourrager, et en moins d'une heure, ils transportaient dans leurs bivouacs tout ce qui restait encore dans les bourgs voisins.

On voyait autour des grands feux allumés de distance en distance, tout l'appareil de la cuisine militaire. Ici on construisait à la hâte des baraques en planches, recouvertes de feuillage à défaut de paille; ailleurs on faisait des tentes, en étendant sur quatre pieux des pièces d'étoffes qui avaient été prises dans des maisons abandonnées. Çà et là gisaient épars sur la terre, les peaux des moutons qu'on venait d'égorger, des guitares, des cruches, des outres de vin, des frocs de moines, des vêtemens de toutes les formes et de toutes les couleurs; ici, des cavaliers dormaient tout armés à côté de leurs chevaux; plus loin, des soldats d'infanterie déguisés en femmes, dansaient grotesquement entre les faisceaux d'armes, au son d'une musique discordante.

D'abord, après le départ de l'armée, les paysans descendaient des hauteurs voisines, et sortaient de toutes parts, comme du sein de la terre, des lieux où ils s'étaient cachés : ils se hâtaient de regagner leurs demeures. Nos soldats ne pouvaient pas s'éloigner de la route ou rester en arrière des colonnes, sans s'exposer à être assassinés par les paysans des montagnes; et nous n'osions pas, comme en Allemagne, former en tout lieu des ambulances, ou bien envoyer nos malades isolément aux hôpitaux. Les soldats de l'infanterie qui ne pouvaient plus marcher, suivaient leurs divisions montés sur des ânes; ils tenaient leurs longs fusils dans la main gauche, et dans la droite la baïonnette en guise d'éperons. Ces animaux pacifiques n'avaient ni freins, ni selles, comme autrefois les chevaux des Numides indomptés.

Le 1er. décembre, nous allâmes coucher dans un village situé à une lieue au nord de Guadalaxara; on venait de distribuer les logemens; nous étions prêts à rompre les rangs, et nous disperser dans le cantonnement, lorsqu'on vint nous annoncer qu'on apercevait dans le lointain quelques soldats ennemis qui fuyaient. Il paraissait difficile de les atteindre, mais deux ou trois des plus jeunes d'entre nous se firent un jeu de les poursuivre, après avoir préalablement reçu un signe d'approbation du colonel. Je m'attachai particulièrement à l'un d'entr'eux qui courait plus vîte que les autres. Il portait un uniforme de couleur d'azur qui était assez brillant, ce qui me l'avait d'abord fait prendre de loin pour un officier.

Voyant bientôt qu'il ne pouvait plus m'échapper, il s'arrêta, et m'attendit sur le revers d'un fossé qu'il venait de franchir avec légèreté. Je crus d'abord qu'il se préparait à m'ajuster un coup de fusil, mais quand je fus à vingt pas de lui, il laissa tomber son arme, ôta son chapeau et me dit à plusieurs reprises en me faisant de profondes révérences dans diverses positions: — « Monsieur, j'ai l'honneur de vous saluer; Monsieur, je suis votre très-humble serviteur. » — Je m'arrêtai, aussi étonné de sa grotesque figure, que de l'entendre parler français. Je le rassurai, en lui disant qu'il n'avait rien à craindre. Il me raconta qu'il était professeur de danse, natif de Toulouse, que lors de la levée en masse qui s'était faite en Andalousie, on l'avait mis au pilori pendant quinze jours, pour le forcer à servir dans le régiment de Ferdinand VII, dont il portait l'uniforme; ce qui était, disait-il, on ne peut pas plus contraire à son génie pacifique. Je lui dis de se rendre au village où était le régiment. Nous fîmes aussi prisonnier un autre Français, qui était fils d'un des premiers magistrats de la ville de Pau en Béarn (1).

Entraîné par l'ardeur de courir et par l'impétuosité de mon cheval, je gravis une colline qui était devant moi, puis une autre, je traversai un torrent, et j'arrivai, après une demi-heure d'une course rapide, à l'entrée d'un grand village où j'entrai. Les habitans m'ayant vu venir de loin,

---

(1) Le second de ces deux Français rejoignit seul le régiment; on lui fournit les moyens de s'échapper au bout de quelques jours. On n'avait pas voulu l'envoyer au dépôt des prisonniers, de crainte de l'exposer à être fusillé pour avoir été pris les armes à la main et avec l'uniforme espagnol.

avaient craint que je ne fusse suivi par une troupe nombreuse ; l'alarme s'était aussitôt répandue parmi eux, et ils s'étaient sauvés de toutes parts dans leurs maisons, où ils étaient occupés à barricader la porte sur la rue, se préparant, suivant leur usage, à s'enfuir par-dessus les murs des cours de derrière. Voyant que j'étais seul, ils sortirent peu à peu de leurs demeures, et vinrent sur la grand'place où je m'étais arrêté. J'entendis répéter à quelques hommes avec assez d'énergie le mot de *matar ;* comme je ne savais pas encore l'espagnol, je crus d'abord que c'était une manière d'exprimer leur étonnement à la vue d'un inconnu; j'appris ensuite que ce mot veut dire *tuer.* Les Espagnols n'étaient pas aussi paisibles que les habitans des plaines de l'Allemagne, où un soldat français isolé faisait la loi à tout un bourg. Quand je vis la foule grossir, et l'agitation augmenter, je commençai à craindre que les habitans ne voulussent me retenir prisonnier, et me livrer aux ennemis. Je piquai des deux, et j'allai me placer en dehors du village, sur une petite colline où les hommes, et même les femmes, me suivirent bientôt; je me mis alors à faire caracoler mon cheval, et je lui fis franchir à plusieurs reprises un petit mur et un fossé qui étaient derrière moi, pour montrer aux habitans que je n'avais pas peur d'eux, et que je pourrais facilement leur échapper quand je le voudrais. Retenu par la curiosité (c'était la première fois depuis notre passage de l'Ebre que je voyais un village entièrement habité, et par des femmes sur-tout), je retournai sur la hauteur où je m'étais d'abord placé ; je fis signe avec le fourreau de mon sabre aux habitans qui s'avançaient de nouveau vers moi, de ne pas approcher à plus de dix pas, et je tâchai de leur faire entendre que mon cheval avait besoin de manger. Les habitans, enveloppés dans leurs grands manteaux, me regardaient en silence avec une espèce d'étonnement, conservant cependant toujours dans leurs regards et dans leur maintien cette gravité et cette dignité qui caractérisent les Castillans de tous les âges et de toutes les classes ; ils paraissaient mépriser profondément un étranger de ce qu'il ne savait pas leur langue.

Ne pouvant me faire comprendre par gestes, j'essayai quelques mots de latin : cette langue nous était souvent utile en Espagne, pour nous faire entendre des curés qui la parlent généralement assez bien. Un jeune clerc partit de la foule, et revint quelques momens après avec le maître d'école du village : celui-ci fut si content de parler latin et de m'expliquer comment il était parvenu à ce degré de science, qu'il me fit donner tout ce dont j'avais besoin, et je partis bientôt après. Quand notre régiment traversa ce même village, le lendemain matin, il était déjà complètement désert. Je m'égarai dans l'obscurité en retournant à mon cantonnement, et je ne rejoignis mes camarades qu'à minuit.

Le jour suivant, 2 décembre, nous allâmes cantonner aux environs de la ville d'Alcala de Hénarès; nous rencontrâmes un escadron de lanciers polonais, que le maréchal Bessières avait envoyé de Saint-Augustin, faire une reconnaissance vers Guadalaxara; nous apprîmes d'eux que l'avant-garde de l'armée du centre était arrivée devant Madrid : nous n'étions plus qu'à trois lieues de cette capitale.

L'empereur Napoléon était parti, le 22 novembre, de Burgos pour Aranda, afin d'observer et de soutenir, si cela était nécessaire, les mouvemens que faisait sur l'Ebre son armée de la gauche contre les armées de la droite des Espagnols. Le 20 novembre, neuf jours après l'affaire de Tudéla, l'empereur avait marché contre Madrid avec l'armée du centre, par la route directe des Castilles : il avait laissé le corps du maréchal Soult vers les Asturies, pour observer les débris de l'armée espagnole de Gallice.

L'avant-garde de l'armée de l'empereur était arrivée le 30, à la pointe du jour, au pied de la montagne appelée Somo Sierra. Le *puerto*, ou passage de cette montagne, était défendu par une division de douze à quinze mille Espagnols, et par une batterie de seize pièces de canon. Trois régimens d'infanterie du premier corps d'armée, et six pièces de canon, commencèrent l'attaque. Les lanciers polonais de la garde chargèrent ensuite sur la chaussée, et ils enlevèrent d'emblée les batteries de l'ennemi. Les Espagnols, trop faibles pour résister à l'armée de l'empereur Napoléon, cherchèrent de toutes parts leur salut, en fuyant dans les rochers.

Le quartier impérial coucha, le 1er. décembre, à Saint-Augustin. Le corps d'armée du maréchal Ney, auquel notre régiment était attaché, venait, le même jour, se réunir à l'armée de l'empereur, par Guadalaxara et Alcala.

Le 2 décembre, dans la matinée, l'empereur Napoléon devança le gros de son armée, et il arriva avec sa cavalerie seulement, sur les hauteurs qui avoisinent la capitale de l'Espagne. Au lieu de l'ordre qu'on observe aux approches des villes fortifiées, où tous les événemens de la guerre sont prévus, au lieu de ce silence, qui n'est interrompu que par des cris sourds et prolongés de *Sentinelle, garde à vous !* lorsque les factionnaires placés autour du rempart s'assurent de leur vigilance mutuelle, on entendait les cloches des six cents églises de Madrid sonner avec un redoublement continu, et de temps en temps, les hurlemens aigus de la foule et les roulemens précipités des tambours.

Les habitans de Madrid n'avaient songé à se défendre que huit jours seulement avant l'arrivée des armées françaises, et tous leurs moyens se ressentaient de leur précipitation et de leur inexpérience. Ils avaient placé de l'artillerie derrière des coupures et des barricades, ou bien ils avaient élevé des retranchemens à la hâte, en entassant des balles de laine et de coton. Les maisons à l'entrée des principales rues étaient remplies de gens armés placés aux fenêtres, derrière des matelas. Le Retiro seul avait été fortifié avec quelque soin : c'est un château royal, situé sur une hauteur qui domine la capitale. Un aide de camp du maréchal Bessières alla, dès le matin, suivant l'usage, faire des sommations dans Madrid ; il fut au moment d'être mis en pièces par les habitans, lorsqu'il leur proposa de se rendre aux Français, et il ne dut la vie qu'à la protection des troupes de ligne espagnoles.

L'empereur Napoléon employa la soirée à reconnaître les alentours de la ville, et à arrêter son plan d'attaque. Les premières colonnes de l'infanterie étant arrivées à sept heures du soir, une brigade du premier corps d'armée soutenue par quatre pièces d'artillerie marcha contre les faubourgs, et les tirailleurs du seizième régiment s'emparèrent du grand cimetière, après avoir délogé les Espagnols de quelques maisons avancées. La nuit fut employée à placer l'artillerie, et à faire tous les préparatifs d'un assaut pour le jour suivant.

Un officier espagnol pris à Somo Sierra, que le prince de Neuchâtel envoya à minuit dans Madrid, revint quelques heures après annoncer que les habitans persistaient à se défendre, et le 3 à neuf heures du matin, la canonnade commença.

Trente pièces de canon sous les ordres du général Cénarmont battaient en brèche les murs du Retiro, tandis que vingt pièces d'artillerie de la garde et quelques troupes légères faisaient ailleurs une fausse attaque pour distraire l'attention de l'ennemi et le forcer à diviser ses forces. Les voltigeurs de la division Villate entrèrent par la brèche dans le jardin du Retiro, et furent bientôt suivis de leur bataillon, et en moins d'une heure les quatre mille soldats de ligne espagnols qui défendaient ce point principal furent culbutés ; à onze heures nos soldats occupaient déjà les postes importans de l'observatoire, de la fabrique de porcelaine, la grande caserne et l'hôtel de Medina-Cœli. Maîtres de tout le Retiro, les Français pouvaient en peu d'heures embraser Madrid.

La canonnade cessa alors de se faire entendre ; les progrès des troupes furent arrêtés sur tous les points, et on envoya dans la place un troisième parlementaire. Il importait à l'empereur de ménager la capitale du royaume qu'il destinait à son frère. On peut établir un camp, mais non pas une cour sur des ruines. Madrid réduite en cendres pouvait exciter, par son exemple, une résistance désespérée dans toutes les autres villes du royaume. Sa destruction aurait d'ailleurs privé les armées françaises d'immenses ressources.

A cinq heures dans l'après-midi, le général Morla, chef de la junte militaire, et don B. Yriarte, député de la ville, revinrent avec le parlementaire français. Ils furent conduits à la tente du prince de Neuchâtel. Ils demandaient qu'on leur accordât une suspension d'armes pendant la journée du quatre, afin qu'ils eussent le temps de persuader au peuple de se rendre. L'empereur leur reprocha avec l'emportement le plus vif en apparence, la non-exécution de la convention de Baylen, et le massacre des prisonniers français en Andalousie; il voulait effrayer par cette colère, qui était feinte, les envoyés espagnols, afin qu'ils retournassent ensuite communiquer leur terreur aux hommes auxquels ils commandaient. L'empereur désirait vivement que la reddition de Madrid eût l'apparence d'une soumission volontaire. On croyait généralement alors que l'Espagne entière suivrait l'exemple que donnerait la capitale.

Cependant les habitans refusaient de déposer leurs armes, et ils continuaient à faire feu sur les Français par les fenêtres des maisons qui entourent la promenade du Prado. On apprenait par les prisonniers qu'on faisait de moment en moment, quelles étaient la consternation et la fureur qui régnaient dans la ville. Cinquante mille habitans armés et sans discipline erraient dans les rues, demandant tumultueusement qu'on leur donnât des ordres, accusant leurs chefs de trahison. Le capitaine général marquis de Castellar et tous les militaires d'un rang élevé sortirent de Madrid pendant la nuit avec les troupes de ligne et seize pièces de canon. Le 4 décembre à six heures du matin, le général Morla et don F. de Vera revinrent à la tente du prince de Neuchâtel, et à dix heures les troupes françaises prirent possession de Madrid.

L'empereur resta campé avec la garde sur la hauteur de Chamartin. Il envoya, suivant sa tactique accoutumée, le jour même de la prise de Madrid, des corps nombreux dans toutes les directions, afin de ne pas donner aux ennemis le temps de se reconnaître, et de profiter après un grand événement, de l'étonnement et de la terreur qui doublent presque toujours les forces des vainqueurs et paralysent momentanément celles des vaincus. Le maréchal Bessières poursuivit avec seize escadrons, sur la route de Valence, l'armée espagnole du général La Penna; cette même armée fut rejetée vers Cuença par la division d'infanterie du général Ruffin et la brigade de dragons du général Bordesoult. Le corps du maréchal Victor alla à Tolède par Aranjuez. Les divisions de cavalerie des généraux Lasalle et Milhaud suivirent, sur Talavera de la Reyna, les débris de la division espagnole qui avait été repoussée de Somo Sierra, et les troupes qui s'étaient échappées de Madrid. Le général La Houssaye entra à l'Escurial.

Notre régiment de hussards avait passé les journées du 2, du 3 et du 4 décembre aux environs d'Alcala, à trois lieues de Madrid. Le 5 nous eûmes l'ordre de nous rendre de bonne heure au quartier impérial pour y être passés en revue. Il y avait quelques minutes seulement que nous étions arrivés dans une plaine voisine du château de Chamartin, lorsque nous vîmes tout à coup paraître l'empereur Napoléon. Il était accompagné par le prince de Neuchâtel, et par cinq ou six aides-de-camp, qui pouvaient à peine le suivre, tant la course de son cheval était rapide. Toutes les trompettes sonnèrent; l'empereur se plaça à cent pas en avant du centre de notre régiment, et il demanda au colonel la liste des officiers, sous-officiers et soldats qui avaient mérité des distinctions militaires. Le colonel du régiment les appela aussitôt par leurs noms : l'empereur parla avec familiarité à quelques-uns des simples soldats qui lui furent présentés; puis s'adressant ensuite au général qui commandait la brigade dont nous faisions partie, il lui fit rapidement deux ou trois questions très-courtes; le général ayant commencé à répondre d'une manière diffuse, l'empereur tourna bride, sans attendre la fin du discours commencé, et son départ fut aussi imprévu et aussi précipité que l'avait été son arrivée.

Après la revue, nous nous acheminâmes vers Madrid. Un morne silence avait succédé à l'agitation tumultueuse et bruyante qui régnait la veille au dedans et au dehors des murs de cette capitale. Les rues par où nous entrâmes étaient désertes, et on n'avait point encore rouvert sur les places les boutiques nombreuses des marchands de comestibles. Les porteurs d'eau étaient les seuls des habitans qui n'eussent point interrompu leurs fonctions accoutumées. Ils se promenaient en criant, avec l'accent nasillard et traînant qu'ils apportent de leurs montagnes de Gallice : « *Quien quière agua?* qui veut de l'eau. » Personne ne se présentant pour en acheter, l'aguador se répondait de temps en temps tristement à lui-même : « *Dios que la da,* Dieu qui la donne », et il recommençait à crier.

En avançant vers le centre de Madrid, on

voyait quelques groupes d'Espagnols qui se tenaient debout, enveloppés dans leurs grands manteaux, aux angles d'une place où ils avaient l'habitude de se réunir auparavant en grand nombre; ils nous regardaient d'un œil morne et abattu; leur orgueil national était si grand, qu'ils pouvaient à peine se persuader que des soldats qui n'étaient pas Espagnols eussent pu vaincre des Espagnols. Lorsqu'ils voyaient par hasard, dans nos rangs, des chevaux pris à la cavalerie ennemie montés par nos hussards, ils les reconnaissaient aussitôt à leur allure, et ils se réveillaient de leur stupeur, se disant les uns aux autres : « *Este cavallo es espagnol,* ce cheval est espagnol », comme si c'eût été l'unique cause de nos succès.

Nous ne fîmes que traverser Madrid; notre régiment alla se cantonner pendant seize jours à Cevolla, non loin des bords du Tage, vers Talavera, et il revint ensuite, le 19 décembre, faire partie de la garnison de Madrid. Les habitans de cette capitale et ceux des environs étaient revenus de leur grand étonnement. Ils s'étaient peu à peu accoutumés à la vue des Français. L'armée observait la discipline la plus sévère, et la tranquillité régnait, au moins en apparence, comme au temps de la paix.

On est étonné en entrant dans Madrid le matin par la porte de Tolède et la place de la Cevada, où se tient le marché, du concours tumultueux de gens de la campagne et des provinces, diversement vêtus, qui arrivent, partent, vont et viennent. Là un Castillan relève avec dignité les plis de son large manteau, comme un sénateur romain enveloppé dans sa toge. Ici un bouvier de la Manche, un long aiguillon à la main, est revêtu d'une saie de peau de buffle, qui ressemble encore, par sa forme ancienne, à la tunique que portaient les guerriers romains et les Goths. Plus loin on voit des hommes dont les cheveux sont enveloppés dans de longs réseaux de soie ; d'autres portent une espèce de veste courte, brune chamarrée de bleu et de rouge, et qui rappelle le vêtement mauresque. Les hommes qui portent ce vêtement viennent de l'Andalousie ; on les reconnaît à leurs yeux vifs et noirs, à des regards plus expressifs et plus animés, à un langage plus rapide. Des femmes placées aux angles des rues et sur les places, préparent des alimens pour tout ce peuple du dehors, qui n'est à Madrid qu'en passant.

Vous voyez arriver de longues files de mulets, chargés d'outres de vin et d'huile, ou bien des bandes nombreuses d'ânes conduits par un seul homme, qui leur parle sans cesse. Vous rencontrez aussi des voitures traînées par huit ou dix mules ornées de clochettes, et qu'un seul cocher conduit avec une adresse surprenante, au trot et au galop, sans se servir de rênes, à la voix seulement, en poussant de grands cris sauvages. Un seul sifflement aigu et prolongé suffit pour arrêter toutes ces mules au même instant. A leurs jambes menues, à la grandeur de leur stature, à leurs têtes élevées et fières, on croirait voir des attelages de cerfs ou d'élans. Les vociférations des conducteurs de voitures et des muletiers, les sons des cloches des églises, qu'on entend sans cesse, ces hommes diversement vêtus, le surcroît d'activité méridionale, qu'ils manifestaient par leurs gestes expressifs, ou par des cris dans une langue sonore qui nous était inconnue, leurs mœurs si différentes des nôtres, donnaient à la capitale de l'Espagne une apparence tout-à-fait étrange pour des hommes qui venaient du nord, où tout se passe en silence. Nous en étions d'autant plus frappés, que Madrid était la première grande ville que nous eussions trouvée peuplée, depuis notre entrée en Espagne.

A l'heure de la sieste, en été sur-tout, pendant la chaleur du jour ; tous les bruits étaient suspendus, la ville entière était livrée au sommeil, et l'on n'entendait plus dans les rues que le retentissement des pas des chevaux de quelques corps de notre cavalerie qui revenaient de faire une ronde, ou bien le tambour d'un détachement d'infanterie qui montait solitairement la garde. Ce même tambour français avait, auparavant, servi à battre la marche et la charge dans Alexandrie, au Caire, à Rome, et presque dans toutes les villes de l'Europe, depuis Kœnisberg jusqu'à Madrid, où nous étions alors.

Notre régiment demeura presqu'un mois entier dans la capitale de l'Espagne. J'étais logé chez un vieillard d'un nom illustre, qui vivait seul avec sa fille. Il allait régulièrement deux fois le jour à la messe, et une fois sur la place del Sol, s'informer des nouvelles. Il s'asseyait, en entrant chez lui, dans un salon où il passait le jour à ne rien faire. Quelquefois il allumait son cigare, et dissipait en fumant, son ennui et ses pensées; il ne parlait que rarement ; je ne l'ai jamais vu rire ; il s'écriait seulement, chaque demi-heure, avec un soupir d'abattement : *Ay Jesus;* sa fille lui répondait les mêmes paroles, et ils rentraient tous les deux dans le silence.

Un prêtre, le directeur spirituel de la maison, venait chaque jour voir mes hôtes, avec cette assiduité que les médecins mettent dans d'autres pays à visiter leurs malades. Il portait une perruque blonde, pour cacher sa calotte de prêtre, et il était vêtu comme un citoyen ordinaire, affectant sans cesse de dire qu'il n'osait pas porter ses habits pontificaux, dans la crainte d'être égorgé dans les rues par nos soldats : ce travestissement inutile avait uniquement pour but d'accroître l'irritation violente qui existait déjà contre les Français.

Quoiqu'il régnât en apparence une grande tranquillité dans Madrid, notre régiment se tenait néanmoins toujours prêt à monter à cheval, et nos chevaux restaient dans la capitale constamment sellés, comme si nous avions été aux avant-postes en présence de l'ennemi. Onze cents Espagnols déterminés étaient, disait-on, restés cachés dans la ville au moment de sa capitulation, se préparant à insurger les habitans, et à faire main basse sur tous les Français à la première occasion favorable.

Nous conservions, au milieu des chants de victoire dont nos bulletins retentissaient, un sentiment confus d'incertitude sur les avantages mêmes que nous venions de remporter; on aurait dit que nous avions vaincu sur des volcans. L'empereur Napoléon ne fit point d'entrée publique dans Madrid comme dans les autres capitales de l'Europe ; on prétendit qu'il en était empêché par les formes auxquelles l'étiquette devait l'assujettir envers son frère Joseph, qu'il considérait déjà comme un souverain étranger. Toujours campé avec sa garde sur les hauteurs de Chamartin, il donnait journellement des décrets à l'Espagne, attendant la soumission prochaine de ce royaume, de la terreur qu'avaient dû produire les succès rapides de nos armes.

Les proclamations foudroyantes de l'empereur Napoléon, annonçaient ses triomphes à l'Europe étonnée, et faisaient craindre un sort terrible aux parties de la péninsule qui résistaient encore. Cependant les provinces de l'Espagne ne s'empressaient point de faire séparément des démarches pour adoucir un vainqueur implacable, et détourner le coup funeste qu'elles devaient craindre. Personne ne se présentait pour apporter aux pieds de Napoléon, avec les tributs exigés, ces éloges obséquieux auxquels d'autres pays l'avaient accoutumé. Les députations de la ville de Madrid, et quelques alcades envoyés des lieux occupés par nos troupes, vinrent seuls faire au quartier impérial de Chamartin, des soumissions dictées par la crainte. Douze cents chefs de famille, choisis dans la ville même de Madrid, furent aussi appelés, et ils vinrent prêter serment de fidélité au roi Joseph. Mais les prêtres mêmes, les avaient, disait-on, dégagés long-temps d'avance, de tous les sermens de soumission qu'ils pourraient faire à des vainqueurs.

La réduction des ordres religieux, et l'abolition de l'inquisition que les autorités françaises venaient de proclamer, loin de faire regarder les Français comme des libérateurs, augmentèrent la haine violente que leur portaient le clergé et ses nombreux zélateurs. Les religieux de tous les ordres qui avaient été renvoyés de leurs couvens, se répandaient dans le pays, et ils allaient de toutes parts prêcher contre nous. Couvrant d'un zèle saint le ressentiment qu'ils avaient de la perte récente de leurs biens, ils cherchaient à exciter le peuple contre les Français par tous les moyens possibles. Les prêtres disaient hautement que l'inquisition n'avait été établie que contre les étrangers; que sans l'inquisition, tous les principes religieux auraient été détruits depuis long-temps en Espagne, comme ils l'étaient depuis plus de vingt années en France.

L'inquisition était fort adoucie depuis un siècle; elle n'inspirait plus aucune crainte aux Espagnols ; et des hommes éclairés avaient même fini par la regarder comme un moyen nécessaire à un gouvernement faible, pour contenir le peuple et réprimer la puissance du clergé inférieur. Les pauvres se demandaient où ils iraient chercher dans les années de disette, la nourriture journalière qu'ils recevaient auparavant aux portes des couvens.

Ce peuple religieux ne concevait pas comment des institutions qu'il croyait avoir toujours existé, pouvaient jamais cesser ; et dans ces temps de malheurs, tous les changemens faits par des mains ennemies lui paraissaient des impiétés.

Peu de jours après la prise de Madrid, pendant que notre régiment était encore cantonné à Cevolla sur les bords du Tage, je reçus l'ordre de porter au maréchal Lefèvre, une dépêche ouverte du général Lasalle qui était en avant de nous à Talaveira. Le maréchal Lefèvre devait lire cette dépêche, et l'envoyer ensuite directement au prince de Neuchâtel. Je rencontrai, au coucher du soleil, le maréchal Lefèvre à Maquéda, au moment où il arrivait de Casa Rubios. Ce maréchal, pour ménager ses aides de camp, m'ordonna de continuer ma route, et de porter moi-même au quartier impérial, les lettres dont j'avais d'abord été chargé. Devant prendre la poste, je fus obligé de laisser mon cheval à Maquéda, et je montai sur un mulet de réquisition que le chef de l'état-major me fit donner par l'alcade du lieu.

Je fus bientôt en route, par une nuit noire, sur un grand mulet de trait vicieux dont on avait rasé la crinière; un paysan espagnol qui me servait de guide, me précédait, monté sur le mulet qui appareillait avec le mien. Quand nous eûmes fait près d'une lieue, mon guide se laissa tomber, et son mulet partit au galop pour retourner probablement à son village. Je crus que le paysan, étourdi de sa chute, s'était évanoui, et je mis pied à terre pour le secourir. Je le cherchai en vain, à la place où je l'avais entendu tomber, il s'était glissé dans des broussailles épaisses, et avait disparu; je remontai sur mon mulet, ne sachant pas trop comment je trouverais seul ma route. L'animal rétif n'entendait plus son compagnon marcher devant lui, et il ne voulait ni avancer ni reculer. Plus je lui donnais de l'éperon, plus il redoublait ses ruades; mes coups, mes injures, mes menaces en français, ne faisaient que l'irriter. J'ignorais son nom; je ne savais pas encore alors que chaque mulet d'Espagne en eût un, et que pour le faire avancer il fallût lui dire dans sa propre langue : — *Allez, mulet, allez, capitaine, allez, aragonaise,* etc. — Ayant mis pied à terre, pour resserrer la sangle de ma selle en bois, le mulet impatienté fit un saut de côté, et m'allongea, dans la poitrine, un coup de pied qui me renversa, puis il entra dans un sentier voisin; quand je fus revenu de ma chute, je courus après lui de toutes mes forces, me guidant par le bruit que faisait un des étriers de ma selle qui venait de tourner, et qui traînait sur les pierres. Quand j'eus fait environ une demi-lieue, je retrouvai ma selle dont le mulet était parvenu à se débarrasser. Je la pris sur mon dos, et j'entrai peu après dans un grand village, où l'avant-garde d'une des brigades du maréchal Lefèvre venait d'arriver. Je me fis donner un cheval par l'alcade et je me remis en route, ayant soin de me tenir toujours très-près de mon guide.

Il n'y avait aucune garnison française dans le village où je changeai de chevaux pour la seconde fois. Le maître de la poste vint lui-même m'ouvrir; c'était un vieillard vert et sec. Il réveilla un postillon et lui dit de mettre ma selle sur un vieux cheval qui pouvait à peine se soutenir, tant ses jambes de devant étaient arquées. Je fis quelques menaces au maître de la poste, en élevant la voix, et en lui désignant le cheval que je voulais monter. Le vieillard n'en fut point effrayé; il me prit par la main avec une tranquillité qui désarma aussitôt ma colère, et il me montra, en me faisant signe de ne pas faire de bruit, trente ou quarante paysans qui dormaient dans le magasin de la paille hachée, à l'autre extrémité de l'écurie. Je profitai de son conseil, et je montai le mauvais cheval sans dire un mot, étonné des sentimens divers qu'indiquait ce simple trait et réfléchissant aux difficultés sans nombre, que la haine des Espagnols nous opposait déjà, au milieu même de nos victoires.

J'arrivai à une heure dans la nuit au quartier impérial de Chamartin. Le prince de Neufchâtel fut réveillé par un de ses aides de camp; je lui remis les lettres dont j'étais porteur, et je fus renvoyé le même jour à onze heures du soir, à mon corps d'armée avec de nouvelles dépêches pour le maréchal Victor. J'arrivai le matin à Aranjuez ; le commandant de la place me conseilla d'attendre pour aller à Tolède le départ d'un détachement. Le directeur des postes du premier corps d'armée avait été massacré la veille sur la route, pour avoir devancé de quelques minutes seulement son escorte. Les ordres dont j'étais porteur étaient, à ce qu'on m'avait dit, pressés, et je continuai ma route, monté sur un petit cheval de réquisition. Étant seul j'étais obligé de me servir à moi-même, d'arrière-garde, d'avant-garde et de flanqueurs, arrivant au galop sur les hauteurs, regardant sans cesse autour de moi, pour ne pas me laisser surprendre.

Les chevaux sauvages du haras royal mêlés avec des daims et des cerfs, fuyaient à mon approche, par troupes de cinquante à soixante.

Quand je fus à quelques lieues par delà Aranjuez, je vis de loin, deux paysans espagnols qui venaient de garotter un soldat français, et qui le traînaient dans des broussailles pour l'égorger. J'allai à eux de toute la vitesse de mon cheval ; j'eus le bonheur d'arriver encore à temps pour délivrer le malheureux prisonnier : c'était un soldat d'infanterie qui était sorti la veille de l'hôpital d'Aranjuez ; accablé de fatigue, il s'était assis pendant que ses camarades continuaient à marcher. Je l'escortai jusqu'à son détachement qui faisait halte non loin de là, et je continuai ma route.

Rien de plus affreux que le spectacle qui s'offrit ensuite à mes regards. Je rencontrai à chaque pas, les corps mutilés des Français assassinés les jours précédens, et des lambeaux de vêtemens ensanglantés semés çà et là. Des traces encore récentes laissées dans la poussière, indiquaient la lutte que quelques-uns de ces infortunés avaient soutenue, et les longs tourmens qu'ils avaient soufferts avant que d'expirer. Les plaques en cuivre de leurs bonnets pouvaient seules faire reconnaître qu'ils étaient des soldats et à quels régimens ils appartenaient. Ceux qui attaquaient ainsi les Français sur la route de Tolède étaient des gardiens des haras royaux et des paysans qui avaient abandonné leurs villages lors de l'arrivée de nos troupes; ils avaient acquis une grande férocité de mœurs, par l'habitude d'une vie vagabonde et solitaire.

J'avais remis, à Tolède, mes dépêches au maréchal Victor, et j'étais retourné à mon régiment la veille du jour où il était entré en garnison à Madrid.

Les Espagnols des plaines de la Castille se relevaient déjà de la consternation momentanée que leur avaient causé notre arrivée. Les habitans des lieux que nous occupions s'étaient retirés dans les montagnes ou dans les bois avec leurs femmes et leurs enfans, ils épiaient de là toutes nos démarches et ils s'embusquaient auprès des grandes routes pour attendre nos courriers et nos ordonnances, ou bien pour assaillir à l'improviste ceux de nos petits détachemens auxquels ils se croyaient supérieurs en force.

Chaque jour nous apprenions quelques nouvelles désastreuses des petits détachemens restés en arrière de l'armée, pour entretenir les communications. Dans tous les lieux où nous avions laissé, comme en Allemagne, des postes de correspondance, composés de neuf ou quinze hommes seulement, ces postes furent égorgés.

La junte espagnole s'était retirée à Mérida; elle alla ensuite à Séville. Elle venait d'envoyer aux alcades et aux curés, même dans les lieux que nous occupions, l'ordre d'inviter les soldats des milices espagnoles à rejoindre les corps auxquels ils appartenaient; ces soldats de la patrie marchaient la nuit, et par des chemins détournés, voulant éviter la rencontre de nos troupes; et c'est ainsi que les armées dispersées des Espagnols se relevaient sans cesse de leurs désastres avec une inconcevable facilité. Lorsque l'armée de Castannos arriva à Cuença après avoir été défaite à Tudéla, elle était réduite à neuf mille hommes d'infanterie et à deux mille cavaliers; un mois après, lors de l'affaire d'Uclès cette même armée était forte de plus de vingt-cinq mille hommes. Après la défaite de l'armée du général Blacke à Espinosa, le marquis de la Romana avait eu beaucoup de peine à rassembler cinq mille soldats dans la Galice; au commencement de décembre il avait déjà réuni vingt-deux mille hommes aux environs de la ville de Léon.

Quoique la junte espagnole ne fût qu'une administration faible et mal affermie, elle avait cependant beaucoup d'influence lorsqu'elle secondait le mouvement que la nation s'était imprimé d'elle-même : ce mouvement devait être d'autant plus durable qu'il était tout-à-fait volontaire.

Les généraux espagnols comme leur gouvernement, n'avaient d'autorité que lorsqu'ils agissaient dans le sens de l'opinion de ceux auxquels ils commandaient. Ils ne pouvaient ni arrêter leurs soldats dans leurs succès, ni les contenir au milieu des revers, et ces bandes indisciplinées entraînaient avec elles leurs chefs à la victoire ou à la fuite. L'orgueil national des Espagnols était si grand, qu'ils ne voulaient jamais attribuer leurs revers à leur manque d'expérience, ou à la supériorité militaire de leurs ennemis; dès qu'ils étaient battus, ils accusaient leurs chefs de trahison. Le général Saint-Juan fut pendu par ses soldats à Talavera, le général la Penna fut destitué par les divisions d'Andalousie, et le duc de l'Infantado forcé de prendre à Cuença le commandement de l'armée.

Les Espagnols étaient un peuple religieux et guerrier, mais non pas militaire; ils détestaient et méprisaient même tout ce qui tenait aux troupes de ligne; aussi manquaient-ils de bons officiers, de sous-officiers et de tous les moyens qui constituent une armée bien réglée. Ils considéraient la guerre présente comme une croisade religieuse contre les Français, pour la patrie et pour le roi; et un ruban rouge avec cette inscription, *Vincer o morir pro patria et pro Ferdinando septimo*, était la seule distinction militaire de la plus grande partie de leurs soldats citoyens. Au premier appel, les hommes de toutes les provinces se rendaient presque nus aux grands rassemblemens qu'ils appelaient leurs armées. Là le désir ardent qu'ils avaient de vaincre leur faisait supporter, avec une patience admirable, les privations auxquelles toute la puissance de la discipline la plus sévère n'aurait pu assujettir les meilleures troupes de ligne.

Les peuples des provinces manifestaient généralement, même dans le temps de nos victoires, beaucoup d'incrédulité sur les succès que nous remportions ; aucun Espagnol ne voulait croire aux désastres de l'Espagne et l'avouer vaincue : ce sentiment qui était dans l'âme de tous, rendait la nation invincible, malgré les pertes individuelles et les défaites fréquentes de ses armées.

Les Anglais étaient entrés en Espagne vers la fin de l'année 1808. Treize mille soldats, sous les ordres du général Sir D. Baird, avaient débarqué à la Corogne, le 14 du mois d'octobre, et ils s'étaient avancés par la route de Lugo jusqu'à Astorga. Une autre armée de vingt-un mille hommes, sous les ordres du général Moore, commandant en chef de toutes les forces britanniques, était partie de Lisbonne le 27 du même mois ; elle était arrivée en Estramadure et dans les Castilles, par les routes d'Alméida, de Ciudad-Rodrigo, d'Alcantara et de Mérida. La division qui marchait par la route de Mérida s'était avancée le 22 novembre jusqu'à l'Escurial. Tous les corps anglais dans la péninsule devaient se réunir à Salamanque et à Valladolid, pour aller renforcer l'armée espagnole du centre devant Burgos; lorsque cette armée eut été dispersée, ainsi que celle du général Blacke dans les Asturies, le général Sir D. Baird se retira d'Astorga à Villa-Franca ; et plus tard, lorsque les Français marchèrent sur Madrid après l'affaire de Tudéla, le général Moore rappela le corps anglais qui s'était avancé jusqu'à l'Escurial, et il concentra son armée aux environs de Salamanque. Les armées anglaises en Espagne restèrent près d'un mois à Villa-Franca et à Salamanque, incertaines sur ce qu'elles devaient faire : elles ne pouvaient ni se porter en avant contre les forces immenses des Français, ni se retirer, dans la crainte de décourager les peuples de l'Espagne, et d'abattre l'esprit national qui existait encore malgré de grands revers.

Il y eut une mésintelligence momentanée entre les Anglais et les Espagnols ; ce qui mit de la désunion dans leurs opérations militaires. Les Espagnols, oubliant que les Anglais n'étaient que des auxiliaires dans leur querelle, leur reprochèrent la lenteur de leurs premières marches et bientôt après leur immobilité. Le général anglais accusait à son tour les Espagnols de lui avoir caché constamment leur situation et leurs revers, d'avoir exagéré sans cesse la force de leurs moyens de résistance. Il se trompait, comme le chef des armées françaises, sur le caractère espagnol, et il prenait généralement pour de la faiblesse, tout ce que le patriotisme fait faire croire et dire à des peuples dépourvus de ressources militaires, mais forts par le caractère national, et qui sont indomptables par cela même qu'ils s'exagèrent de bonne foi leurs ressources.

Les Espagnols en vinrent jusqu'à se persuader que les Anglais voulaient les abandonner à leur propre sort. Les Français croyaient aussi, d'après l'opinion généralement répandue, que les Anglais ne songeaient plus qu'à se rembarquer à Lisbonne et à la Corogne; ils envoyèrent même le maréchal Lefèvre en avant de Talavera vers Badajos pour menacer la communication du général Moore, et le forcer à redescendre promptement le Tage. Le général Soult, qui était resté sur les frontières du royaume de Léon, se préparait aussi à entrer en Galice; il allait être renforcé par le corps du général Junot qui venait de France et s'avançait vers Burgos.

Dans ces entrefaites on vint annoncer, le 21 décembre, au quartier impérial de Chamartin, qu'un des postes du général Franchesci avait été enlevé dans la nuit du 12 au 13, à Rueda, et que des partis de cavalerie anglaise étaient venus battre la campagne jusqu'aux portes de Valladolid.

Ces partis avancés appartenaient à l'armée du général Moore qui avait quitté Salamanque le 13 décembre, et avait passé le Douero pour se réunir au treize mille Anglais que le général Sir D. Baird amenait de Villa-Franca, se proposant de faire avec les troupes espagnoles du marquis de la Romana, une attaque combinée contre le maréchal Soult qui occupait, avec quinze mille hommes, les bourgs de Guarda, Saldanas et Sahagun, le long de la petite rivière de Cea. Le 21 une brigade de cavalerie de l'avant-garde des Anglais, aux ordres du général Paget, attaqua et défit un régiment de dragons français que le maréchal Soult avait laissé à Sahagun.

L'empereur Napoléon, instruit de ce mouvement des Anglais, partit le 22 de Madrid avec sa garde et le corps du maréchal Ney pour aller leur couper la retraite vers la Corogne. Il arriva le 23 à Villa-Castin, le 25 à Tordesillas, le 27 à Medina de Rio-Seco et le 29 décembre au matin, son avant-garde, composée de trois escadrons de chasseurs à cheval commandés par le général Lefèvre, se présenta devant Benavente, où était l'armée anglaise.

Le général Lefèvre trouvant le pont sur l'Esla coupé, passa cette rivière à gué et repoussa jusqu'aux portes de la ville, les postes avancés des anglais. Ce général, entraîné par l'ardeur de la poursuite, oublia de rallier ses chasseurs et de se faire éclairer; il fut bientôt aux prises avec la cavalerie de l'arrière-garde ennemie. Les chasseurs français furent forcés de repasser l'Esla; soixante hommes blessés ou démontés, au nombre desquels était le général, restèrent au pouvoir des Anglais. Les chasseurs français se reformèrent en bataille sur la rive opposée de la rivière, et ils se préparaient à tenter une charge désespérée pour reprendre leur chef prisonnier, lorsque les Anglais firent rapidement avancer auprès du pont rompu deux pièces d'artillerie légère qui tirèrent à mitraille, et forcèrent les escadrons français à se retirer.

Les armées anglo-espagnoles avaient été instruites de la marche de l'empereur Napoléon au moment où elles se préparaient à attaquer le maréchal Soult au village de Carion; elles s'étaient retirées rapidement dès le 24 sur Astorga et Benavente, par les routes de Mayorga, Valencia et Mancilla.

Les armées anglo-espagnoles auraient été probablement coupées des défilés de la Galice, si l'armée française n'eût été considérablement rallentie dans sa marche, par les neiges nouvellement tombées sur la Sierra de Guadarama, et par des torrens débordés.

L'empereur Napoléon arriva le 30 décembre à Benavente; il ne s'avança pas au-delà d'Astorga, revint le 7 janvier à Valladolid avec ses gardes, et peu de jours après il était en France faisant des préparatifs pour marcher contre l'Autriche.

Le maréchal Ney resta à Astorga pour garder les défilés de la Galice, et organiser le pays; le maréchal Soult continua à poursuivre l'armée du général Moore vers la Corogne. Le pays que les Anglais laissaient derrière eux en se retirant était totalement dévasté, et les troupes du maréchal Soult étaient obligées d'aller chercher chaque soir des vivres à de très-grandes distances de la route battue; ce qui augmentait leurs fatigues et retardait considérablement leur marche. Les avant-gardes du corps du maréchal Soult atteignirent cependant, à Villa-Franca, et ensuite à Lugo, les réserves de l'armée ennemie, mais elles ne se trouvèrent pas assez fortes pour les entamer. C'est dans un engagement qui eut lieu devant la première de ces deux villes que les Français perdirent le général de cavalerie Colbert.

Le 16 les Anglais furent forcés de livrer bataille devant la Corogne, avant que de se rembarquer; l'affaire fut sanglante et vivement contestée. Les Français gagnèrent d'abord du terrain, mais les Anglais reprirent vers la fin de la journée la forte position dans laquelle ils s'étaient placés pour couvrir l'ancrage de leur flotte, et ils s'embarquèrent pendant la nuit du 16 au 17. Le général Moore fut atteint par un boulet de canon pendant la bataille, au moment où il ramenait à la charge un corps qui venait d'être repoussé.

L'armée du marquis de la Romana s'était dispersée dans les montagnes à l'ouest d'Astorga. La ville de la Corogne, entourée de fortifications, fut défendue par ses habitans, et elle ne se rendit que le 20 par capitulation. Les troupes anglaises souffrirent dans leur retraite tous les maux auxquels sont exposées les armées vivement poursuivies, lorsque les soldats sont exaspérés par des fatigues à outrance; et sans avoir jamais été entamées nulle part en bataille, elles perdirent plus de dix mille hommes, leur trésor, beaucoup de bagages, et presque tous les chevaux de leur cavalerie.

On ne conçoit pas aisément quelles furent les causes qui engagèrent le général Moore à risquer le sort de son armée entière, en faisant contre le corps du maréchal Soult, une expédition dont le résultat ne pouvait être dans tous les cas que très-incertain ; ce maréchal pouvant se retirer sur Burgos et être renforcé par les troupes du général Junot. En se portant sur Saldanas, le général Moore donnait à l'empereur Napoléon, qui se préparait à retourner en France, l'occasion de l'attaquer avec toutes ses forces réunies.

Le général Moore pouvait se porter de Salamanque derrière le pont d'Almaraz sur le Tage dans une position presqu'imprenable, et réorganiser les armées espagnoles ; c'était là ce que les Français redoutaient le plus. Le général Moore, parti de Salamanque, devait, dans tous les cas, se retirer plutôt sur Lisbonne que sur la Corogne, afin de parcourir la route la plus courte, et de donner aux corps des maréchaux Lefèvre et Soult les communications les plus longues à garder, et les forcer ainsi à s'affaiblir pour la nécessité de laisser en arrière d'eux de nombreux détachemens ; le général anglais aurait fourni aux troupes du général la Romana, et aux paysans de la Galice et du Portugal des occasions nombreuses de faire la petite guerre contre les partis français. Cette dernière opération a été exécutée plus tard avec le plus grand succès par le général Sir A. Wellesley.

On assure que le général Moore fut trompé par de faux rapports, et que ce fut contre son propre jugement, et malgré sa volonté, qu'il fut engagé dans cette occasion à franchir les règles de l'art militaire. Au reste, il est toujours aisé de juger des choses d'après l'événement, la difficulté dans toutes les entreprises, consiste à prévoir à l'avance les résultats probables.

Pendant que le corps d'armée du maréchal Soult repoussait les Anglais de la Galice, l'armée espagnole d'Andalousie faisait, en avant de Cuença divers mouvemens, par lesquels elle semblait menacer Madrid. Le maréchal Victor partit le 10 janvier de Tolède avec le premier corps d'armée, pour s'opposer à cette armée espagnole commandée par le duc de l'Infantado.

Le premier corps d'armée fut plusieurs jours aux environs d'Ocania, avançant lentement sans avoir aucune nouvelle des ennemis. Soit par hasard, soit par ignorance des lieux, les divisions françaises se trouvèrent le 13 au matin tellement engagées au milieu de celles des espagnols, que, sans avoir aucune intention de les tourner, elles se crurent elles-mêmes cernées.

La division Villate rencontra la première, une partie de l'armée ennemie, rangée en bataille sur la crête d'une colline élevée et escarpée. Les Espagnols se confiaient dans la force de leur position, plutôt que dans l'expérience de leurs troupes, qui étaient composées en grande partie de nouvelles levées. Quand ils virent l'impétuosité et le sang-froid avec lequel les Français gravissaient, l'arme au bras, les rochers, ils se débandèrent après avoir fait leur première décharge, et ils rencontrèrent dans leur retraite, à peu de distance d'Alcazar, la division Ruffin, qui cherchant l'ennemi, l'avait tourné sans s'en douter. Plusieurs milliers d'Espagnols furent alors forcés à mettre bas les armes; une grande terreur s'empara de toute leur armée, et les divers corps qui la composaient se précipitèrent aveuglément dans tous les sens. Plusieurs de ces colonnes ennemies qui cherchaient à échapper, allèrent se jeter dans le parc d'artillerie du général Cénarmont, et elles furent reçues par des décharges à mitraille qui les forcèrent à changer de direction. Une pièce d'artillerie française, dont les chevaux étaient très-fatigués, fut rencontrée par la cavalerie ennemie, qui lui fit place et défila en silence des deux côtés de la route. Les

Français firent plus de dix mille prisonniers, et ils prirent quarante pièces de canon, que les Espagnols abandonnèrent dans leur fuite. Si la division de dragons du général Latour-Maubourg n'avait pas été trop fatiguée pour suivre les ennemis, l'armée espagnole entière serait tombée au pouvoir des Français.

Le 13 janvier, jour où l'affaire d'Uclès eut lieu, notre régiment partit de Madrid pour aller rejoindre le premier corps d'armée. Le 14, nous couchâmes à Ocania; le 15 au matin nous rencontrâmes à trois lieues de cette dernière ville, les prisonniers espagnols qui venaient d'Uclès, et qu'on conduisait à Madrid; beaucoup de ces malheureux tombaient accablés de fatigue, d'autres mouraient d'inanition : lorsqu'ils ne pouvaient plus marcher, ils étaient aussitôt impitoyablement fusillés. Cet ordre sanguinaire avait été donné en représailles de ce que les Espagnols pendaient les Français qu'ils faisaient prisonniers. Des mesures aussi violentes, prises à contre-temps contre des ennemis désarmés qui devaient être protégés par leur faiblessse même, ne pouvaient dans aucun cas, être justifiées par la nécessité des représailles; ces mesures, aussi cruelles qu'impolitiques, éloignaient du grand but de la conquête, la soumission durable des peuples vaincus. Elles empêchaient, il est vrai, les paysans espagnols de se rendre à leurs armées, mais il en résultait seulement qu'une guerre d'embuscades succédait aux batailles rangées, dans lesquelles notre éminente supériorité de tactique nous eût probablement toujours donné les moyens de vaincre nos ennemis, et de soumettre ensuite, par la douceur, des hommes que la discipline militaire aurait déjà à demi domptés. Les Français allaient avoir à lutter avec quatre cent mille hommes seulement, contre douze millions d'êtres vivans animés par la haine, le désespoir et la vengeance.

Un de ces infortunés espagnols attira particulièrement notre attention; il était étendu sur le dos, mortellement blessé; ses longues moustaches noires entre-mêlées de poils gris, et son uniforme, faisaient voir que c'était un ancien soldat; il ne faisait plus entendre que des sons inarticulés, invoquant la Vierge et les Saints; nous cherchâmes à le ranimer avec de l'eau-de-vie, il expira peu de momens après.

Rien n'est plus affreux que de suivre à quelques marches de distance, une armée victorieuse. Comme nous n'avions pas eu part aux succès de nos camarades, qui venaient de battre les ennemis en avant de nous ; aucun souvenir de nos propres dangers, de nos fatigues ou de nos inquiétudes passées, n'affaiblissait l'horreur du spectacle qui s'offrait à chaque pas à nos yeux. Nous traversions des campagnes désertes et dévastées, nous logions pêle-mêle avec les morts et les blessés qui s'étaient traînés dans la boue pour venir expirer sans secours, dans des habitations voisines de l'endroit où l'affaire avait eu lieu.

Nous rejoignîmes à Cuença notre corps d'armée ; et nous prîmes pendant quelques jours des cantonnemens aux environs de San Clemente et à Belmonte ; nous attendions notre artillerie, qui ne pouvait faire qu'avec beaucoup de peine, une ou deux lieues chaque jour ; les pluies de l'hiver avaient rendu les chemins si difficiles, qu'il fallait souvent réunir les attelages de plusieurs pièces de canon pour en traîner une seule. Nous traversâmes ensuite la patrie de Don Quichote pour aller à Consuegra et à Madrilejos. Le Toboso ressemble parfaitement à la description qu'en a faite Michel Cervantes dans le poëme immortel de Don Quichote de la Manche. Si ce héros imaginaire ne fut pas, pendant sa vie, d'un grand se-

6

cours aux veuves et aux orphelins, au moins son souvenir protégea-t-il contre les désastres de la guerre la patrie supposée de sa Dulcinée. Dès que les soldats français entrevoyaient une femme aux fenêtres, ils s'écriaient en riant : Voilà Dulcinée ! — Leur gaieté rassura les habitans; loin de s'enfuir, comme à l'ordinaire, à la première vue de nos avant-gardes, ils se rassemblèrent pour nous voir passer; les plaisanteries sur Dulcinée et Don Quichote furent un lien commun entre nos soldats et les habitans du Toboso, et les Français bien accueillis, traitèrent à leur tour leurs hôtes avec douceur.

Nous restâmes plus d'un mois entier cantonnés dans la Manche. Soit que nous habitassions dans des maisons, soit que nous fussions au bivouac dans les champs, notre genre d'existence était le même; seulement au lieu de nous transporter d'une maison dans une autre, nous quittions notre feu pour aller nous placer auprès de celui de nos camarades. Là, nous passions les longues nuits à boire et à parler des événemens présens de la guerre, ou bien à entendre le récit des campagnes passées. Quelquefois un cheval, tourmenté par le froid de la rosée, aux approches du jour, arrachait le piquet auquel il était attaché, et venait doucement avancer sa tête auprès du feu, pour réchauffer ses naseaux, comme si ce vieux serviteur eût voulu rappeler qu'il était aussi présent à l'affaire qu'on racontait.

La vie tout à la fois simple et agitée que nous menions, avait ses maux et ses charmes. Lorsqu'on était en présence de l'ennemi, on voyait presqu'à toutes les heures du jour, des détachemens partir, et d'autres rentrer, apportant des nouvelles, après de longues absences, de diverses parties de l'Espagne fort éloignées. Lorsqu'on recevait l'ordre de se tenir prêt à monter à cheval, on pouvait aussi-bien être envoyé en France, en Allemagne, à l'extrémité de l'Europe enfin, qu'à une expédition de peu de durée; lorsqu'on se quittait, on ne savait pas si l'on devait jamais se revoir; lorsqu'on s'arrêtait en quelque lieu, on ignorait si l'on devait y séjourner quelques heures seulement, ou bien y rester des mois entiers. L'attente même la plus longue et la plus monotone se passait sans ennui, parce qu'on courait toujours la chance de voir arriver quelqu'événement imprévu. Nous étions souvent dans un dénûment absolu des choses les plus nécessaires à la vie, mais nous nous consolions de la détresse

6.

par l'espérance d'un changement prochain. Quand on se retrouvait dans l'abondance, on se pressait d'en jouir, on se hâtait de vivre, on faisait tout vîte, parce qu'on savait que rien ne devait durer. Lorsque le canon des batailles grondait dans le lointain, annonçant une attaque prochaine sur un point de la ligne ennemie; lorsque les corps se portaient en hâte au lieu de l'action, on voyait des frères, des amis servant dans divers corps, se reconnaître et s'arrêter pour s'embrasser et se dire un prompt adieu : leurs armes se heurtaient, leurs panaches se croisaient, et ils retournaient promptement reprendre leurs rangs.

L'habitude des dangers faisait regarder la mort comme une des circonstances les plus ordinaires de la vie : on plaignait ses camarades blessés; mais dès qu'ils avaient cessé de vivre on ne manifestait plus pour eux qu'une indifférence qui allait souvent jusqu'à l'ironie. Lorsque des soldats reconnaissaient, en passant, un de leurs compagnons parmi les morts étendus sur la terre, ils disaient : « Il n'a plus besoin de rien, il ne maltraitera plus son cheval, il ne pourra plus s'enivrer, » ou quelques autres propos de ce genre, qui montraient dans ceux qui les tenaient un stoïque dédain de l'existence ; c'était la seule oraison funèbre de ceux de nos guerriers qui succombaient dans les combats.

Les diverses armes qui composaient notre armée, la cavalerie et l'infanterie sur-tout, différaient beaucoup entr'elles par les mœurs et les habitudes. Les soldats de l'infanterie n'ayant chacun à s'occuper que d'eux-mêmes et de leur fusil, étaient égoïstes, grands parleurs et grands dormeurs. Condamnés en campagne par la crainte du déshonneur à marcher jusqu'à la mort, ils se montraient impitoyables à la guerre, et faisaient souffrir aux autres, quand ils le pouvaient, ce qu'ils avaient eux-mêmes souffert. Ils étaient raisonneurs, et quelquefois même insolens envers leurs officiers ; mais au milieu des fatigues à outrance qu'ils supportaient, un bon mot les ramenait toujours à la raison, et les mettait dans le parti du rieur. Ils oubliaient tous leurs maux, dès que le premier coup de fusil de l'ennemi s'était fait entendre.

On accusait généralement les hussards et les chasseurs à cheval d'être pillards, prodigues, d'aimer à boire, et de se croire tout permis en présence de l'ennemi. Accoutumés à ne donner, pour ainsi dire, qu'un œil au sommeil, à tenir toujours une oreille ouverte aux sons de la trompette d'alarme, à éclairer la marche au loin en avant de l'armée, à pressentir les piéges de l'ennemi, à deviner les moindres traces de son passage, à fouiller les ravins, à voir comme l'aigle au loin dans la plaine, ils avaient dû acquérir une intelligence supérieure et des habitudes d'indépendance. Cependant ils étaient toujours silencieux et soumis en présence de leurs officiers, par la crainte d'être mis à pied.

Fumant sans cesse pour endormir la vie, le soldat de la cavalerie légère bravait dans tous les pays, sous son large manteau, les rigueurs du climat. Le cavalier et son cheval, habitués à vivre ensemble, contractaient des caractères de ressemblance. Le cavalier s'animait par son cheval, et le cheval par son maître. Lorsqu'un hussard peu sobre poussait son coursier rapide, dans les ravins, au milieu des précipices, le cheval reprenait à lui tout seul l'empire que la raison donnait auparavant à l'homme ; il mesurait sa hardiesse, redoublait de prudence, évitait les dangers, et revenait toujours, après quelques détours, reprendre dans les rangs sa place et celle de son maître. Quelquefois aussi pendant la marche, le cheval ralentissait doucement son allure, ou bien il s'inclinait à propos, pour retenir sur sa selle le hussard énivré qui s'était endormi. Quand celui-ci se réveillait de ce sommeil involontaire, et qu'il voyait son cheval haletant de fatigue, il jurait, pleurait, faisait serment de ne plus boire. Pendant plusieurs jours il marchait à pied, et se privait de son pain pour en faire part à son compagnon.

Lorsqu'un coup de carabine entendu du côté des vedettes, répandait l'alarme dans un camp de cavalerie légère, en un clin d'œil les chevaux étaient bridés, et l'on voyait les cavaliers franchir de toutes parts les feux du bivouac, les haies, les fossés, et se porter avec la rapidité de l'éclair, au lieu du rassemblement, pour repousser les premières attaques de l'ennemi. Le cheval du trompette restait seul impassible au milieu du tumulte ; mais, dès que son maître avait cessé de sonner, il sautait alors d'impatience, et se hâtait d'aller rejoindre ses camarades.

Notre corps d'armée quitta la Manche vers le milieu du mois de février, et les troupes aux ordres du général Sébastiani, qui avait remplacé le maréchal Lefèvre, vinrent aux environs de Tolède observer les débris de l'armée du duc de l'Infantado. Nous allâmes occuper

Talavera, l'Arzobispo et Almaraz sur la rive droite du Tage, en face de l'armée espagnole d'Estramadure. Cette armée avait été dispersée le 24 décembre à l'Arzobispo et vis-à-vis Almaraz par le maréchal Lefèvre; elle s'était ensuite réorganisée et renforcée sous les ordres du général Cuesta; elle avait repris le pont d'Almaraz sur les Français, et elle en avait fait sauter les arches principales, ce qui arrêtait complétement la marche de nos troupes, et nous mettait dans la nécessité absolue de construire un nouveau pont sur le Tage sous le feu même des ennemis. Nous possédions bien deux autres ponts, l'un à l'Arzobispo, l'autre à Talavera, mais les routes de ces ponts étaient alors impraticables pour l'artillerie. Le maréchal Victor plaça son quartier-général au village d'Almaraz, afin d'être plus à portée de protéger les travaux et de surveiller la confection des radeaux. Une partie de notre division de cavalerie légère passa sur la rive gauche du fleuve, afin d'observer les ennemis et de faire des reconnaissances vers leur flanc droit sur l'Ibor.

Nous changions souvent de cantonnement à cause de la difficulté que nous avions à nous procurer des fourrages et des vivres. Les habitans avaient abandonné presque tout le pays qu'occupait l'armée. Ils avaient la coutume de murer avant leur départ, dans un endroit écarté de leurs demeures, tout ce qu'ils ne pouvaient transporter avec eux. Aussi nos soldats commençaient-ils en arrivant dans des logemens vides et démeublés, par toiser, comme des architectes, les parois extérieures de la maison, et ensuite les pièces de l'intérieur, pour voir si l'on n'en avait rien retranché. On trouvait quelquefois des vases de vin enfouis dans la terre. Nous étions habitués à vivre ainsi de hasards, passant des semaines entières sans recevoir du pain, et même sans pouvoir nous procurer de l'orge pour nos chevaux.

Le 14 mars, nos radeaux furent enfin achevés ; nous ne pouvions pas les jeter à l'eau, ni construire un pont sous le feu des ennemis. Il fallait d'abord les déposter de la forte position qu'ils occupaient en face d'Almaraz au confluent du Tage et de l'Ibor.

Le 15 mars, une partie du premier corps d'armée traversa le Tage à Talavera et à l'Arzobispo, pour se porter sur le flanc et en arrière des positions des Espagnols. La division allemande sous les ordres du général Leval, attaqua la première l'ennemi le 17 au matin, au village de Messa d'Ibor ; trois mille hommes de cette division, qui était sans son artillerie, culbutèrent à la baïonnette huit mille Espagnols retranchés sur une colline élevée, défendue par six pièces de canon. On employa toute la journée du 18 à repousser les ennemis de Valdecannar et à les poursuivre de positions en positions, et de rochers en rochers jusqu'au col de la Miravette. Notre régiment était à l'aile gauche de l'armée avec la division Villate ; nous remontâmes le courant de l'Ibor, repoussant sans peine sur tous les points les Espagnols, qui ne tinrent nulle part dès qu'ils se virent tournés.

Le 19 mars, toute l'armée séjourna pendant qu'on jetait à l'eau les radeaux. Le pont volant ayant été achevé avant la nuit, on commença déjà ce même jour à passer l'artillerie, et les troupes restées sur la rive droite du Tage. Le 20, toute l'armée se réunit à Truxillo. Il y eut devant cette ville, un peu avant notre arrivée, un engagement entre les chasseurs à cheval du cinquième régiment, qui formaient notre avant-garde, et les carabiniers royaux de l'arrière-garde ennemie. Le nombre des hommes tués de part et d'autre fut à peu près égal. Les Espagnols perdirent un chef d'escadron.

Les deux armées passèrent la nuit en présence ; l'ennemi se mit le jour suivant en marche, une heure avant le lever du soleil. Nous le suivîmes bientôt après. Le dixième de chasseurs formait l'avant-garde de notre division de cavalerie légère, qui éclairait elle-même la marche de toute l'armée. Quatre compagnies de voltigeurs à pied passaient en avant de nous, lorsque nous traversions des pays coupés de montagnes et de forêts.

Deux heures avant le coucher du soleil, l'escadron d'avant-garde du dixième de chasseurs, atteignit l'arrière-garde ennemie, qui se voyant serrée de près, se retira aussitôt sur le corps de l'armée espagnole. Le colonel du dixième régiment, emporté par une valeur trop ardente, laissa imprudemment charger tout son régiment, qui s'anima, et qui poursuivit la cavalerie espagnole pendant plus d'une lieue sur la chaussée, entre des collines montueuses plantées de chênes verts.

Lorsqu'un régiment ou un escadron de cavalerie chargent en colonne ou en ligne, ils ne peuvent conserver long-temps l'ordre qu'ils avaient au moment où ils ont pris le galop : les chevaux s'excitant les uns les autres, leur ardeur s'accroît progressivement, et les cavaliers les mieux montés, finissent par se trouver au bout de peu de temps, bien loin en avant des autres, ce qui rompt l'ordre de bataille. Un commandant d'avant-garde doit toujours avoir l'attention de ne faire que des charges très-courtes, et de rallier souvent ses cavaliers, afin de laisser reprendre haleine aux chevaux, et avoir le temps de s'éclairer, crainte d'embuscade. Il faut d'ailleurs, dans tous les cas, quand on s'est trop avancé pour pouvoir être secouru à temps par un autre corps, conserver en réserve au moins la moitié de la troupe pour soutenir l'autre, et pour offrir aux cavaliers qui viennent d'attaquer une espèce de rempart derrière lequel ils puissent se réunir, s'ils sont ramenés et poursuivis par un ennemi supérieur.

Les Espagnols placèrent en embuscade, non loin du village de Mia Casas, plusieurs escadrons de leur meilleure cavalerie ; cette cavalerie d'élite tomba à l'improviste sur les chasseurs de notre avant-garde, qui marchaient dispersés et sans ordre à de grandes distances les uns derrière les autres. Nos cavaliers furent accablés par le nombre ; leurs chevaux, fatigués par une charge à outrance, ne purent se réunir pour résister, et nos ennemis mirent, en moins de dix minutes, hors de combat, plus de cent cinquante des plus braves chasseurs du dixième régiment.

Le général Lasalle, ayant été averti de ce qui se passait, nous fit avancer en hâte à leur secours. Nous arrivâmes trop tard ; nous ne vîmes plus, dans le lointain, que la trace de poussière que laissaient derrière eux les Espagnols, en se retirant.

Le colonel du dixième régiment était occupé à rallier ses chasseurs, s'arrachant les cheveux de désespoir, à la vue des blessés étendus çà et là sur un assez grand espace de terrain. La nuit étant survenue, nous retournâmes bivouaquer en arrière de la place où l'action avait eu lieu.

Le 22 mars, l'ennemi traversa la Guadiana. Nous prîmes divers cantonnemens aux environs de San Pedro et de Mia Casas. Notre artillerie étant enfin arrivée le 23, la plus grande partie du corps d'armée vint se concentrer dans la ville de Mérida et aux environs.

Dans la nuit du 27 au 28, toute l'armée s'ébranla pour marcher à l'ennemi. Il y avait plusieurs jours que le général Cuesta nous attendait dans les plaines qui sont en avant de Médellin; il avait fait reconnaître d'avance, par des ingénieurs, la position avantageuse où il plaça son armée.

Les Espagnols, à qui le sort des batailles rangées avait été si souvent contraire, cherchaient par des motifs de tout genre à se donner l'assurance qui leur manquait. Ils regardaient l'escarmouche de Mia Casas comme un présage heureux. Ils s'appuyaient aussi d'une antique superstition attachée au souvenir des victoires remportées par leurs ancêtres sur les Maures, dans ces mêmes plaines qu'arrose la Guadiana. Les Français ne se rendaient pas compte de leurs espérances, ils se confiaient par habitude dans la victoire elle-même.

Après avoir traversé la Guadiana sur un pont très-long et très-étroit, on entre dans la ville de Médellin; au sortir de cette ville, est une plaine immense dénuée d'arbres, qui s'étend en remontant la Guadiana, entre le lit de ce fleuve, le bourg de Don Benito, et le village de Mingabril. Les Espagnols avaient d'abord occupé les hauteurs qui séparent ces deux villages; dans la suite ils déployèrent davantage leur ligne de bataille, et ils formèrent en une espèce de croissant, leur gauche à Mingabril, le centre en avant et vis-à-vis Don Benito, et leur aile droite auprès de la Guadiana.

A onze heures du matin, nous débouchâmes de Médellin pour nous ranger en bataille; à peu de distance de cette ville, nous formions un arc de cercle très-resserré compris entre la Guadiana et un ravin planté d'arbres et de vignes qui s'étend depuis Médellin jusqu'à Mingabril. La division de cavalerie légère du général Lasalle fut placée à l'aile gauche, au centre était la division allemande infanterie, et à la droite, la division des dragons du général Latour-Maubourg : les divisions Villate et Ruffin en réserve. Les trois divisions qui formaient notre première ligne avaient laissé sur les derrières de l'armée de nombreux détachemens pour garder nos communications, et elles n'étaient pas fortes de sept mille soldats. L'ennemi présentait devant nous une ligne immense de plus de trente-quatre mille hommes.

La division allemande commença l'attaque; les

deuxième et quatrième régimens de dragons ayant ensuite fait une charge contre l'infanterie espagnole, furent repoussés avec perte, et la division allemande resta seule au milieu de la mêlée ; elle se forma en carré, et elle résista vigoureusement pendant le reste de l'action aux efforts redoublés des ennemis. Ce ne fut qu'avec beaucoup de peine que le maréchal Victor rétablit le combat, en faisant avancer deux régimens de la division Villate. La cavalerie ennemie essaya d'abord vainement d'enfoncer notre aile droite ; une partie de cette cavalerie se porta ensuite en masse contre notre aile gauche ; celle-ci craignant d'être enveloppée, fut forcée de faire un mouvement rétrograde, pour s'appuyer de nouveau à la Guadiana, qui fait un coude, et resserre la plaine en se rapprochant de Médellin. Nous nous retirâmes pendant près de deux heures lentement et en silence, nous arrêtant chaque cinquante pas pour faire volte-face, présenter notre front à l'ennemi, et lui disputer le terrain avant que de l'abandonner, s'il eût voulu l'emporter malgré nous.

Au milieu des sifflemens prolongés des boulets qui passaient sur nos têtes, et des bruits sourds des obus, qui, après avoir sillonné l'air, venaient labourer la terre autour de nous, on n'entendait que les voix des chefs ; ils donnaient leurs ordres avec d'autant plus de calme et de sang-froid que l'ennemi nous pressait davantage. Plus nous nous retirions, plus les cris des Espagnols redoublaient ; leurs tirailleurs étaient si nombreux et si hardis, qu'ils faisaient quelquefois rentrer les nôtres dans nos rangs. Ils nous disaient de loin, dans leur langue, qu'ils ne feraient point de quartier, et que la plaine de Médellin serait le tombeau des Français. Si notre escadron avait été rompu et dispersé, la cavalerie de l'aile droite des Espagnols fondait par cette brèche sur les derrières de notre armée, et l'enveloppait : les champs de Médellin auraient alors été, comme nous le criaient les ennemis, le tombeau des Français.

Quand la cavalerie ennemie fut à une portée de fusil de nous, les tirailleurs des deux partis se retirèrent, et on ne vit plus dans l'espace qui nous séparait des Espagnols, que les chevaux des morts, amis et ennemis, qui, blessés pour la plupart, couraient dans tous les sens. Quelques-uns de ces animaux se débattaient pour se débarrasser du poids importun de leurs maîtres qu'ils traînaient sous leurs pieds.

7

Les Espagnols avaient envoyé contre notre seul escadron, six escadrons d'élite, qui marchaient en colonne serrée ; à leur tête étaient des lanciers. Toute cette masse prit en même temps le trot, pour nous charger pendant que nous faisions notre mouvement rétrograde. Le capitaine commandant notre escadron fit faire, au pas, un demi-tour à droite à ses quatre pelotons, forts ensemble de cent vingt hussards. Ce mouvement étant achevé, il rectifia l'alignement de sa troupe aussi tranquillement que si nous n'eussions pas été en présence des ennemis. Les cavaliers espagnols furent saisis d'étonnement en voyant un tel sang-froid, et ils ralentirent involontairement leur allure. Le commandant de l'escadron profita de ce moment d'hésitation, et fit aussitôt sonner la charge.

Nos hussards, qui avaient conservé au milieu des menaces et des injures multipliées des ennemis un silence ferme et contenu, couvrirent en s'ébranlant par un seul cri les sons aigus de la trompette. Les lanciers espagnols s'arrêtèrent saisis d'effroi, tournèrent bride à la demi-portée du pistolet, et culbutèrent les escadrons de leur propre cavalerie qui étaient derrière eux. La terreur s'était emparée de leurs âmes et ils n'osaient pas se regarder les uns les autres, se prenant mutuellement pour des ennemis. Nos hussards mêlés pêle-mêle avec eux les sabraient sans résistance. Nous les poursuivîmes ainsi jusque sur les derrières de leur armée. Les trompettes ayant sonné le rappel, nous abandonnâmes l'ennemi pour venir reformer de nouveau notre escadron en ligne. Peu de temps après notre charge, toute la cavalerie espagnole de la droite et de la gauche disparut entièrement.

Les dragons s'étaient ralliés autour de leurs compagnies d'élite, ils profitèrent de l'incertitude qu'ils aperçurent dans l'infanterie espagnole qui regardait fuir sa cavalerie, et firent contre le centre des Espagnols une charge heureuse et brillante. Deux régimens de la division Villate attaquèrent en même temps avec succès la droite de l'infanterie ennemie près des hauteurs de Mingabril. En un instant l'armée qui était devant nous disparut comme les nuages chassés par le vent. Les Espagnols prirent tous la fuite en jetant leurs armes, et la canonnade cessa.

Tous les corps de notre cavalerie s'ébranlèrent alors à la poursuite des ennemis. Nos soldats, qui s'étaient vus un peu auparavant menacés d'une mort prochaine s'ils avaient succombé sous le nombre, et qui étaient irrités par une résistance de cinq heures, ne firent d'abord point de quartier. L'infanterie suivait de loin la cavalerie, achevant les blessés à coups de baïonnettes. La rage des soldats se dirigeait particulièrement contre ceux d'entre les Espagnols qui n'étaient pas en habits d'uniforme.

Les hussards et les dragons s'étaient dispersés en fourrageurs; ils revinrent bientôt escortant des colonnes immenses d'Espagnols, qu'ils remettaient à l'infantaire pour les conduire à Médellin. Ces mêmes hommes, qui nous promettaient avec tant d'assurance la mort avant la bataille, marchaient alors la tête baissée, et avec la précipitation de la crainte. Aux premiers signes menaçans que faisaient nos soldats, ils couraient tous au même moment, se pressant vers le milieu de leurs colonnes, comme les brebis lorsqu'elles entendent la voix des chiens qui les poursuivent. Chaque fois qu'ils rencontraient un corps de troupes françaises ils criaient avec force, *vive Napoléon et sa troupe invincible;* quelquefois même un ou deux soldats de cavalerie se plaisaient en passant à faire répéter, pour eux seuls, les acclamations qui n'étaient dues qu'à la masse des vainqueurs.

Un colonel courtisan et aide de camp du roi Joseph, regardait les prisonniers défiler devant le front des régimens, il leur ordonna en Espagnol de crier *vive le roi Joseph !* les prisonniers eurent d'abord l'air de ne pas comprendre, et après un moment de silence, ils firent entendre tous ensemble le cri accoutumé de *vive Napoléon et ses troupes invincibles.* Ce colonel s'adressa alors en particulier à l'un d'entre ces prisonniers espagnols, en lui répétant avec menace l'ordre qu'il avait déjà donné. Le prisonnier ayant crié *vive le roi Joseph*, un officier espagnol, qui, suivant l'usage, n'avait pas été désarmé, s'approcha de ce soldat de sa nation, et lui passa son épée au travers du corps. Nos ennemis voulaient bien rendre hommage à la force de nos armes victorieuses, mais non pas reconnaître, même dans leur abattement, l'autorité d'un maître qui n'était pas de leur choix.

Je retournai dans la ville de Médellin un peu avant la nuit. Des chars de munition brisés, et des canons abandonnés avec leurs attelages de mulets, marquaient encore la position que l'armée espagnole avait occupée. Le silence et le calme avaient succédé à l'activité de la bataille et aux cris de la victoire. On n'entendait plus dans la plaine, que les plaintes rares des blessés et les murmures confus de quelques mourans ; ils relevaient leurs têtes avant d'expirer pour prier Dieu et la vierge Marie. On voyait aussi çà et là des chevaux blessés, qui ayant eu les jambes fracassées par les boulets, ne pouvaient bouger de la place où ils devaient périr dans peu ; ignorant la mort, impassibles sur l'avenir, ils broutaient l'herbe, là où leurs cols pouvaient encore atteindre.

Les Français n'eurent pas quatre mille hommes hors de combat. Les Espagnols laissèrent douze mille morts et dix-neuf pièces de canon sur le champ de bataille ; nous leur fîmes sept à huit mille prisonniers, mais de ces sept mille à peine deux mille arrivèrent-ils à Madrid, car ils trouvaient dans leur propre pays de grandes facilités pour s'échapper. Les habitans des villes et des villages se portaient en grand nombre au-devant d'eux pour distraire l'attention des escortes françaises ; ils avaient soin de laisser leurs maisons ouvertes, et les prisonniers se mêlaient, en passant, dans la foule, ou se jetaient dans les maisons dont les portes se refermaient bien vîte. Nos soldats qui redevenaient humains après le combat, se prêtaient eux-mêmes à ces évasions, malgré la sévérité des ordres qu'ils avaient reçus.

Des prisonniers espagnols disaient dans leur langue, en soupirant profondément, et en montrant dans le lointain, un village, à un grenadier chargé de les garder et de les conduire : *seigneur soldat*, là est notre village; là sont nos femmes et nos enfans; faut-il que nous passions si près d'eux sans jamais les revoir? faut-il que nous allions dans cette terre lointaine de France? — Le grenadier leur répondait, en affectant de prendre un ton rude. — Si vous cherchez à vous échapper je vous tue, c'est ma consigne; mais tout ce qui se passe derrière moi, je ne le vois pas. — Il faisait quelques pas en avant, alors les prisonniers gagnaient les champs, et ils retournaient bientôt après à leurs armées.

Une partie de notre régiment fut laissée à Mingabril sur le champ de bataille même de Médellin, près du lieu où la mêlée avait été la plus vive. Nous vivions au milieu des cadavres, et on voyait s'élever continuellement dans les airs des vapeurs noires et épaisses qui, chassées par le vent, allaient porter des maladies pestilentielles dans les contrées circonvoisines. Les troupeaux nombreux de la Mesta, étaient venus, suivant l'usage, hiverner sur les bords de la Guadiana, ils s'éloignaient avec effroi de leurs pâturages accoutumés. Leurs cris lugubres et les hurlemens prolongés des chiens qui les gardaient, indiquaient l'instinct vague de terreur dont ils étaient agités.

Des milliers d'énormes vautours accouraient de toutes les parties de l'Espagne, dans ce champ vaste et silencieux de la mort. Placés sur des hauteurs et vus de loin à l'horizon, ils paraissaient aussi grands que des hommes. Nos vedettes marchèrent quelquefois vers eux pour les reconnaître, les prenant pour des ennemis. Ces oiseaux n'abandonnaient leurs pâtures humaines pour s'envoler successivement à notre approche, que lorsque nous n'étions qu'à quelques pas d'eux ; alors les battemens funèbres de leurs ailes énormes retentissaient de loin en loin sur nos têtes.

Le 27 mars, la veille du jour qui précéda celui de la bataille de Médellin ou de Mérida, le général Sébastiani avait complètement défait dans la Manche, auprès de Ciudad-Réal, l'armée espagnole destinée à garder les défilés de la Sierra-Morena. Cette victoire de Ciudad-Réal et celle que nous venions de remporter à Médellin répandirent la consternation jusqu'au fond de l'Andalousie.

Le gouvernement espagnol ne se laissa pas cependant abattre par ces deux grands revers. Comme le sénat romain, qui, après la défaite de Cannes, remercia le consul Varro de n'avoir pas désespéré du salut de Rome, la junte suprême de Séville déclara, par un décret, que Cuesta et son armée avaient bien mérité de la patrie, et elle leur décerna les mêmes récompenses que s'ils eussent été vainqueurs. Dans ces circonstances désespérées, blâmer Cuesta et son armée, c'eût été s'avouer vaincus. Quinze jours après l'affaire de Médellin, l'armée espagnole fut relevée de ses pertes, et forte de près de trente mille hommes, elle vint occuper en avant de nous les passes des montagnes.

Le général Sébastiani ne s'avança pas dans la Manche au-delà de Santa-Cruz de la Mudella, et notre corps d'armée resta cantonné entre le

Tage et la Guadiana. Nous ne pouvions pas nous porter trop loin en avant de ce fleuve, sans nous exposer à voir bientôt de nouveaux rassemblemens espagnols se former en arrière de nous, et intercepter notre seule communication avec Madrid, par le pont d'Almaraz. Nous n'avions, d'ailleurs, depuis long-temps reçu aucune nouvelle du corps du maréchal Soult, qui devait être rentré en Portugal, et avec lequel nous devions nous lier par notre droite et coopérer.

Les corps de l'armée française n'avaient pas obtenu au nord de la péninsule, des succès pareils à ceux que nous venions de remporter par la supériorité de notre discipline, dans les plaines de l'Estramadure et de la Manche. Ces corps, sous les ordres des maréchaux Soult et Ney, avaient eu à combattre dans des montagnes difficiles, où les habitans pouvaient constamment déjouer par leur connaissance des lieux, leur activité et leur nombre, les calculs de la science militaire, et l'expérience consommée de deux des plus renommés d'entre nos chefs.

Après la retraite du général Moore et la capitulation des places de Corogne et du Férol, dans le mois de janvier, le maréchal Soult s'était dirigé vers le Portugal par San Jago, Vigo et Tuy : ne pouvant faire passer à son armée le Minho près de son embouchure, sous le feu des forteresses de la rive opposée, qui appartiennent aux Portugais, il remonta le fleuve jusqu'à Orense, où il traversa le Minho le 6 mars; le 7 il défit complétement, sur les hauteurs d'Orsuna, près de Monte Rey, l'armée du marquis de la Romana, et rejeta les débris de cette armée dans les hautes montagnes vers Pinbla de Sanabria.

Le maréchal Soult investit le 13, Chaves, ville frontière du Portugal, et s'en empara par capitulation; le 19 il entra dans Braga, après avoir forcé le défilé de Carvalho d'Esté, une des plus fortes positions du Portugal. Enfin, le 29 mars, Opporto, défendu par un camp retranché et par deux cent soixante-dix pièces de canon, fut emporté d'assaut par le corps d'armée du maréchal Soult, et les avant-gardes de ce corps passèrent le Douro et se portèrent sur la Vouga à quarante-cinq lieues de Lisbonne.

A peine les Français entraient-ils victorieux dans Opporto, que les garnisons qu'ils avaient laissées en arrière d'eux pour contenir le pays et garder leurs communications, étaient déjà enlevées de toutes parts. Les troupes portugaises de la forteresse de Caminha, placée à l'embouchure du Minho, avaient traversé le fleuve dès le 10 mars, s'étaient réunies à un nombre considérable de soldats de la marine espagnole et d'habitans des côtes de la Galice qui avaient pris les armes sous les ordres de leurs curés; ils avaient fortifié le pont de San Payo, contre les Français qui auraient pu venir de San Jago, et s'étaient emparés par capitulation des villes de Vigo et de Tuy, où le maréchal Soult avait laissé des garnisons, les dépôts et les magasins de son corps d'armée. Chaves fut de même reprise le 21 mars par le général Portugais Francisco Silveira, qui s'était d'abord retiré à Villa-Pouca à l'approche des Français; ce général se porta, après la prise de Chaves à Amarante sur la Tamega pour garder cette forte position, inquiéter de là les arrière-gardes et les détachemens français aux environs d'Opporto.

Le 30 mars, la Romana descend des montagnes de Puebla de Sanabria avec quelques milliers d'hommes, les débris de son armée battue, se porte sur Ponteferrada et fait prisonniers un petit nombre de Français; il y trouva des munitions et des vivres, et reprit une pièce de douze endommagée, la fit réparer, traversa la route de

Castille, s'empara, à l'aide de sa pièce de canon, de Villa-Franca, dont il fit prisonnière de guerre la garnison ; elle était forte de huit cents hommes : au bruit de ce léger succès, son armée se grossit bientôt comme la boule de neige qui s'augmente en descendant des montagnes et devient une avalanche. La Romana força le maréchal Ney à abandonner le Bierzo pour concentrer son corps d'armée sur Lugo ; il se jeta alors dans les Asturies, qu'il insurgea de même que la Galice.

Les deux corps Français de la Galice et du Portugal, privés de tout moyen de communication, furent dès lors totalement isolés entr'eux, et, séparés des autres armées, ils ne purent plus s'entr'-aider ni coopérer au but commun des opérations générales de la guerre, et ils s'épuisèrent dès lors dans une suite d'affaires partielles et sans résultat.

Le maréchal Ney essaya en vain de soumettre la Galice par la terreur des armes ; des mesures violentes loin d'abattre les habitans accrurent leur haine pour les Français, et ce qui arrive toujours dans un pays où il y a du patriotisme, des mesures violentes amenèrent des représailles plus violentes encore. Des escadrons, des bataillons entiers furent égorgés par des paysans dans l'espace d'une nuit. Sept cents prisonniers Français furent noyés à la fois dans le Minho par l'ordre de don Pedro de Barrios, gouverneur de la Galice pour la junte, et la fureur des habitans loin de diminuer, s'augmenta de jour en jour avec la faiblesse croissante de l'armée française.

Les habitans du Portugal s'étaient levés en masse comme ceux de la Galice, et les Portugais opposaient aux Français douze mille soldats de ligne et soixante-dix mille hommes de milices. Le maréchal Soult ne pouvait pas avec vingt-deux mille hommes seulement, contenir le pays en arrière de lui et s'avancer sur Lisbonne. Il resta cependant plus de quarante jours dans Opporto essayant en vain de soumettre les habitans et de rétablir ses communications interceptées; il n'avait reçu depuis plusieurs mois ni ordres ni renforts; il n'avait pas voulu, malgré le danger de sa situation, faire un mouvement rétrograde, dans la crainte de nuire aux opérations des autres corps de nos armées dont il ignorait complètement les positions. Enfin il se résolut à faire enlever le 2 mai, par la division du général Loison, le pont d'Amarante sur la Tamega, se préparant à se retirer du Portugal par la route de Bragance.

Sur ces entrefaites, les avant-postes français sur la Vouga furent attaqués le 10 mai par les Anglais, et ils repassèrent le Douro le jour suivant. L'armée anglaise qui était revenue en Portugal après la retraite du général Moore, s'était trouvée réduite à quinze mille hommes; elle n'avait pas d'abord osé débarquer ses gros bagages se tenant prête à se rembarquer à la première approche des Français. Le 4 et le 22 avril, elle avait reçu des renforts considérables; et forte de plus que vingt-trois mille hommes, elle s'était portée contre Opporto.

Les Français quittèrent cette ville, le 12 mai, et ils eurent une affaire d'arrière-garde avec les avant-gardes anglaises. Le corps du maréchal Soult était poursuivi et cerné par trois armées; celle du général S. A. Wellesley, qui ne perdait pas de vue les arrières-gardes; l'armée anglo-portugaise du général Beresford, qui se dirigeait par Lamégo et Amarante, sur Chaves, débordant de plusieurs marches la droite du corps du maréchal Soult; et la troisième, celle du général Portugais Francisco Sylveira devançait les deux premières, afin de couper aux Français les passes du Ruivaes entre Salamonde et Montalègre.

Le maréchal Soult trouvant la route de Chaves occupée par le maréchal Beresford, concentra rapidement son corps d'armée sur Braga, et se dirigea sur Orense par les chemins des montagnes ; il traversa plus de soixante lieues d'un pays insurgé, sans avoir fait d'autres pertes considérables que celles de ses gros bagages et de son artillerie, qu'il détruisit dans des passages impraticables. Les Anglais ne s'avancèrent pas au delà de Montalègre et de Chaves, ils retournèrent rapidement sur le Tage, aux environs de Lisbonne.

Le maréchal Soult arriva le 22 mai à Lugo, en Galice, délivra la garnison de cette ville, qui était assiégée par les Espagnols, et se mit en communication avec le maréchal Ney, qui revenait d'une expédition contre Oviédo, dans les Asturies ; et peu de jours après, il reprit l'offensive contre l'armée du marquis de la Romana, qu'il poursuivit sans pouvoir l'atteindre, par Monforte, Ponteferrada, Bollo et Viana. Il se porta ensuite par Puebla de Sanabria, à Zamora, abandonnant la Galice, dans le but de suivre le mouvement que les Anglais lui paraissaient vouloir faire vers le Tage en Estramadure, contre le corps du maréchal Victor.

Après le départ du maréchal Soult, le maréchal Ney fut bientôt forcé de se retirer dans le royaume de Léon. Son corps d'armée n'avait fait aucun établissement durable dans la Galice et dans les Asturies, en ayant sans cesse été empêché par les habitans des villages et par des troupes nombreuses de paysans armés, qu'il était impossible de réduire, et dont le nombre grossissait chaque jour.

Dans ces provinces montagneuses du nord de la péninsule, les Français, quoique toujours vainqueurs là où leurs ennemis se présentaient en bataille, n'en étaient pas moins sans cesse assaillis par des nuées de montagnards armés, qui ne s'approchant jamais pour combattre à rangs serrés, ou corps à corps, se retiraient de position en position, de rocher en rocher, sur des hauteurs, sans cesser de faire feu, même en fuyant.

Il fallait souvent des bataillons entiers pour porter un ordre d'un bataillon à un autre peu éloigné. Les soldats blessés, malades ou fatigués, qui restaient en arrière des colonnes françaises, étaient aussitôt égorgés; il fallait, après avoir vaincu, recommencer sans cesse à vaincre ; les victoires étaient rendues inutiles par le caractère indomptable et persévérant des Espagnols ; et les armées françaises se fondaient, faute de repos, dans des fatigues, des veilles et des inquietudes continuelles.

Tels étaient les événemens qui s'étaient passés au nord de l'Espagne, et qui avaient empêché nos corps d'armée de l'Estramadure et de la Manche, de profiter de leurs victoires signalées de Medellin et de Ciudad-Real. Les opérations de l'armée d'Aragon avaient de même été suspendues par la nécessité où les Français s'étaient trouvés, de rappeler de cette province le corps du maréchal Mortier, et de le faire venir à Valladolid, pour porter des secours au maréchal Ney, et rétablir les communications dans la Galice.

Depuis la campagne d'Autriche et le départ de l'empereur Napoléon, les armées françaises en Espagne ne recevaient plus de renforts pour réparer leurs pertes journalières ; au lieu de se concentrer, elles avaient continué à s'étendre chaque jour davantage dans la péninsule ; et faibles sur tous les points parce qu'elles étaient trop disséminées, elles s'épuisaient par leurs victoires mêmes, au midi de la péninsule, et dans le nord elles perdaient contre des paysans insurgés cette réputation d'invincibilité plus puissante encore que la force réelle qui leur avait soumis tant de peuples.

Le roi Joseph commandait en chef depuis le départ de l'empereur, il avait cru qu'il pourrait en Espagne, comme à Naples, attacher à son nouveau sceptre par la douceur connue de son caractère, les peuples que la force de nos armes soumettraient ; et il avait laissé les armées françaises s'avancer de toutes parts dans la péninsule dans le but seul d'organiser de nouvelles provinces, et de régner sur une plus grande étendue de pays ; c'est ainsi qu'il avait compromis la sûreté militaire des armées de Galice et de Portugal, dont on fut cinq mois entiers sans recevoir aucune nouvelle.

Le roi Joseph avait contracté des habitudes apathiques sur le trône paisible de Naples. Entouré de flatteurs, et d'un petit nombre d'Espagnols qui le trompaient, il se laissait aller à de folles espérances. Au lieu de suivre les armées, il restait dans sa capitale, plongé dans la mollesse, et regrettant les délices de l'Italie. Il voulait dormir et régner à Madrid, comme à Naples, avant même que nous lui eussions conquis, si cela était possible, un royaume au prix de notre sang.

Il remplissait les colonnes de ses journaux de décrets qui n'étaient jamais exécutés, et à peine lus : il donnait à telle église les vases sacrés de telle autre, pillée dès long-temps par les Français, ou dépouillée par les Espagnols eux-mêmes. Il prodiguait les décorations de son ordre royal à ses courtisans, qui n'osaient pas les porter hors des lieux occupés par les Français, dans la crainte d'être assassinés par les paysans espagnols. Il faisait de nombreuses promotions dans ses armées royales qui n'existaient pas encore ; il donnait des places expectatives de gouverneurs, d'administrateurs et de juges, dans les provinces les plus reculées de ses royaumes de l'un et l'autre hémisphère, tandis qu'il n'osait pas coucher dans ses maisons de campagne, à quelques lieues de Madrid.

Croyant plaire au peuple, il cherchait à imiter, par tous les moyens possibles, le faste, le cérémonial, et jusqu'à la piété minutieuse des rois Charles IV et Ferdinand VII. Il conduisait lui-même, à pied, les processions dans les rues de Madrid, se faisant suivre par les officiers de son état-major et par les soldats de la gendarmerie française, qui portaient des cierges allumés. Les prétentions à la sainteté, l'affectation de la munificence, les fausses largesses ne firent que lui donner des ridicules, quand après le départ de l'empereur Napoléon, la terreur, qui ennoblit tout, se fut dissipée.

Les Espagnols s'étaient plu à répandre que le roi Joseph aimait à boire, et sur-tout qu'il était borgne, ce qui frappait vivement l'imagination des habitans des campagnes : ce fut en vain qu'il essaya de détruire les impressions produites par ces bruits défavorables, en se montrant souvent en public, et en regardant toujours en face les passans, le peuple ne cessa point de croire qu'il n'avait qu'un œil. Les dévots, qui étaient habitués à mêler dans tous leurs discours cette exclamation, *Jesus, Marie et Joseph,* s'arrêtaient court dès qu'ils avaient prononcé les deux premiers de ces trois mots, et après une pause, ils se servaient de cette périphrase, *et le père de notre Seigneur,* craignant d'attirer une bénédiction sur le roi Joseph, en nommant le saint qui était censé être son patron dans le ciel.

La bonté du roi Joseph fut ensuite regardée comme de la faiblesse par les Français eux-mêmes. Il nuisait réellement aux succès des opérations militaires, par le désir ardent qu'il avait de se faire aimer de ses nouveaux sujets. Il faisait droit à toutes les réclamations des Espagnols, donnant toujours tort aux Français ; nous manquions souvent de vivres, n'osant pas dans les pays qui se soumettaient momentanément, exiger comme chez des ennemis, les réquisitions indispensables pour exister : nos soldats mouraient par centaines dans les hôpitaux de Madrid et de Burgos, faute des choses les plus nécessaires.

Après les batailles gagnées, le roi Joseph allait au Retiro faire prêter serment aux prisonniers que l'armée lui avait envoyés, leur disant qu'ils avaient été trompés par des hommes perfides, et qu'il ne voulait, lui, leur roi, que leur bien et le bonheur de leur pays. Les prisonniers, qui se croyaient à la veille d'être tous fusillés, prêtaient d'abord le serment de soumission qu'on exigeait d'eux; mais ils désertaient et retournaient à leurs armées, dès qu'on les avait armés et équipés. Nos soldats les reconnaissaient facilement à leurs uniformes neufs, et ils appelaient le roi Joseph l'administrateur et l'organisateur en chef des dépôts militaires de la junte suprême de Séville.

Nos maréchaux et nos généraux n'obéissaient qu'avec peine à un homme qui ne pouvait plus être considéré comme Français, dès qu'il était reconnu roi d'Espagne, et ils cherchaient à le contrarier et à le mécontenter par tous les moyens possibles, afin d'être renvoyés, en Allemagne. Ils voulaient, à tout prix, abandonner une guerre irrégulière, impopulaire, même dans l'armée, et qui leur faisait perdre l'occasion de se distinguer et d'obtenir de grandes récompenses en combattant sous les yeux de l'empereur.

Le roi Joseph n'avait pas assez d'autorité et de talens militaires, ni assez de confiance en lui-même, pour oser commander les opérations que les changemens survenus dans la situation générale des affaires exigeaient impérieusement : il n'ordonnait rien, sans avoir consulté son frère; les plans venus de Paris, ou d'Allemagne, arrivaient souvent trop tard ; d'ailleurs ils ne pouvaient être qu'imparfaitement exécutés par celui qui ne les avait pas conçus, et l'armée française d'Espagne manquait totalement de cette unité d'action, sans laquelle les plus simples opérations de la guerre ne sauraient réussir.

Dans le mois d'avril, notre corps d'armée, celui du maréchal Victor, quitta momentanément ses cantonnemens sur la Guadiana, entre Merida et Medellin, et se rapprocha du Tage et d'Alcantara, afin de se réunir à la division Lapisse. Cette division avait été inutilement faire des sommations à la place de Ciudad-Rodrigo; une division du corps du maréchal Victor se porta de nouveau à Alcantara, le 14 du mois de mai et traversa le fleuve après un engagement de peu d'importance avec des milices portugaises: elle fit le jour suivant quelques reconnaissances dans la direction de Castel-Blanco; mais ayant appris que huit mille Anglais et Portugais occupaient Abrantès, elle conjectura que l'expédition du maréchal Soult sur Lisbonne n'avait pas réussi, et revint sur ses pas. Le maréchal Victor réunit alors son corps d'armée aux environs de Truxillo, entre la Guadiana et le Tage, pour assurer ses communications par le pont d'Almaraz, couvrir Madrid et observer l'armée de Cuesta. Le quatrième corps, celui que commandait le général Sébastiani, restait dans la Manche depuis l'affaire de Ciudad-Real.

Le 20 mai, les officiers et sous-officiers des

quatrièmes escadrons de toute la cavalerie de l'armée reçurent du ministre de la guerre l'ordre de retourner aux grands dépôts de leurs régimens, pour réformer de nouveaux escadrons. Je quittai l'Espagne en conséquence de cette disposition, et je fus envoyé en arrivant en France, contre les Anglais, sur les côtes de Flandre. L'expédition qu'ils tentèrent contre la flotte et les chantiers d'Anvers, ayant manqué par la lenteur et l'indécision de leur général en chef, je retournai en Espagne, où je rentrai au commencement de l'année suivante.

DEUXIÈME PARTIE.

Après que le maréchal Soult eût été forcé d'abandonner Oporto et le Portugal, l'armée anglaise avait repassé le Douro, et elle était revenue dans les villes de Thomar et d'Abrantès près du Tage, se préparer à fondre sur l'Estramadure espagnole par Coria et Placentia. Le maréchal Victor, dont le corps d'armée occupait les environs de Truxillo et de Cacerès, craignant que les Anglais ne se portassent en arrière de lui par la rive droite du Tage, repassa ce fleuve au commencement du mois de juin, et se retira à la Calzada, et plus tard, le 26, à Talavera de la Reyna.

Le 20 juillet, l'armée anglaise, commandée par le général S. A. Wellesley, se réunit à Oropeza à l'armée espagnole du général Cuesta. L'armée anglaise comptait dans ses rangs vingt mille soldats anglais et quatre à cinq mille Portugais. Celle du général Cuesta était forte de trente-huit mille hommes. Une autre armée de dix-huit à vingt mille Espagnols, sous les ordres du général Venegas, se préparait dans la Manche à coopérer avec celles des généraux S. A. Wellesley et Cuesta.

Un corps d'avant-gardes portugais et espagnols, commandé par le général anglais Wilson, se porta par les montagnes d'Arenas jusqu'à Escalona, où il arriva le 23, pour communiquer avec l'armée espagnole du général Venegas qui s'avançait de Tembleque par Ocana à Aranjuès et Valdemoro. Les généraux Wilson et Venegas devaient s'approcher de Madrid et tenter de s'en emparer à l'aide des habitans. Ce mouvement combiné avait pour but de forcer le roi Joseph à s'occuper uniquement de la sûreté de sa capitale, et de l'empêcher de concentrer ses forces disséminées. Les armées anglo-espagnoles espéraient battre dans peu les Français, ou au moins les chasser de Madrid, de tout le centre de l'Espagne, et les forcer à repasser les montagnes, et à se retirer vers Ségovie.

Les armées des généraux Wellesley et Cuesta s'avancèrent le 22 de juillet sur Talavera : la cavalerie de Cuesta remporta non loin de cette ville un léger avantage sur la cavalerie de l'arrière-garde française, qui se retirait sur son corps d'armée. Ce succès porta d'abord au plus haut degré les espérances des Espagnols, voulant venger leur désastre de Medellin, en attaquant seuls les Français qu'ils croyaient à demi vaincus, parce qu'ils faisaient un mouvement rétrograde, ils laissèrent les Anglais à Talavera et s'avancèrent imprudemment par el Bravo et Santa Olalla jusqu'à Torrijos.

Le maréchal Victor se retira auprès de Tolède, derrière le Guadarama, où il fut rejoint, le 25, par le corps du général Sébastiani et par les troupes que le roi Joseph amena de Madrid; toute l'armée française du centre de l'Espagne alors réunie, se trouva forte de quarante-sept mille hommes; elle prit le 26, la route de Talavera, sous le commandement du roi Joseph.

Le régiment des dragons de Villa-Viciosa fut presque en entier taillé en pièces dans le défilé d'Alcabon, près de Torrijos, par le deuxième régiment de hussards, qui faisait partie de l'avant-garde française; et l'armée entière de Cuesta se retira précipitamment au-delà de l'Alberche. L'armée française passa cette rivière le jour suivant dans l'après-midi, repoussa les avant-postes anglais, et arriva à cinq heures du soir à la portée du canon des ennemis.

L'armée espagnole s'était placée dans une position qui fut jugée inattaquable, derrière des vieilles murailles et des haies de jardins qui entourent et avoisinent la ville de Talavera, elle s'appuyait par sa droite au Tage, et sa gauche se joignait à la droite des Anglais, près d'une redoute construite sur une éminence : le terrain qui était en avant du front des armées combinées anglo-espagnoles, était inégal, coupé en divers endroits par des ravines formées par les pluies de l'hiver, et leur position était couverte dans sa longueur par le lit assez escarpé d'un torrent ou ravin alors à sec. La gauche des Anglais s'appuyait à un mamelon élevé qui commandait la plus grande partie du champ de bataille, et qui était séparé des prolongemens des chaînes des montagnes de la Castille, par une vallée profonde et assez large.

Le mamelon était pour ainsi dire la clef de la position qu'occupaient les ennemis, et c'était contre ce point d'attaque décisif qu'un général habile, et doué de ce coup d'œil rapide qui assure le sort des batailles, eût d'abord dirigé la plus grande partie de ses moyens d'attaque afin de s'en emparer, soit en le faisant enlever de vive force, soit en le tournant par la vallée; mais le roi Joseph dès qu'il fallait agir, était saisi par un esprit funeste d'hésitation et d'incertitude; il essayait des demi-mesures, dépensait partiellement les forces dont il disposait, et perdait toujours à tâtonner le temps et l'occasion de vaincre. Le maréchal Jourdan commandait en second; mais il n'avait plus dans la guerre d'Espagne cet élan de patriotisme qui l'animait lorsqu'il combattait dans les champs de Fleurus, pour l'indépendance de la France.

Les Français commencèrent d'abord à canonner et à tirailler en avant de leur droite, et ils envoyèrent un bataillon seulement et des tirailleurs par la vallée occuper le mamelon auquel s'appuyait la gauche des Anglais, croyant qu'ils ne songeaient qu'à se retirer. Ce bataillon eut affaire à des troupes nombreuses, et il fut bientôt repoussé avec perte et forcé à rétrograder Une division de dragons qui était allée en reconnaissance sur Talavera, trouva les avenues de cette ville fortement retranchées avec de l'artillerie, et elle ne put avancer.

Quand la nuit fut venue, les Français essayèrent de nouveau de s'emparer du mamelon : un régiment d'infanterie, suivi à quelque distance par deux autres régimens de la même arme, attaqua l'extrême gauche des Anglais avec une impétuosité sans égale, arriva au sommet du mamelon, et en prit possession ; mais il fut bientôt forcé de se retirer, ayant été vivement réattaqué par une division anglaise entière, au moment où, vainqueur, il était épuisé par l'effort vigoureux qu'il venait de faire. L'un des deux régimens destinés à soutenir cette attaque, s'était trompé de direction au milieu des bois dans l'obscurité ; l'autre avait été retardé dans sa marche, pour n'avoir pu trouver assez tôt le passage du ravin qui couvrait la position des ennemis.

Ces deux attaques successives échouèrent malgré l'intrépidité et la valeur des troupes, parce qu'elles furent faites par des corps trop peu nombreux ; on avait envoyé un bataillon, et ensuite une division, là où il aurait fallu une bonne partie de l'armée : ces tentatives sans succès indiquèrent aux Anglais les projets des Français pour le jour suivant, et leur firent sentir davantage encore l'importance et la force de la position qu'ils occupaient, et ils passèrent le reste de la nuit à la fortifier avec de l'artillerie.

Le soleil se leva le jour suivant sur les deux armées rangées en bataille, et la canonnade recommença ; l'action qui allait avoir lieu devait décider du sort du Portugal que l'armée anglaise était chargée de défendre, peut-être même aussi de celui de la péninsule entière. Les vieux soldats des premier et quatrième corps de l'armée française, accoutumés depuis des années à vaincre dans toute l'Europe, et à voir toujours leur ardeur secondée par les combinaisons habiles de leurs chefs, attendaient avec impatience l'ordre de combattre, comptant tout renverser devant eux par un seul effort bien combiné.

Une seule division de trois régimens d'infanterie fut envoyée comme la veille par la vallée, à l'assaut de la position dont on avait pris momentanément possession pendant la nuit. Cette division parvint, après de grandes pertes, jusqu'au sommet du mamelon ; elle allait le couronner, un de ses régimens s'avançait déjà sur les pièces de l'artillerie des ennemis, lorsque son choc fut repoussé, et la division entière forcée de rétrograder. Les Anglais jugèrent, par cette nouvelle attaque, que les Français chercheraient à tourner leur gauche par le vallon; ils y firent descendre les corps de leur cavalerie, et placèrent une division espagnole sur les prolongemens des hautes montagnes de la Castille. Les Français rentrèrent dans leur première position; la canonnade continua pendant une heure encore, et cessa ensuite graduellement. La chaleur brûlante du milieu du jour força les combattans des deux partis à suspendre le combat et à observer une espèce de trêve non consentie, pendant laquelle on releva les blessés.

Le roi Joseph étant enfin allé reconnaître lui-même la position des ennemis, ordonna, à quatre heures du soir, une attaque générale contre l'armée anglaise. Une division de dragons fut laissée vers Talavera pour observer les Espagnols. Le corps du général Sébastiani marcha contre la droite des Anglais, tandis que les trois divisions d'infanterie du maréchal Victor, suivies par des masses de cavalerie, se portèrent contre leur gauche, pour attaquer le mamelon par la vallée. Le roi Joseph et le maréchal

Jourdan se placèrent, avec la réserve, en arrière du quatrième corps ; la canonnade, et la fusillade, ne tardèrent pas à se faire entendre.

Le chef des Anglais, placé sur la hauteur qui dominait tout le champ de bataille, se portait partout où le danger exigeait sa présence. Il embrassait d'un seul coup d'œil les divers corps de son armée, et distinguait au-dessous de lui les moindres mouvemens des Français ; il les voyait se placer en bataille, former leurs colonnes d'attaque, préjugeait leurs projets d'après leurs dispositions, et il avait ainsi le temps de les prévenir et de faire à l'avance des dispositions contraires. La position qu'occupait l'armée anglaise, forte d'assiette, et d'un abord difficile en avant de son front, et sur ses flancs, était aisément accessible en arrière de sa ligne, et permettait de faire arriver rapidement des corps sur les divers points menacés.

Les Français avaient un ravin à passer avant de joindre à leurs ennemis, ils s'avançaient dans un terrain coupé, raboteux, inégal, qui les forçait souvent à rompre leur ligne ; ils combattaient contre des positions fortifiées à l'avance.

La gauche, cachée par le mamelon, ne pouvait savoir ce qui se passait à la droite, chaque corps de l'armée combattait séparément avec une bravoure sans égale et même avec habileté; mais il n'y avait aucun ensemble dans leurs efforts; les Français n'étaient pas alors mus et commandés par un général en chef qui suppléât par son génie aux avantages que la nature du terrain leur refusait et donnait à leurs ennemis.

La division Lapisse passa la première le ravin, attaqua le mamelon retranché, l'escalada malgré des volées de mitraille qui éclaircissaient ses rangs à chaque pas, et fut bientôt repoussée après avoir perdu son général et un grand nombre d'officiers et de soldats; elle laissa en se retirant à découvert la droite du quatrième corps, qui fut prise en flanc par l'artillerie anglaise et forcée momentanément de rétrograder. La gauche de ce corps du général Sébastiani était parvenue, sous un feu d'artillerie très-vif, jusqu'au pied de la redoute à la droite des Anglais et au centre des armées combinées; elle s'était trop avancée et trop tôt, elle fut débordée, et ensuite repoussée par les corps de la droite des Anglais réunis à la gauche des Espagnols. Cette aile fut secourue,

9.

et recommença bientôt le combat. Au centre, le maréchal Victor rallia la division Lapisse au pied du mamelon, renonçant à s'en emparer. Les Français cherchèrent dès lors à le tourner par la gauche ou par la droite. La division Vilatte s'avança dans le vallon, et la division Ruffin, à la droite de celle-ci, suivit le pied de la grande chaîne des montagnes de la Castille ; la cavalerie, en seconde ligne, se préparait à déborder dans la plaine, en arrière des ennemis, par-tout où l'infanterie aurait fait une trouée.

Les Anglais firent alors charger les masses françaises, au moment où elles se mettaient en mouvement, par deux régimens de cavalerie ; ces régimens s'engagèrent dans le vallon, passèrent, malgré le feu de plusieurs bataillons d'infanterie, entre les divisions Vilatte et Ruffin, et se portèrent avec une impétuosité sans égale, contre les dixième et vingt-sixième régimens de chasseurs à cheval français. Le dixième régiment ne put soutenir cette charge, ouvrit ses rangs, se rallia bientôt après ; et le vingt-troisième de dragon-légers, qui était à la tête de la cavalerie anglaise, fut presque en entier détruit ou fait prisonnier.

Une division des gardes du roi d'Angleterre placée en première ligne, à la gauche et au centre de l'armée anglaise, ayant été chargée, repoussa d'abord vigoureusement les Français; mais une de ses brigades s'étant trop avancée, fut à son tour prise en flanc par le feu de l'artillerie, et de l'infanterie française, éprouva de grandes pertes, et se retira avec beaucoup de peine derrière la seconde ligne. Les Français profitèrent de cet avantage, et se portèrent alors de nouveau en avant; il ne leur fallait plus qu'un dernier effort pour déboucher dans la plaine, et combattre leurs ennemis dans un terrain égal; mais le roi Joseph trouva qu'il était trop tard pour avancer avec la réserve, et l'attaque fut renvoyée au lendemain: la nuit vint ensuite, et le combat cessa par lassitude, sans qu'aucun des deux partis conservât sur l'autre des avantages assez considérables pour lui donner des droits à réclamer la victoire.

Les corps des maréchaux Victor et Sébastiani se retirèrent successivement pendant la nuit sur la réserve, laissant une avant-garde de cavalerie sur le lieu même de l'action pour relever les blessés. Les Anglais, qui s'attendaient à être attaqués de nouveau le lendemain, furent bien étonnés, quand le jour vint, de voir que leurs ennemis s'étaient retirés dans leur première position de l'Alberche, abandonnant vingt pièces de canon. Les Français eurent près de dix mille hommes hors de combat ; les Anglais et les Espagnols six mille six cent seize hommes, d'après leurs propres rapports.

Le roi Joseph laissa le premier corps d'armée sur l'Alberche, et se porta, avec le quatrième corps et la réserve, au secours de Tolède ; cette ville ne contenait que quinze cents hommes de garnison ; elle était vivement attaquée par une division espagnole de l'armée du général Venegas, qui s'était emparé, dès le 27, d'Aranjuez et de Valdemoro. Madrid avait aussi été, quelques jours auparavant, au moment d'être occupée par le corps d'avant-garde du général anglais Wilson, qui s'était avancé d'Escalona jusqu'à Naval-Carnero. Les habitans de la capitale lui avaient ouvert leurs portes et s'étaient portés en foule et en habits de fête au-devant de lui, après avoir forcé trois bataillons français qui formaient la garnison à s'enfermer dans le fort du Retiro. Le roi Joseph fit entrer une division entière dans Tolède, et vint, le 1er. août, à Illescas, afin de pouvoir également de cette position, se porter contre l'armée de Venegas, soutenir le premier corps d'armée sur l'Alberche, et contenir au besoin les habitans de Madrid.

Les Anglais n'essayèrent pas d'attaquer le maréchal Victor, ils se retirèrent, le 3 d'août, à Oropéza, laissant les Espagnols à Talavera et le corps du général Wilson à Escalona, et, dans la nuit du 4 au 5, les armées combinées anglaises et espagnoles repassèrent rapidement le Tage au pont de l'Arzobispo à l'approche des corps des maréchaux Soult, Ney et Mortier, qui arrivaient de Salamanque par Puerto, de Banos Placentia et Naval Moral, se plaçant entre l'armée anglaise et le pont d'Almaraz.

L'avant-garde du corps du maréchal Mortier passa le 8 août, le Tage à gué au-dessus du pont de l'Arzobispo à une heure après midi pendant le temps de la sieste; elle surprit une partie de l'armée de Cuesta et s'empara de ses canons, ainsi que de ceux que les Espagnols avaient placés pour défendre le pont. Le 11, l'armée de Venegas fut défaite à Almonacid dans la Manche, par le général Sébastiani. Le corps espagnol et portugais du général Wilson fut totalement battu le 12 dans les montagnes de Banos par la partie du corps d'armée du maréchal Ney, qui rétrogradait vers Salamanque.

L'expédition du général S. A. Wellesley en Estramadure était au moins aussi hasardée que celle que le général Moore avait tentée vers la fin de l'année précédente contre le corps du maréchal Soult à Saldana. Les armées anglaises et espagnoles seraient en entier tombées au pouvoir des Français, si les corps des maréchaux Soult, Ney et Mortier fussent arrivés un seul jour plutôt en Estramadure; mais le roi Joseph n'avait pas osé disposer de ces corps sans en avoir préalablement reçu l'autorisation de l'empereur Napoléon. Il n'avait envoyé que le 22 au maréchal Soult l'ordre de les concentrer à Salamanque, et de marcher contre l'armée anglaise. Le maréchal Soult avait reçu cet ordre le 27 seulement, s'était mis en route le 28, et malgré la diligence qu'il avait faite, il n'avait pu arriver que le 3 août à Placencia.

Les armées anglaises et espagnoles restèrent jusqu'au 20 août derrière le Tage, occupant

Messa de Ibor, Deleytosa et Jaraicejo, vis-à-vis Almaraz, dont le pont de bateaux avait été coupé par les Espagnols. Elles se retirèrent ensuite sur la Guadiana, et l'armée de S. A. Wellesley rentra en Portugal.

L'invasion des Anglais en Estramadure avait forcé les Français d'appeler au secours de leur armée du centre les trois corps destinés à garder et à observer les provinces du nord de l'Espagne, et ils étaient devenus très-forts parce qu'ils avaient été concentrés. Le gouvernement espagnol s'obstina encore, après le départ des Anglais, à agir en grande masse; il rassembla une armée de cinquante-cinq mille hommes dans les plaines de la Manche, et cette armée fut totalement battue et dispersée, le 10 novembre, à Ocana, par le seul corps du maréchal Mortier, fort à peine de vingt-quatre mille soldats. Il était facile aux Français de défaire en bataille rangée des troupes levées à la hâte, indisciplinées, et qui, ne sachant pas manœuvrer, se nuisaient par le nombre même qui aurait dû faire leur force.

Après la bataille d'Ocana les Français auraient dû rassembler de nouveau toutes leurs troupes disponibles, et se porter rapidement sur Lisbonne ; mais ils passèrent la Sierra-Morena, et ils envahirent sans coup férir presque toute l'Andalousie, excepté l'île de Léon et Cadix. En s'étendant ainsi vers le midi de l'Espagne, ils donnèrent aux Anglais le temps de fortifier le Portugal et d'organiser les forces militaires de ce royaume. Les Français redevinrent faibles parce qu'ils se disséminèrent de nouveau, pour occuper et organiser une grande étendue de pays, et les Espagnols purent se livrer presque par toute l'Espagne à ce genre de guerre nationale, dont les Français avaient tant souffert dans les Asturies, dans la Galice et au nord du Portugal.

A mesure que les armées espagnoles avaient été détruites, les juntes provinciales ne pouvant plus communiquer avec la junte centrale, avaient employé toutes leurs ressources à la défense locale des pays qu'elles administraient ; ceux des habitans qui avaient jusqu'alors souffert avec patience, attendant de jour en jour leur délivrance du succès des batailles rangées, ne cherchèrent plus qu'en eux-mêmes les moyens de secouer le joug qui les opprimait. Chaque bourg, chaque province, chaque individu sentait plus vivement chaque jour la nécessité de repousser l'ennemi commun. La haine nationale qui existait généralement contre les Français avait mis une sorte d'unité dans les efforts non dirigés des peuples, et l'on vit succéder à la guerre régulière un système de guerre en détail, une espèce de désordre organisé qui convenait parfaitement au génie indomptable de la nation espagnole, et aux circonstances malheureuses dans lesquelles elle se trouvait.

Les parties de l'Espagne occupées par les Français, se couvrirent peu à peu de partisans et de *quadrilles* composées de soldats de ligne dispersés et d'habitans des plaines et des montagnes : des curés, des laboureurs, des étudians, des simples pâtres étaient devenus des chefs actifs et entreprenans. Ces chefs, sans autorité militaire, sans troupes permanentes, ne furent d'abord, pour ainsi dire, que des bannières autour desquelles les habitans des campagnes venaient tour à tour se rallier et combattre. Les nouvelles des petits avantages que remportaient ces nombreux partis, étaient avidement reçues dans le peuple, et racontées avec l'exagération méridionale; elles servaient à relever les esprits que des revers avaient momentanément abattus en d'autres lieux. Cette même mobilité d'imagination et cet esprit outré d'indépendance qui avaient nui aux opérations lentes et incertaines des armées réglées de la junte, assuraient alors la durée de la guerre nationale, et l'on pouvait dire des Espagnols que s'il avait été d'abord facile de les vaincre il était presqu'impossible de les subjuguer.

Lorsque nous nous transportions d'une province dans l'autre, les partisans de l'ennemi réorganisaient aussitôt, au nom de Ferdinand VII, les pays que nous venions d'abandonner, comme si nous n'eussions jamais dû y revenir, et ils punissaient sévèrement ceux des habitans qui avaient montré du zèle pour les Français. Il arrivait de là que la terreur de nos armes ne nous assurait jamais aucune influence autour de nous. Les ennemis étant répandus par-tout, les divers points que les Français occupaient étaient tous plus ou moins menacés ; leurs troupes victorieuses, dispersées pour conserver leurs conquêtes, se trouvaient, depuis Irun jusqu'à Cadix, dans un état de blocus continuel, et ils n'étaient réellement les maîtres que de la terre même que foulaient leurs pieds.

Les garnisons qu'ils avaient laissées sur les

routes militaires pour contenir le pays, étaient sans cesse attaquées; elles avaient été obligées de bâtir, pour leur sûreté, de petites citadelles, en réparant de vieux châteaux ruinés, placés sur des hauteurs : quelquefois ces châteaux étaient les restes des forts que les Romains ou les Maures avaient élevés, pour le même but, bien des siècles auparavant. Dans les plaines, les postes de correspondance fortifiaient une ou deux maisons à l'entrée des villages, afin d'être tranquilles pendant les nuits, ou de s'enfermer lorsqu'ils étaient menacés. Les factionnaires n'osaient pas toujours rester au dehors de l'enceinte fortifiée dans la crainte d'être enlevés; ils se plaçaient alors sur quelque tour ou sur des échafaudages en planches construits sur le toit auprès de la cheminée, pour observer de là ce qui se passait au loin dans la campagne. Les soldats français, enfermés dans leurs petites citadelles, entendaient quelquefois les sons joyeux des guitares de leurs ennemis qui, toujours fêtés et bien reçus par les habitans, venaient passer les nuits dans les villages voisins.

Les armées françaises ne pouvaient faire venir leurs vivres et leurs munitions que sous l'escorte de forts détachemens qui étaient sans cesse harcelés et souvent enlevés. Ces détachemens ne rencontraient que de faibles résistances dans les plaines, mais ils étaient obligés de se frayer un chemin par la force des armes, dès qu'ils entraient dans les montagnes ; et les pertes journalières que les Français faisaient dans quelques parties de l'Espagne, pour se procurer des vivres, et assurer leurs communications, équivalaient au moins à celles qu'ils auraient éprouvées s'ils avaient eu constamment à lutter avec des ennemis qui eussent su leur résister en bataille rangée.

Les peuples de l'Espagne ne se laissaient point décourager par la durée de la guerre. Dans quelques provinces, les paysans étaient toujours armés ; les laboureurs tenaient d'une main la corne de la charrue, et de l'autre une arme toujours prête, qu'ils enterraient à l'approche des Français, s'ils ne se croyaient pas assez forts pour se réunir et les combattre. Leur animosité s'accroissait de toutes les vexations que les Français leur faisaient éprouver. Les malheurs auxquels les autres nations se soumettent en les regardant comme les suites inévitables des maux de la guerre, étaient pour les Espagnols de nouveaux sujets d'irritation et de haine. Ils employaient, pour satisfaire leurs ressentimens passionnés, tour à tour la plus grande énergie, ou la dissimulation la plus rusée, lorsqu'ils se sentaient les plus faibles. Comme des vautours vengeurs attachés à leur proie, ils suivaient de loin les colonnes françaises pour égorger ceux de leurs soldats qui, fatigués, ou blessés, restaient en arrière pendant les marches. Quelquefois aussi ils fêtaient les soldats français, lors de leur arrivée, et ils tâchaient de les enivrer, afin de les plonger dans une sécurité mille fois plus dangereuse que les hasards du combat. Ils appelaient alors les partisans, et ils leur indiquaient pendant la nuit les maisons où nos soldats s'étaient imprudemment dispersés. Quand d'autres Français allaient ensuite venger la mort de leurs camarades, les habitans s'enfuyaient, et ils ne trouvaient dans ces villages que des maisons désertes sur lesquelles ils ne pouvaient exercer que des vengeances qui leur nuisaient à eux-mêmes, car ils ne pouvaient détruire des habitations, même vides, sans anéantir leurs propres ressources pour l'avenir.

Lorsque nos détachemens arrivaient en force dans les bourgs insurgés de la Biscaye ou de la Navarre, les alcades, les femmes et les enfans venaient au-devant de nous, comme si nous avions été au milieu d'une paix profonde; on n'entendait que le bruit des marteaux des forgerons; mais aussitôt après notre départ, les travaux cessaient, et les habitans reprenaient les armes pour venir harceler nos détachemens dans les rochers, et attaquer nos arrière-gardes. Cette guerre, où il n'y avait aucun objet fixe sur lequel l'imagination pût se reposer, émoussait l'ardeur du soldat et lassait sa patience.

Les Français ne pouvaient se maintenir en Espagne que par la terreur; ils étaient sans cesse dans la nécessité de punir l'innocent avec le coupable, de se venger du puissant sur le faible. Le pillage leur était devenu indispensable pour exister; ces brigandages, suite de l'inimitié des peuples et de l'injustice de la cause pour laquelle les Français se battaient, portaient atteinte au moral de leur armée, et sapaient jusque dans ses fondemens les plus intimes, la discipline militaire, sans laquelle les troupes réglées n'ont ni force, ni puissance.

Je rentrai en Espagne vers la fin de l'année 1809, conduisant à mon régiment un détachement de quatre-vingts hussards. Dans l'intérieur de la France, on croyait, d'après les gazettes, que les Anglais rentrés en Portugal, après l'affaire de Talavera, n'attendaient plus qu'un bon vent pour se rembarquer; que les pays conquis étaient depuis long-temps soumis au roi Joseph, et que les armées françaises, tranquilles dans de bons cantonnemens, n'étaient plus occupées qu'à détruire quelques bandes de brigands qui pillaient et rançonnaient les habitans paisibles.

Nous nous réunîmes dans Bayonne à plusieurs autres détachemens de cavalerie légère, et nous traversâmes la Bidassoa pour aller coucher à Irun. Beaucoup d'habitans de tous les âges s'étaient rassemblés aux portes de cette ville pour nous voir arriver, et ils nous suivirent ensuite pendant quelque temps avec un air de curiosité; nous crûmes d'abord que leur intention était de nous montrer par cette marque d'empressement, la satisfaction qu'ils ressentaient de notre arrivée dans leur pays. Nous apprîmes plus tard que les habitans d'Irun, ainsi que ceux des autres villes frontières, tenaient un compte exact des Français qui entraient en Espagne, et de ceux qui en sortaient blessés, et c'était d'après ces rapports, que les partisans et les *quadrilles* espagnoles dirigeaient leurs opérations.

Tous les détachemens qui allaient, ainsi que nous, renforcer les divers corps de l'armée d'Espagne, reçurent l'ordre de se réunir dans les villes de Vittoria et de Miranda, pour aller faire une expédition contre les partisans espagnols de la Navarre et de la Rioca. Le général Simon partit le 13 décembre de Vittoria, avec douze cents hommes, pour aller occuper Salvatierra et Allegria. Les commandans des garnisons laissées dans les villes de la Navarre, avaient formé des colonnes mobiles, et ils devaient venir se réunir au corps du général Simon, après avoir repoussé tous les partis ennemis qu'ils rencontreraient dans leur marche ; cette espèce de chasse militaire avait pour but de détruire les bandes du partisan Mina, qui tenait Pampelune dans un état de blocus presque continuel, attaquant sans cesse les détachemens et les convois qui allaient à l'armée française d'Aragon.

Les généraux Loison et Solignac se mirent en marche le 16 de Vittoria et de Miranda, et se portèrent simultanément par l'une et l'autre rive de l'Ebre, sur Logronio, afin d'aller surprendre dans cette ville le marquis de Porlière. Les nombreuses *quadrilles* de ce chef de partisans, interceptaient nos communications sur la route de

Bayonne à Madrid, faisant chaque jour des incursions jusqu'aux portes même des villes de Burgos, Bribiesca, Pancorvo, Miranda et Vittoria.

Mon détachement d'hussards faisait partie du corps de quatre à cinq mille hommes que commandait le général Loison. Les soldats de l'infanterie avaient laissé en arrière leurs bagages, et même leurs sacs, afin d'être plus lestes à courir dans les montagnes.

Nous arrivâmes le 17 à quatre heures de l'après-midi, à la vue de Logronio; les troupes du général Solignac se présentèrent devant cette ville en même temps que nous; elles occupèrent aussitôt les portes et les issues qui sont sur la rive droite de l'Ebre, tandis que nous nous emparâmes du pont qui conduit à la rive gauche de ce fleuve. Nous nous flattâmes un moment d'avoir cerné les partisans dans Logronio, mais nous entrâmes bientôt après, à notre grand étonnement, dans cette ville, sans avoir à tirer un seul coup de fusil.

Le marquis de Porlière avait été prévenu dès le matin de notre marche combinée, et il s'était sauvé par des chemins détournés dans les hautes montagnes de la Castille. Les habitans de la ville, hommes et femmes, se mirent aux fenêtres pour nous voir arriver ; un grand air de contentement et de satisfaction se manifestait généralement sur leurs figures, ils se réjouissaient de ce que le marquis de Porlière nous avait échappé, mais non pas assurément de ce qu'ils revoyaient des troupes françaises; car ils savaient, par l'expérience du passé, que nous venions recouvrer les contributions arriérées.

Le général Solignac se porta dès le lendemain à la recherche des ennemis; il rencontra à Najera un petit parti espagnol qu'il poursuivit jusqu'à la Calzada de Santo-Domingo, croyant qu'il allait atteindre le gros des partisans; c'était une ruse qu'avait employée le marquis de Porlière, afin de nous faire courir dans une direction opposée à celle qu'il avait pris lui-même avec sa petite armée. Le général Loison suivit le 19 le général Solignac à Najera; nous fûmes forcés de rester deux jours entiers dans cette ville, afin de prendre de nouvelles informations sur les ennemis, dont nous avions complètement perdu la trace.

Le 21, nous apprîmes enfin que le marquis de Porlière avait pris la route de Soto : cette ville, située dans les montagnes, était le séjour d'une junte provinciale, et elle renfermait des magasins d'armes, de munitions et d'habillemens. Nous nous mîmes de nouveau à la poursuite des partisans, en remontant le Najerillo. La division du général Loison alla passer quelques heures de la nuit dans un village situé au pied des hautes montagnes, à dix lieues au sud de Soto : un corps détaché, composé de mon détachement d'hussards, de cent cinquante lanciers polonais et de deux cents voltigeurs, continua à poursuivre les ennemis ; j'éclairais la marche de ce corps avec une avant-garde de vingt-cinq hussards.

Nous passâmes dans des chemins étroits et difficiles, au milieu des neiges, et nous atteignîmes au lever du soleil l'arrière-garde ennemie, sur laquelle nous fîmes quelques prisonniers. Nous nous arrêtâmes plusieurs heures pour faire manger nos chevaux, et donner le temps au général Loison de se rapprocher de nous. A midi nous nous remîmes en route, sur la rive gauche d'une petite rivière qui descend vers Soto.

Nous voyions sur les sommets les plus élevés des montagnes, à notre droite, des paysans qui s'enfuyaient avec leurs bestiaux, et des petits pelotons de cavaliers espagnols laissés en observation sur des hauteurs, se mettaient successivement au galop dès qu'ils nous apercevaient.

Les curés et les alcades des hameaux que nous traversions apportaient avec un feint zèle des rafraîchissemens sur notre passage, afin de retarder notre marche. De cinquante ou soixante paysans de tous les âges que j'interrogeai en divers lieux, il n'y en eut pas un seul qui ne cherchât à nous tromper, en nous disant qu'ils n'avaient pas vu les partisans et qu'ils n'étaient point à Soto. Cependant des chevaux mourant de fatigue, abandonnés sur la route avec leurs équipages, nous prouvaient presqu'à chaque pas que nous approchions des ennemis.

Quand nous arrivâmes à la vue et à un quart de lieue de Soto, nous fûmes tout à coup accueillis par une décharge de trente ou quarante coups de fusil, et nous vîmes des paysans armés sortir d'entre les rochers derrière lesquels ils s'étaient placés en embuscade, et descendre la montagne vers Soto en courant de toutes leurs forces. Nous fîmes halte, afin d'attendre l'infanterie et le major qui nous commandait en chef. Nous ne pûmes pas trouver d'emplacement pour nous former en bataille sur la hauteur, et nous restâmes en file dans le sentier étroit par lequel nous étions venus.

Soto est située au fond d'une vallée étroite que traverse un torrent; de l'autre côté de la ville s'élève une montagne très-escarpée, dans le flanc de laquelle on a construit une route tortueuse. C'est par cette route que nous voyions les partisans opérer en face de nous leur retraite. Les magistrats de la junte de Soto, et un grand nombre de prêtres couverts de manteaux noirs, marchaient les premiers; ils allaient bientôt atteindre le sommet de la montagne; ils étaient suivis du trésor et des bagages chargés sur des mulets attachés à la file les uns derrière les autres ; ensuite venaient des soldats en uniforme et un grand nombre de paysans armés de fusils de chasse qui marchaient sans observer aucun ordre : une foule d'habitans de tous les sexes et de tous les âges se hâtaient de sortir de la ville pêle-mêle avec les partisans. L'agitation de ce grand nombre d'hommes qui se pressaient de gravir les hauteurs par différents détours, offrait à l'œil un spectacle très-pittoresque.

Le désordre se mit parmi les Espagnols dès qu'ils nous aperçurent, et ils accélérèrent d'abord leur marche sur toute la route qu'ils parcouraient. Voyant ensuite que nous n'étions qu'une avant-garde peu nombreuse, ils se rassurèrent, et tout le flanc de la montagne retentit bientôt de leurs cris prolongés et gutturaux. Ceux qui étaient les plus rapprochés de nous s'arrêtèrent et se placèrent sur des rochers d'où ils nous ajustaient des coups de fusils à toutes portées, en nous faisant entendre ces paroles entre-mêlées de mille injures : « Venez, si vous l'osez, voir de plus près les brigands. » C'est ainsi que les appelaient nos soldats, à cause de leur manière de combattre en désordre; ils étaient séparés de nous par un ravin de trois ou quatre cents pieds de profondeur, au fond duquel coule la rivière.

Le marquis de Porlière laissa, pour soutenir sa retraite, une compagnie de cavalerie, en avant de la porte par où nous devions entrer dans Soto, et plaça à peu de distance et de l'autre côté de la rivière quatre ou cinq cents hommes d'infanterie sur des rochers et des terrasses qui dominent la ville. Ces hommes pouvaient dans tous les cas se retirer à notre approche sans courir aucun risque, après nous avoir fait beaucoup de mal.

Le major du vingt-sixième régiment de ligne qui nous commandait, jugea que la position des ennemis était inattaquable de front, et il résolut de la tourner. Cent cinquante de nos voltigeurs descendirent dans le ravin, passèrent la rivière à gué sous nos yeux, gravirent ensuite avec beaucoup de peine la montagne opposée, et tiraillèrent quelques temps contre les ennemis sans gagner du terrain. Leurs munitions commencèrent ensuite à s'épuiser, ils se retirèrent autour d'une petite chapelle au sommet de la montagne, et ils envoyèrent deux hommes nous instruire de leur situation. Les cris, les injures et les mousquetades des Espagnols redoublèrent alors; ils avaient vu que nos voltigeurs nous avaient fait demander des secours, et que nous ne pouvions pas leur en envoyer.

Le capitaine de la cavalerie ennemie s'avança à une demi-portée de fusil en avant de la troupe qu'il commandait auprès de l'entrée de la ville, et se mit à provoquer par des injures, l'officier qui commandait l'avant-garde des hussards français. Ce capitaine faisait caracoler son cheval et il espadonnait dans tous les sens avec son sabre pour montrer qu'il savait le manier avec adresse. L'officier des hussards le considéra d'abord assez froidement, mais impatienté de ses bravades et des cris des Espagnols qui étaient en face et dont la hardiesse s'accroissait, il descendit seul le sentier étroit et rapide qui conduisait à Soto. Le capitaine ennemi tourna bride quand l'officier fut à quelques pas de lui, et rentra tranquillement dans les rangs de ses cavaliers.

Cependant l'inquiétude du major du vingt-sixième régiment s'accroissait à chaque instant; le général Loison n'arrivait point, la fin du jour approchait; nous n'entendions plus tirailler du sommet de la montagne opposée, et nous ne recevions aucune nouvelle de nos voltigeurs.

Quand la nuit fut venue, nous entendîmes le tambour des Espagnols battre une espèce de ralliement, et nous vîmes ensuite le feu d'une fusillade très-vive qui s'engageait au fond de la vallée entre deux troupes qui se disputaient le passage de la rivière. Au bruit de cette fusillade succéda un silence profond.

La nuit et l'éloignement augmentant encore notre incertitude, nous crûmes que nos voltigeurs étaient descendus du sommet de la montagne opposée pour nous rejoindre à travers les ennemis, et nous craignîmes qu'accablés par le nombre, ils ne se trouvassent dans le plus grand danger. Le major qui nous commandait en chef envoya mon détachement leur porter secours. En entrant dans la ville, nous rencontrâmes, au lieu des Espagnols, la division du général Loison qui défilait : cette division, induite en erreur par des guides, avait pris une route très-longue et fort différente de celle que nous avions suivie. L'engagement qui nous avait paru de loin si meurtrier, avait eu lieu entre nos voltigeurs, qui étaient en effet descendus dans la ville après le départ de l'ennemi, et les grenadiers de l'avant-garde du général Loison ; ces deux troupes amies, arrivant au même moment dans des directions opposées, se reconnurent heureusement après la seconde décharge. La nuit les empêcha d'ajuster leurs coups, et elles ne perdirent qu'un seul homme de part et d'autre.

La ville de Soto avait été abandonnée par ses habitans ; l'air retentit bientôt des cris sourds des soldats qui parcouraient les rues étroites, et qui enfonçaient à coups redoublés les portes des maisons pour se procurer des vivres et se loger. Au milieu de tous ces bruits confus, que multipliaient à l'infini les échos des montagnes voisines, on entendait les cris d'une femme en délire, qui, avec une voix plus qu'humaine, ne cessa, pendant toute la nuit, d'appeler au secours, ayant été laissée dans l'hôpital de la ville lors du départ des habitans ; elle avait été vivement frappée du mouvement, nouveau pour elle, qu'elle observait dans les rues au travers des barreaux de la chambre où elle était enfermée. Cette voix s'élevait au milieu de ce tumulte, comme si elle avait été l'organe de toute la population qui avait fui la ville. Un incendie éclata bientôt sur la hauteur : nous entendîmes des murailles s'écrouler avec fracas, et peu de temps après une explosion, et nous vîmes les débris enflammés d'un édifice sauter en l'air : le feu venait de prendre à des caisses de cartouches que les ennemis avaient cachées dans de la paille, ne pouvant les emporter.

Nous quittâmes Soto au lever du soleil, et nous suivîmes encore, pendant deux jours et une nuit, les traces des partisans sur Munilla, et Cervera. Désespérant ensuite de pouvoir jamais les combattre, nous prîmes des cantonnemens dans le bourg d'Arnedo, et nous revînmes ensuite à Logronio.

Le général Simon ne réussit pas mieux que nous en Navarre dans son expédition contre Mina ; ce partisan, attaqué le 19 à Estella, et le 20 à Puente de la Reyna, dispersa ses bandes, et échappa ainsi aux troupes qui marchaient de toutes parts contre lui. Mina rallia ses bandes d'abord après le départ du général Simon. Le marquis de Porlière, chassé des montagnes de la Castille, revint ensuite sur ses pas, et se jeta dans celles des Asturies. Il n'avait pas perdu trente hommes dans cette retraite, où il avait été poursuivi par des corps qui étaient quatre fois au moins supérieurs à celui qu'il commandait.

On voit, par les rapports des commandans français à cette même époque, que des bandes pareilles à celles des partisans Porlière et Mina, existaient dans toutes les autres provinces de l'Espagne occupées par les Français. Ces bandes faisaient un mal incalculable à nos armées, et il était impossible de les détruire. Sans cesse poursuivies, souvent dispersées, on les voyait toujours se rallier et recommencer leurs incursions.

Nous restâmes presque un mois entier dans la province de la Rioja, pendant que le général Loison levait les contributions arriérées, et nous reprîmes ensuite la route de Burgos pour aller rejoindre notre régiment dans l'Andalousie. Nous arrivâmes à Madrid le 25 janvier; nous restâmes cinq jours dans un village auprès de cette capitale, pour attendre un détachement de notre régiment qui arrivait directement de France avec des bagages, de l'argent et un grand nombre de chevaux de remonte. Ce nouveau détachement nous ayant rejoint, un adjudant-major, à qui on en avait confié la conduite, prit le commandement de notre colonne d'hussards; nous traversâmes la Manche, et nous arrivâmes bientôt à Santa-Cruz, bourg situé au pied de la Sierra-Morena. Ces montagnes, qui séparent la Manche de l'Andalousie, sont habitées par des colons que le comte d'Olivades fit venir, en 1781, des différentes parties de l'Allemagne. Les vieillards les plus âgés de ces colonies nous suivaient à pied pendant des heures entières, pour jouir encore avant leur mort du bonheur de parler leur langue maternelle avec ceux de nos hussards qui étaient allemands.

Dès qu'on est arrivé sur le revers des montagnes, on est en Andalousie; on éprouve alors une différence sensible dans la chaleur de l'atmosphère, et la magnificence des campagnes qu'on découvre devant soi forme un grand contraste avec la stérilité de la montagne noire ou Sierra-Morena d'où l'on sort. Les cultivateurs étaient occupés à la récolte des olives, et la campagne avait, vers la fin de l'hiver, cet aspect riant et animé qu'on ne remarque pas dans les autres pays plus au nord, que pendant le temps de la moisson et des vendanges.

A notre gauche étaient les montagnes du royaume de Jaen, et l'on distinguait dans l'éloignement les sommets toujours couverts de neige de la Sierra-Nevada de Grenade. Ces cîmes ont été les derniers asiles où les Maures se sont retirés avant leur entière expulsion de l'Espagne.

La route passait entre de longues plantations d'oliviers à l'ombre protectrice desquels croissent alternativement le blé et la vigne. Les champs sont bordés de haies d'aloès dont les feuilles sont aiguës comme des lances, et dont les tiges menues s'élèvent perpendiculairement aussi haut que des arbres. On voyait de distance en distance, derrière les habitations, des vergers touffus plantés d'orangers, et, dans des terrains incultes sur les bords des ruisseaux, des lauriers roses et blancs qui étaient alors en fleurs. On aperçoit quelquefois encore, de loin en loin, de vieux palmiers que les curés conservent dans leurs jardins pour en distribuer les branches à la fête des rameaux.

Nous marchions sur l'une ou l'autre rive du Guadalquivir, suivant les différens détours que ce fleuve parcourt entre Andoujar et Cordoue.

Le pays est moins pittoresque en avançant vers Séville ; on traverse quelquefois des plaines de blé de plusieurs lieues d'étendue, sans rencontrer ni habitations, ni arbres, et quelquefois aussi des terrains immenses laissés en friche, où l'on voit paître des troupeaux nombreux.

L'Andalousie est, sans contredit, la contrée de l'Espagne la plus fertile et la plus opulente par la nature. Il y a un proverbe dans les Castilles et dans la Manche, qui dit que *l'eau seule du Guadalquavir engraisse plus les chevaux que l'orge des autres pays.* Le pain de l'Andalousie passe pour être le plus blanc et le plus exquis du monde entier, et les olives sont d'une grosseur surnaturelle. Le ciel de l'Andalousie est si serein et si pur qu'on peut y dormir presque toute l'année en plein air ; on voit pendant l'été, et quelquefois même pendant l'hiver, des hommes couchés la nuit sous des portiques. Il y a une foule d'individus peu riches qui voyagent sans s'inquiéter de chercher chaque soir des logemens ; ils portent leurs vivres avec eux, ou bien ils achètent des alimens que des femmes préparent pour les passans, sur des réchauds, à l'entrée des grandes villes, ou sur les places pbliques. Les pauvres ne se demandent pas, comme dans les pays du nord, s'ils ont une maison pour demeurer, mais s'ils ont un bon manteau, qui puisse les protéger en été contre le contact immédiat des rayons du soleil, et les préserver des pluies pendant l'hiver.

On rencontre presqu'à chaque pas, en Andalousie, plus encore que dans les autres provinces de la péninsule, des traces ou des souvenirs des Arabes, et c'est ce mélange singulier des coutumes et des usages de l'orient avec les mœurs chrétiennes, qui distingue particulièrement les Espagnols des autres peuples de l'Europe.

Les maisons des villes sont presque toutes construites à la mauresque ; elles ont dans l'intérieur une cour pavée avec des grandes dalles en pierres plates, au milieu de laquelle est un bassin d'où jaillissent des jets d'eau qui rafraîchissent sans cesse l'air ; ce bassin est ombragé par des citronniers ou des cyprès. Des treilles d'orangers sont quelquefois adossées aux murs, et ces arbres portent pendant toute l'année des feuilles, des fleurs ou des fruits. Les divers appartemens de la maison communiquent entr'eux au travers de la cour. Il y a ordinairement un portique intérieur du côté de la porte qui donne sur la rue. Dans les anciens palais des grands seigneurs et des rois maures, dans l'Alhambra de Grenade, ces cours sont entourées de péristyles ou de portiques, dont les arcades étroites et nombreuses sont soutenues par des colonnes minces et très-élancées ; les maisons ordinaires n'ont qu'une seule petite cour intérieure très-simple, à l'un des angles de laquelle est une citerne ombragée par un grand citronnier. Des espèces de cruches ou jarres (1), où l'on met l'eau rafraîchir, sont ordinairement suspendues près de la porte de ces maisons, là où il y a des courans d'air. Ces cruches se nomment *alcarazas,* et leur nom, qui est arabe, indique qu'elles ont été apportées en Espagne par les Maures.

Il y a une de ces cours à découvert dans l'enceinte même de la cathédrale de Cordoue, qui est une ancienne mosquée. Cette cour, comme celles des maisons des particuliers, est ombragée par des citronniers et des cyprès, et elle renferme des bassins où l'eau se renouvelle sans cesse par des jets perpendiculaires. Lorsqu'on entre dans la partie

―――――――――

(1) Ces jarres ont la même forme et sont employées au même usage que celles que décrit M. Denon, dans son voyage de l'Égypte, et qui se fabriquent sur les bords du Nil, entre Dindira, Kené et Thèbes.

consacrée de la *mezquita* ou mosquée, c'est le nom que ce temple conserve encore de nos jours, on est frappé d'étonnement à la vue d'une multiplicité de colonnes de marbre de diverses couleurs. Ces colonnes sont rangées en allées parallèles assez rapprochées, et elles supportent des espèces d'arcades à jour sur lesquelles reposent un plafond de bois. Cette multitude de colonnes, surmontées d'arcades, rappelle une immense forêt de palmiers, dont les rameaux, régulièrement recourbés, se toucheraient en s'inclinant.

La chapelle où l'on conservait le livre de la loi est maintenant sous l'invocation de saint Pierre. Un maître-autel pour dire la messe, et un chœur où des chanoines viennent chanter à l'office, ont été placés au milieu de cette mosquée musulmane, et en font de nos jours un temple chrétien. Ces sortes de rapprochemens se rencontrent sans cesse en Espagne, et rappellent le triomphe du christianisme sur l'islamisme.

Les Andalous élèvent de nombreux troupeaux, qu'ils font paître dans les plaines pendant l'hiver, et qu'ils envoient en été chercher des pâturages sur les sommets des montagnes. L'usage de ces grandes transmigrations de troupeaux, tous les ans, à des époques réglées, vient de l'Arabie, où il est fort ancien.

Les chevaux de l'Andalousie descendent des races généreuses que les Arabes ont autrefois amenées avec eux, et ces mêmes distinctions qu'on fait en Arabie pour les races de sang pur et noble existent encore en Espagne. Le cheval andalous est fier, vif et doux ; les sons de la trompette lui plaisent et l'animent, et le bruit et la fumée de la poudre ne l'effraient point ; il est très-sensible à la voix et aux caresses : aussi, lorsqu'il est accablé de fatigue, voit-on toujours son maître, loin de le battre, le flatter et l'encourager : le cheval reprend alors des forces et fait quelquefois par émulation, et pour plaire à celui qui le monte, ce qu'on n'aurait pu en obtenir par des coups.

Nous menions souvent à notre suite des paysans espagnols qui conduisaient des bagages, des vivres et des munitions sur leurs chevaux et sur leurs mulets. J'entendis un jour un de ces paysans, après un long discours à son cheval qui ne pouvait plus marcher, s'approcher de l'oreille de l'animal, et lui dire à demi-voix avec une grande vivacité, comme pour lui épargner un affront aux yeux de tous : *Prends garde qu'ils ne te voient.* Un enfant disait au même instant à son âne, en le battant de toutes ses forces : *Maudite soit la mère qui t'a engendré !* Les ânes sont traités plus durement que les chevaux; on ne suppose pas qu'ils soient sensibles à l'honneur.

On voyage en Espagne communément à cheval, et les transports se font encore dans quelques provinces à dos de mulet; les belles chaussées qui traversent l'Espagne sont très-modernes. Les rues des anciennes villes sont étroites et tortueuses, les étages des maisons vont toujours en avançant l'un sur l'autre. On voit que ces rues, qui sont de construction mauresque, n'ont point été faites pour des voitures. Les auberges de l'Andalousie et de l'Espagne, hors celles fondées par les Italiens dans quelques grandes villes, sont de vastes caravanserails où l'on ne trouve que le logement et de la place pour les chevaux et les mules, les voyageurs sont obligés d'apporter leurs vivres avec eux, et ils se couchent sur les couvertures de leurs chevaux. Les habitans du pays voyagent en petites caravanes dès qu'ils s'éloignent des routes les plus fréquentées, et ils portent des fusils suspendus à l'arçon de leur selle, dans la crainte d'être dépouillés par les contrebandiers, qui sont très-nombreux dans les montagnes du royaume de Grenade et dans celles qui sont sur les côtes méridionales entre Malaga et Cadix. Dans quelques parties de l'Espagne et de l'Andalousie, les gens de la campagne, et particulièrement les ouvriers des laboureurs, dorment étendus sur des nattes qu'ils roulent et transportent quelquefois avec eux. Cet usage de l'orient explique ces paroles de Notre-Seigneur au paralytique : « Prends ton lit, et marche. »

Les femmes du peuple s'asseyent encore, à la mauresque, sur des nattes de jonc circulaires, et, dans quelques couvens de l'Espagne où les anciennes coutumes se sont transmises sans aucune altération, les religieuses sont encore dans l'habitude de s'asseoir comme les Turcs, sans savoir qu'elles tiennent cet usage des ennemis de la foi chrétienne. *La mantilla,* espèce de grand voile de laine que les femmes du peuple portent communément en Andalousie, et qui leur cache quelquefois toute la figure, excepté les yeux, a pour origine la pièce de drap dont les femmes s'enveloppent dans l'orient lorsqu'elles sortent. Les danses espagnoles, les diverses espèces de fandango sur-tout, ressemblent beaucoup aux danses lascives de l'orient. L'usage de danser en jouant des castagnettes, et de chanter *des sequidillas* existe encore de nos jours chez les Arabes, en Egypte, comme en Espagne. On appelle encore, en Andalousie, un vent brûlant qui vient de l'orient, le vent de Médine.

Les Andalous et les Espagnols, en général, sont sobres comme les orientaux, au milieu même de l'abondance, par un principe religieux; ils regardent l'intempérance comme un abus des dons que Dieu accorde, et méprisent profondément ceux qui s'y livrent. Ils sont dans l'usage de manger, tous les jours à leurs repas, du porc salé. Cette viande, malsaine dans les pays chauds, est prohibée par la loi sainte de tous les peuples de l'orient, et elle leur est en horreur. Dans le temps où l'Espagne fut reconquise par les chrétiens sur les Maures, avant l'entière expulsion de ces peuples, il y avait en Andalousie beaucoup de musulmans et de juifs qui s'étaient convertis en apparence seulement, pour avoir la permission de rester dans le pays : les Espagnols chrétiens mangeaient alors du porc pour se reconnaître entre eux, et c'était, si l'on peut s'exprimer ainsi, une espèce de profession de foi.

On retrouve encore de nos jours une analogie si frappante entre la manière de faire la guerre des habitans de quelques parties de l'Espagne et celle des diverses peuplades au milieu desquelles les Français ont combattu sur les bords du Nil, que, si l'on substituait, dans quelques pages de l'histoire de la campagne d'Egypte, des noms espagnols à des noms arabes, on croirait lire le récit d'événemens arrivés en Espagne.

Les troupes nationales et locales, ou les levées en masse des Espagnols combattent en désordre et en poussant de grands cris. Elles ont dans l'attaque en rase campagne cette impétuosité, cette furie mêlée de désespoir et de fanatisme qui distingue les Arabes, et souvent aussi, comme ces peuples, elles désespèrent trop tôt de l'événement, et cèdent le champ de bataille au moment même où elles vont remporter la victoire ; mais lorsqu'elles combattent derrière des murs et des retranchemens, leur fermeté est inébranlable. Les habitans de l'Egypte fuyaient dans les gorges des montagnes par-delà le désert. Les habitans de l'Espagne quittaient leurs demeures à l'approche de nos troupes, et emportaient leurs effets les plus précieux dans la montagne. En Espagne comme en Egypte, nos soldats ne pouvaient pas rester à quelques pas en arrière des colonnes, sans être aussitôt égorgés; enfin, les habitans du midi de l'Espagne avaient dans l'âme cette même persévérance de haine et néanmoins cette mobilité d'imagination des peuples de l'orient; comme eux, ils se décourageaient quelquefois aux moindres bruits de revers, et s'insurgeaient sans cesse au plus léger espoir de succès. Les Espagnols, comme les Arabes, se portaient souvent contre leurs prisonniers aux derniers excès de la férocité, et quelquefois aussi ils exerçaient envers eux l'hospitalité la plus noble et la plus généreuse.

Après avoir traversé Andujar, Cordoue, Essica et Carmona, nous arrivâmes à Séville, où nous reçûmes du maréchal Soult l'ordre d'aller rejoindre notre régiment à Ronda, ville située à dix lieues de Gibraltar. Nous avions d'abord été frappés de la tranquillité profonde qui régnait dans les plaines de l'Andalousie; la plupart des grandes villes avaient envoyé des députations au roi Joseph; mais cette tranquillité n'était qu'apparente, et n'existait que dans la plaine là où les Français avaient des troupes nombreuses : les habitans des royaumes de Murcie, de Grenade, de la province de Ronda, ceux enfin de toutes les montagnes qui traversent, entourent et avoisinent l'Andalousie, ou la séparent de l'Estramadure et du Portugal, avaient tous pris simultanément les armes.

Nous quittâmes Séville le 18 mars pour aller coucher à Outrera, et le 19 nous allâmes à Moron, bourg situé au pied des montagnes de Ronda : les habitans de ce bourg étaient à la veille de se joindre à leurs voisins les montagnards, qui s'étaient depuis long-temps levés en masse. La plus grande partie de la population de Moron se rassembla sur la grande place au moment de notre arrivée ; les hommes nous regardaient avec une expression de fureur contenue, et ils paraissaient suivre des yeux nos moindres mouvemens, non pas pour satisfaire une simple curiosité, mais pour s'accoutumer à la vue des ennemis qu'ils se proposaient de combattre dans peu, et s'ôter ainsi cette terreur de l'inconnu qui agit si fortement sur les peuples à imagination. Quelques femmes étaient vêtues d'étoffes anglaises, sur lesquelles on avait peint le portrait du roi Ferdinand VII, et ceux des généraux espagnols qui s'étaient distingués en faisant la guerre contre les Français. Quand nous vîmes la fermentation et l'esprit de révolte qui régnait dans le bourg, nous prîmes le parti de nous loger tous ensemble dans trois auberges voisines. Si nous nous étions dispersés, pour passer la nuit dans les maisons des habitans, comme nous pouvions le faire avec sûreté dans les plaines, nous aurions probablement été tous égorgés pendant la nuit.

Nous n'avions qu'un très-petit nombre d'hommes qui fussent en état de combattre, parce qu'on nous avait donné beaucoup de chevaux de remonte à conduire ; nous escortions en outre la caisse du régiment et des effets d'équipemens qui étaient portés par des ânes et des mulets de réquisition, ce qui rendait notre marche lente et difficile. Un maréchal-des-logis et moi, nous étions les seuls du détachement qui eussent été précédemment en Espagne, et qui pussent parler espagnol. Le maréchal-des-logis restait avec l'adjudant-major qui nous commandait, pour lui servir d'interprète. Je devançais tous les jours d'une heure le gros de notre troupe, dans les lieux où nous devions coucher, et j'ordonnais les vivres et les logemens.

Au sortir de Moron, nous entrâmes dans les montagnes de Ronda, pour aller coucher à Olbera ; j'étais parti comme les autres jours un peu avant le détachement, pour aller faire préparer les logemens, et j'étais accompagné par un hussard et par un jeune brigadier choisi provisoirement parmi les recrues pour faire les fonctions de fourrier. Quand je fus à deux lieues de Moron, je frappai à la porte d'une ferme, placée dans la montagne; un homme d'un âge mûr vint m'ouvrir en tremblant : je lui demandai de me donner à boire, ce qu'il fit sur-le-champ avec un zèle extraordinaire. J'appris ensuite qu'il y avait dans cette maison un petit poste de cinq contrebandiers armés, qui craignaient d'être découverts.

L'avant-garde nous ayant atteints bientôt après, je craignis de n'avoir pas le temps de faire préparer les logemens et les vivres avant l'arrivée du détachement; nous ne pouvions aller que lentement, parce que le chemin était montueux et difficile, et que nos chevaux venaient de faire une marche de plusieurs mois. Je donnai mon cheval à conduire au hussard, je montai celui d'un guide que nous avions pris à Moron. Je partis en avant de mes compagnons, et j'arrivai seul, à la vue d'Olbera. Une vallée profonde et dénuée d'arbres, dans laquelle on descend par un chemin rapide, me séparait de ce bourg, situé entre des rochers, au sommet d'une colline élevée qui domine tout le pays. A mesure que j'avançais, les paysans qui cultivaient les champs voisins, réunis par bandes de huit ou dix, suivant l'usage du pays, se demandaient les uns aux autres avec étonnement quelle pouvait être la cause de mon arrivée, et ils quittaient aussitôt leurs travaux, pour venir derrière moi dans le sentier. Les habitans du village m'avaient depuis long-temps aperçu, et ils se portaient en foule sur les rochers pour m'observer.

Je commençai à craindre qu'il n'y eût pas de Français dans Olbera, comme je l'avais cru d'abord, et je m'arrêtai au fond de la vallée, étonné de l'agitation croissante que j'observais; j'hésitai un instant si je ne retournerais pas en arrière ; mais je crus devoir prendre le parti d'avancer de nouveau, à tout hasard : le cheval que je montais était fatigué de la course qu'il venait de faire, et le chemin par où j'aurais dû repasser était fort escarpé. J'étais d'ailleurs suivi de très-près par une troupe de laboureurs armés de pioches. Ceux-ci m'ayant bientôt atteint m'entourèrent, et me demandèrent de quelle province j'étais, où j'allais, et quelles nouvelles j'apportais? Je vis d'abord aux questions qu'ils me firent qu'ils me croyaient au service d'Espagne ; mon uniforme d'un brun foncé était la cause de leur erreur. Je me gardai bien de les détromper, ne sachant pas si je pouvais le faire sans courir le risque de la vie. J'espérai gagner du temps jusqu'à l'arrivée de mon détachement, en laissant croire aux paysans que j'étais un officier suisse au service de la junte, et que j'allais à Gibraltar; et j'ajoutai, pour les mettre en bonne humeur, que le marquis de la Romana venait de remporter une grande victoire près de Badajos. Les paysans reçurent cette nouvelle avec avidité, et ils se la répétèrent les uns aux autres en accablant les Français de mille imprécations, ce qui me donna une triste idée du sort qui m'attendait si je venais à être reconnu.

Je demandai à mon tour à ceux qui m'entouraient s'il n'y avait pas de ces maudits Français dans leur village; ils me répondirent que le roi Joseph, avait été repoussé de Gaucin avec toutes ses gardes, qu'il avait quitté Ronda depuis plusieurs jours, et que cette ville devait être déjà occupée par dix mille montagnards. C'était à Ronda que nous allions rejoindre notre régiment; si cette ville fût en effet tombée au pouvoir des ennemis, notre détachement aurait été en entier détruit dans ces montagnes. Les paysans s'arrêtèrent pour boire auprès d'une source qui est sur la route, et je continuai à gravir seul la colline.

Je vis bientôt cinq hommes, armés et équipés comme des soldats, qui se hâtaient de me devancer par une route de traverse, et ils entrèrent avant moi dans Olbera. De grands cris s'étant fait entendre, je ne doutai pas que ces cinq hommes ne fussent venus apporter la nouvelle de l'arrivée prochaine de mon détachement, et qu'ils n'eussent découvert que j'étais un officier français. Je m'arrêtai encore une fois, hésitant, si j'avancerais. Les habitans qui m'observaient du haut des rochers virent mon incertitude, et leurs exclamations redoublèrent. Des femmes étaient venues en grand nombre se placer sur une élévation qui dominait l'entrée du village; leurs voix aiguës se mêlaient à celles des hommes comme les sifflemens des vents dans la tempête. Je pris le parti d'avancer; j'étais perdu, je le crois, si j'avais alors essayé de retourner sur mes pas; je me serais donné tort à moi-même, ce qu'une multitude déchaînée pardonne rarement.

Je vis bientôt un corrégidor, un alcade et deux curés venir au-devant de moi; ils étaient précédés par cinq ou six personnes, à la tête desquelles marchait un jeune homme que je sus ensuite être le *gracioso* du village. Il me dit en espagnol avec un air moqueur : « Certainement les femmes d'Olbera aiment beaucoup les Français ; elles vous recevront très-bien ; » et il me fit en ricannant diverses autres plaisanteries de ce genre. Un de ses compagnons me demanda d'une voix forte, quel était le nombre des Français qui me suivaient ? Je lui dis qu'il y en avait deux cents plus ou moins. Il me répondit aussitôt rudement : « C'est faux ; il n'y en a pas cent, vous compris. Ces cinq hommes qui viennent d'entrer dans le village les ont vus de la ferme sur le chemin de Moron ». Je vis clairement alors qu'ils savaient qui j'étais. Les curés et le corrégidor s'étant approchés, je crus un moment, à leurs physionomies sinistres, qu'ils allaient me proposer de recevoir l'extrême-onction ; j'entendais au milieu du tumulte des voix articuler distinctement ces paroles : *Il faut le pendre, c'est un Français, c'est le démon lui-même, c'est le démon incarné.*

Les cris cessèrent tout à coup, à mon grand étonnement, et je vis les Espagnols se disperser ; le brigadier, le hussard et le guide que j'avais laissé derrière moi venaient de paraître sur la hauteur opposée ; ceux des habitans qui s'étaient placés sur les rochers les plus élevés les prirent dans le lointain pour l'avant-garde de mon détachement, et ils avertirent aussitôt du geste et de la voix la foule qui m'entourait.

Le corrégidor et l'alcade changèrent bien vîte de maintien, et me dirent en me faisant des révérences qu'ils étaient les magistrats du lieu, et qu'ils me faisaient leurs soumissions, pour obéir au décret du roi Joseph, qui ordonnait aux autorités constituées dans toute l'Espagne de se porter au-devant des troupes françaises et de les bien recevoir. Ma confiance s'étant accrue de tous les respects que les magistrats me témoignaient et de toute la peur qu'ils avaient, je leur conseillai, en leur faisant des menaces, de contenir les habitans dans l'obéissance, et je leur ordonnai de préparer sur-le-champ des vivres pour la troupe qui allait arriver.

Le corrégidor me dit, comme pour s'excuser de ce qui m'était arrivé, qu'il me suppliait de n'attacher aucune importance aux cris de quelques ivrognes qui s'amusaient à exciter la populace; et lorsque je demandai ce que les cinq hommes armés étaient venus faire dans le village quelques momens auparavant, un des curés me répondit d'un air doucereux et avec une espèce d'ironie, que ces hommes étaient des chasseurs aux petits oiseaux, et que les sacs qu'ils portaient sur leurs épaules étaient remplis de gibier. Je fus obligé de me contenter de ces excuses, quelque mauvaises qu'elles fussent. Je descendis de cheval, et allai à pied, avec les curés et les alcades, à la maison de ville qui était située sur la grande place au haut du village, et nous commençâmes à écrire les billets de logement.

Le brigadier qui me suivait laissa le hussard avec mon cheval à l'entrée du village, et il arriva bientôt au galop à la porte de la maison où j'étais. A peine avait-il mis pied à terre, que les Espagnols se précipitèrent dans les rues voisines en poussant des cris terribles ; ils s'attendaient à l'arrivée d'une troupe nombreuse ; mais, quand ils virent un seul homme traverser leur village, ils revinrent de leur erreur, et sortirent furieux de leurs maisons. Leur ardeur était telle, qu'ils s'écrasaient les uns les autres au passage d'une voûte qui conduisait à la place publique. Je m'avançai bien vite sur le balcon; je criai à mon brigadier de monter, ce qu'il fit, et nous nous enfermâmes et barricadâmes dans la salle du conseil. Le peuple s'arrêta un moment pour s'emparer du cheval, du porte-manteau et des pistolets du brigadier; les meneurs de l'émeute se jetèrent dans l'escalier, montèrent jusqu'à la porte de la chambre où nous venions de nous enfermer avec le corrégidor et les deux curés, et ils nous crièrent au travers de la cloison de nous rendre.

Je leur fis d'abord ordonner de rester tranquilles par le corrégidor que je tenais sous ma main, et je leur dis que notre détachement allait bientôt arriver; que nous leur vendrions chèrement nos vies, et que s'ils essayaient d'entrer, leur père curé serait la première victime de leur fureur. Craignant que la porte ne fût bientôt enfoncée, je reculai de quelques pas jusqu'à l'entrée la plus étroite de la seconde chambre, tenant le curé par le bras, pour m'en servir au besoin comme d'un bouclier; je tirai mon sabre, j'ordonnai au brigadier d'en faire autant et de rester au fond de l'appartement, afin d'empêcher que le vicaire et le corrégidor ne pussent me saisir par les épaules. Les cris redoublèrent bientôt, et les habitans qui venaient de parlementer avec nous, furent refoulés par ceux qui remplissaient l'escalier et la place. La porte reçut de rudes secousses; elle allait céder aux efforts de toute cette masse d'hommes qui l'assaillaient. Je dis alors au curé : « Pardonnez-moi, mon père : vous voyez que je ne puis plus résister à la populace; je suis forcé par la nécessité à vous faire partager mon sort, et nous allons mourir ensemble. »

Le vicaire, effrayé du danger que courait le curé, et de celui dont il était lui-même menacé, s'avança sur le balcon, et il cria aux habitans d'une voix forte, que leur père curé périrait infailliblement s'ils ne se retiraient à l'instant même. Les femmes poussèrent des hurlemens en entendant ces paroles, et la foule rétrograda soudain par un mouvement unanime, tant était grande et vraie la vénération du peuple pour les prêtres.

Nous soutînmes, le brigadier et moi, pendant quelque temps encore, cette espèce de blocus. La place cessa bientôt d'être ébranlée par les clameurs redoublées de ce peuple en furie, et les pas des chevaux de mon détachement qui se formait en bataille au bas du village, se firent tout à coup entendre à mes oreilles aussi distinctement à midi que si nous avions été dans le silence profond de la nuit.

Nous allâmes rejoindre le détachement avec le corrégidor et le curé, nous gardions ce dernier avec nous comme notre sauve-garde. Je racontai à mes camarades ce qui m'était arrivé, et je leur conseillai d'aller le jour même à Ronda, après que nous aurions fait manger nos chevaux. L'adjudant-major qui nous commandait voulut, malgré toutes mes représentations, coucher à Olbera, me disant avec une sorte de reproche, qu'on n'avait jamais vu des troupes de ligne se déranger pour des paysans. Cet adjudant-major venait de passer plusieurs années en France dans le dépôt du régiment, et il ne connaissait pas les Espagnols.

Nous formâmes un bivouac dans une prairie entourée de murs, attenante à l'auberge qui est sur la route au bas du village. Les habitans furent, pendant le reste du jour, assez tranquilles en apparence, et ils nous fournirent des vivres; mais, au lieu d'un jeune bœuf que j'avais demandé, ils nous apportèrent un âne coupé en quartiers; les hussards trouvèrent que ce veau, comme ils l'appelaient, avait le goût un peu fade; mais ce ne fut que long-temps après que nous apprîmes cette bizarre tromperie par les montagnards eux-mêmes. Ils nous criaient souvent, dans la suite, en tiraillant avec nous : « Vous avez mangé de l'âne à Olbera. » C'était, dans leur opinion, la plus sanglante des injures qu'on pût faire à des chrétiens.

N'osant pas nous attaquer dans l'enceinte où nous nous étions retranchés, ils se préparèrent pour le moment de notre départ, et ils firent dire aux habitans des bourgs et des villages voisins, de placer des embuscades et d'aller nous attendre le jour suivant sur la route de Ronda. Vers le soir, ils prirent une attitude menaçante, se portèrent en grand nombre sur les rochers, et formèrent une haie serrée autour de l'entrée de notre bivouac. Là ils restèrent immobiles, observant nos moindres mouvemens. Quelques voix bientôt réprimées par les alcades, rompaient de temps en temps le silence pour insulter nos factionnaires.

Le curé se présenta à notre bivouac un peu avant la nuit, demandant à me parler. Il me dit qu'il avait fait préparer d'excellens logemens pour les chefs de notre troupe, et il me pressa beaucoup d'engager mes camarades à les accepter. Son dessein était, comme nous l'avons su depuis, de nous faire prisonniers, espérant que le désordre se mettrait parmi nos soldats, lorsqu'ils se verraient, le jour suivant, privés de leurs officiers.

Je refusai aussitôt ces offres. Le curé me demanda si je conservais du ressentiment de ce qui s'était passé le matin, et si nous avions de la défiance des intentions des habitans. Je lui répondis que nous n'avions ni ressentiment ni défiance. Il me pria alors de venir au moins seul chez lui, me disant qu'il voulait me bien traiter. J'allai consulter mes camarades les officiers, et nous convînmes que j'irais seul au village, pour montrer aux habitans que nous n'avions aucun projet de vengeance, et leur ôter ainsi toute pensée de nous attaquer pendant la nuit. Mes camarades furent aussi séduits par l'espérance que je leur enverrais à souper. Je revins vers le curé; je lui demandai de me donner sa parole sacrée qu'il ne me serait fait aucun mal; il me la donna sur-le-champ, et pour lui prouver une confiance entière, je remis, en sa présence, mon sabre au factionnaire, et je le suivis sans armes.

Nous traversâmes ensemble l'intérieur du bourg: tous les habitans à côté de qui nous passions, saluaient profondément mon guide, et ils me regardaient ensuite avec une expression menaçante; lorsqu'ils s'approchaient trop près de moi, pour me faire craindre quelque surprise, le curé les repoussait d'un regard seulement et d'un mouvement de son sourcil; telle était l'autorité que lui donnait le caractère sacré dont il était revêtu.

Nous arrivâmes bientôt à la maison, et nous fûmes reçus par la gouvernante du curé; c'était une grande fille de trente-cinq ou quarante ans; elle nous présenta d'abord du chocolat et des biscuits, et elle servit ensuite le repas sur une table auprès de la cheminée de la cuisine. J'envoyai à souper à mes camarades, et je m'assis auprès de la table; le curé se plaça vis-à-vis de moi; la gouvernante resta assise à sa droite, presque sous la cheminée qui était très-élevée. Après un moment de silence, le curé me demanda si je n'irais pas à la messe le lendemain avant que de partir; je lui répondis que je n'étais pas catholique. A ces paroles, ses traits se contractèrent, et sa gouvernante, qui n'avait jamais vu d'hérétiques, tressaillit sur sa chaise, fit une exclamation involontaire, poussa un long soupir. Après avoir dit ensuite rapidement plusieurs *Ave Maria* entre ses dents, elle consulta la physionomie du curé, pour savoir quelle impression elle devait recevoir à la vue d'une apparition aussi terrible que celle d'un hérétique. (Les descriptions populaires et les tableaux de quelques églises du pays, représentent les hérétiques lançant des flammes par la bouche.) La gouvernante se remit de son trouble, quand elle vit le curé reprendre tranquillement la conversation.

Après le souper, le curé m'invita à coucher chez lui, en me disant que je devais être bien fatigué, et qu'il me donnerait un lit qui vaudrait au moins notre bivouac : voyant que j'hésitais à à lui répondre, il ajouta qu'il était bon de laisser se dissiper la foule, et qu'il fallait que j'attendisse quelques heures. Je commençai alors à craindre qu'il ne voulût me retenir dans sa maison, et me livrer aux habitans. On m'a dit ensuite que c'était en effet son projet, et qu'il était le chef de l'insurrection. Quelques raisons m'ont fait croire long-temps après, qu'en me retenant prisonnier, il voulait aussi me faire échapper au sort funeste que les habitans du village et lui destinaient à mon détachement.

Comme il était le maître de me trahir, s'il l'eût voulu, je me gardai bien de lui montrer de la défiance. Je lui dis que j'acceptais ses offres, me croyant en parfaite sûreté, puisque j'étais sous la sauve-garde de sa parole sacrée, que j'allais dormir; mais que je le priais de me réveiller dans deux heures au plus tard, parce que mes camarades pourraient bien, s'ils ne me revoyaient pas avant minuit, sortir de leur bivouac et mettre le feu aux quatre coins du village. Le curé me conduisit dans la chambre voisine; je me mis au lit, ce qui nous arrivait rarement en Espagne, et il emporta la lampe en me souhaitant le bon soir.

L'obscurité profonde ne contribua pas alors à me faire voir en beau la position dans laquelle je me trouvais : je me reprochais de m'être séparé de mon sabre, je le regrettais comme un compagnon fidèle qui eût pu m'inspirer un bon conseil. J'entendais les murmures des habitans qui passaient et repassaient dans la rue sous mes fenêtres. Le curé entr'ouvrait de temps en temps la porte, avançant sa tête blanche et la lampe qu'il tenait dans sa main droite, pour voir si je dormais : je faisais semblant d'être profondément assoupi, et il se retirait doucement.

Plusieurs hommes entrèrent dans la pièce voisine; ils parlèrent d'abord avec assez de calme, et ensuite confusément tous à la fois, puis firent tout à coup silence, comme s'ils eussent craint de m'avoir réveillé, et que je n'écoutasse leurs discours; ils recommencèrent alors à converser à voix basse et avec une grande vivacité. Je passai près de deux heures dans cette situation incertaine et bizarre, réfléchissant sur le parti que j'avais à prendre. Je me déterminai ensuite à appeler le curé; il vint aussitôt: je lui dis que je voulais aller sur-le-champ rejoindre mon détachement; il laissa sa lampe sans me répondre, et me quitta sans doute pour aller consulter les Espagnols qui étaient dans sa maison sur ce qu'il devait faire de moi.

Je vis arriver sur ces entrefaites, avec une vive joie, dans ma chambre celui de nos maréchaux-des-logis qui parlait espagnol; il était accompagné par le corrégidor. Il me dit que mes camarades étaient dans la plus vive inquiétude sur mon sort, et qu'ils l'avaient envoyé s'informer de ce que j'étais devenu; que les habitans me regardaient déjà comme leur prisonnier; qu'ils devaient nous attaquer le jour suivant, et qu'ils disaient qu'aucun de nous ne leur échapperait. Je m'habillai en grande hâte, et je sommai de nouveau le curé de tenir sa parole, en lui disant que mes camarades menaçaient de prendre les armes si je ne revenais pas bientôt. Heureusement pour moi que les préparatifs de l'insurrection du village n'étaient pas encore achevés : le curé n'osa pas me retenir plus long-temps; il appela le corrégidor et un alcade, et quelques hommes qui nous placèrent au milieu d'eux, et nous reconduisirent à travers la foule à notre bivouac.

Le maréchal-des-logis que mes camarades venait de m'envoyer était un Normand, brave comme son sabre. Il cachait sous l'apparence de la plus parfaite bonhomie, toute la ruse qu'on attribue communément à ses compatriotes; il s'était insinué auprès des habitans, en leur disant qu'il était fils d'un officier des gardes vallones, retenu prisonnier en France avec le roi Charles IV; qu'il avait été forcé de servir avec nous, et qu'il cherchait depuis long-temps l'occasion de déserter. Les Espagnols de ces montagnes étaient tour à tour rusés et crédules comme les sauvages. Ils crurent ce que disait notre maréchal-des-logis, le plaignirent, lui donnèrent de l'argent, et ils lui confièrent une partie de leurs projets : c'est par lui que nous apprîmes que les habitans des villages voisins devaient se réunir le jour suivant en grand nombre pour nous attaquer dans un défilé dangereux sur la route de Ronda. Cette découverte heureuse nous sauva d'une défaite complète.

Le curé et le corrégidor revinrent le jour suivant au moment de notre départ, à notre bivouac, nous demander une attestation qui prouvât aux Français qui pourraient venir dans la suite à Olbera, qu'ils s'étaient bien conduits à notre égard. Ils espéraient que l'air menaçant des habitans nous ferait faire ce qu'ils désiraient. Nous leur répondîmes que nous ne leur donnerions l'attestation que lorsqu'ils nous rendraient les armes enlevées sur le cheval du brigadier qui s'était enfermé avec moi dans la municipalité la veille. Nous les avions déjà inutilement réclamées plusieurs fois.

Le corrégidor et le curé reprirent en silence le chemin qui conduisait au haut du village, et peu de momens après leur départ, des cris d'alarme se firent entendre; les habitans venaient de massacrer six hussards et deux maréchaux qui étaient imprudemment allés ferrer leurs chevaux à la forge; alors la fusillade commença. Nous montâmes en hâte à cheval, et le gros du détachement suivit l'adjudant-major qui nous commandait, au lieu choisi pour le rassemblement à une portée de fusil du village. Je restai dans le bivouac, et je retins avec moi dix hussards pour soutenir la retraite et protéger les bagages qu'on n'avait pas encore pu charger sur les mulets, parce que les conducteurs espagnols s'étaient enfuis pendant la nuit.

Un de mes camarades revint bientôt me dire que notre arrière-garde allait être cernée, et que les Espagnols faisaient un feu de mousqueterie très-vif contre le détachement du haut des rochers, et par les fenêtres des maisons placées à l'extrémité du village que nous devions traverser. N'ayant aucune espérance de pouvoir être secourus, nous prîmes le parti de nous frayer un chemin au milieu des ennemis. Mon cheval reçut une balle qui lui traversa le col, et il s'abattit; je le relevai vivement et j'atteignis le détachement. Mon camarade eut peu après le bras cassé d'un coup de feu. Nous vîmes tomber successivement presque tous les hussards qui nous suivaient. Des femmes, ou plutôt des furies déchaînées, se précipitaient avec d'horribles hurlemens sur nos blessés, et elles se les disputaient pour les faire mourir dans les tourmens les plus cruels. Elles leur plantaient des couteaux et des ciseaux dans les yeux, se repaissant avec une joie féroce de la vue de leur sang. L'excès de leur juste fureur contre ceux qui venaient envahir leur pays, les avait entièrement dénaturées.

Notre détachement était resté pendant tout ce temps immobile, faisant face aux ennemis, pour nous recevoir. Les habitans n'osèrent pas s'éloigner des rochers et des maisons du village, et nous ne pûmes avec nos chevaux aller à eux pour venger nos camarades. Nous fîmes l'appel des nôtres en leur présence ; nous plaçâmes les blessés au centre de la troupe, et nous nous mîmes ensuite lentement en marche.

N'ayant pas pu nous procurer un guide, nous prîmes, sans savoir où nous allions, le premier sentier qui éloignait de la route battue sur laquelle nous savions que les montagnards avaient placé des embuscades, et nous errâmes d'abord pendant quelque temps dans les champs à l'aventure. Nous vîmes ensuite un homme monté sur un mulet s'échapper d'une ferme ; je courus à lui, je l'atteignis et le plaçai entre deux hussards de l'avant-garde, lui ordonnant, sous peine d'être sabré, de nous conduire à Ronda. Sans ce paysan, que le hasard nous fit rencontrer, nous n'aurions jamais pu trouver notre route dans des pays à nous inconnus. C'est ainsi que nous avions à lutter sans cesse, non contre des difficultés militaires et prévues, telles qu'elles se trouvent dans la guerre régulière, mais contre des obstacles sans nombre qui naissant de l'esprit national seulement, se renouvelaient et se multipliaient à l'infini sous nos pas suivant les circonstances.

A peine étions-nous entrés dans une vallée assez longue, que nous aperçûmes sur les hauteurs vers notre gauche une troupe de mille à quinze cents hommes qui observaient notre marche; on distinguait dans ce nombre des femmes, et même des enfans. C'étaient les habitans de Setenil et ceux des villages voisins, qui avaient appris que nous avions changé de route pour éviter leurs embuscades, et s'étaient mis à notre poursuite. Ils couraient avec précipitation dans l'espérance de nous couper le passage d'un défilé qui était en avant de nous.

Nous fîmes prendre le trot à nos chevaux afin de ne pas nous laisser devancer, et nous passâmes heureusement le défilé. Nous fûmes bientôt après enveloppés d'une nuée de paysans qui se détachèrent en désordre du gros des ennemis, et vinrent tirailler sur nos flancs. Ils nous suivaient à la course dans les rochers, sans jamais oser s'approcher de nous à plus qu'une portée de fusil, dans la crainte de ne pouvoir regagner assez tôt le sommet de la montagne, si nous les chargions. Des curés et des alcades couraient à cheval sur les hauteurs, pour diriger les mouvemens de cette foule. Ceux de nos blessés qui avaient le malheur de tomber de cheval, étaient aussitôt impitoyablement poignardés derrière nous. Un seul s'échappa, parce qu'il eut la présence d'esprit de faire entendre qu'il voulait se confesser avant que de mourir, et le curé de Setenil le sauva de la fureur de ses ennemis.

Quand nous fûmes parvenus dans un sentier étroit pratiqué sur le flanc d'une montagne escarpée, nous nous arrêtâmes quelques minutes pour laisser respirer nos chevaux; des rochers nous mettaient à l'abri du feu des ennemis qui étaient au-dessus de nous. Nous aperçûmes ensuite Ronda; et comme nous nous réjouissions d'approcher enfin du terme de notre voyage, nous fûmes bien étonnés de voir de nouveaux ennemis embusqués dans les bois auprès de cette ville faire un feu très-vif sur nous. Nous éprouvâmes alors les plus vives inquiétudes, craignant qu'elle n'eût été abandonnée par les Français ; mais nous vîmes bientôt avec une vive joie des hussards de notre régiment venir à notre rencontre, ils nous avaient aussi pris de loin pour des ennemis.

Nous entrâmes dans la ville, et nous nous arrêtâmes sur la grande place : là nos camarades du régiment vinrent tous nous embrasser et nous demander des nouvelles de la France et du reste du monde, dont ils étaient séparés depuis long-temps. Nous nous dispersâmes ensuite dans les divers logemens qui nous furent assignés, comptant nous reposer pendant quelques jours au moins des longues fatigues que nous venions de supporter.

La ville de Ronda est située au milieu des hautes montagnes qu'on traverse pour aller à Gibraltar, et qui sont généralement comprises sous le nom de Serrania de Ronda. Leurs cimes sont dénuées de toute végétation, et leurs flancs recouverts de rocs écailleux, qu'on croirait avoir été noircis et calcinés à la surface, depuis des siècles, par l'ardeur du soleil. Ce n'est qu'au fond des vallées, et au bord des ruisseaux seulement, qu'on voit des vergers et des prairies. Plus près de la mer, des vignes rampent sur la terre presque sans culture; c'est de là que viennent les vins les plus recherchés de l'Espagne.

Accoutumés à lutter sans cesse avec les difficultés d'une nature sauvage, les habitans de ces montagnes arides sont sobres, persévérans et indomptables; la religion est leur seul lien social, et presque le seul frein puissant qui les contienne. L'ancien gouvernement de l'Espagne n'a jamais pu les assujettir à observer strictement les lois pendant la paix, ni à servir dans les armées, ils désertent tous dès qu'on les conduit loin de chez eux.

Les habitans de chaque village élisent leurs alcades pour deux ans; mais ces magistrats n'osent que rarement user de leur autorité, dans la crainte de se faire des ennemis, et de s'exposer à des vengeances qui sont toujours implacables. Si la justice du roi voulait user de la force pour faire cesser une querelle, on verrait en un instant les poignards se tourner contre les juges; mais lorsqu'un des assistans commence une prière, il est rare que les combattans ne déposent leur fureur, pour y répondre unanimement : dans les disputes les plus acharnées, l'arrivée du saint sacrement rétablit toujours l'ordre.

Il ne se donne pas, m'a-t-on dit, une bonne fête dans la Sierra, sans que deux ou trois individus ne soient poignardés : la jalousie est chez ces hommes une fureur que la vue du sang peut seule apaiser ; le coup mortel suit presque toujours de près le regard de côté de la colère.

Ces montagnards étaient presque uniquement occupés à faire la contrebande ; ils se réunissaient quelquefois en assez grand nombre de divers villages, sous les plus renommés de leurs chefs, et ils descendaient dans les plaines où ils se dispersaient pour vendre leurs marchandises ; ils résistaient souvent aux troupes qu'on envoyait à leur poursuite. Ces contrebandiers ont toujours été renommés pour leur adresse et pour l'habileté avec laquelle ils savaient tromper la surveillance des nombreux employés des douanes de la couronne : parcourant leurs montagnes jour et nuit, ils en connaissent les cavernes les plus reculées, tous les défilés, et jusqu'aux moindres sentiers.

Pendant que les hommes font cette espèce de guerre continuelle pour la contrebande, leurs femmes restent dans les villages de la montagne, et elles ne craignent pas de s'occuper des travaux les plus pénibles. Elles transportent avec facilité de lourds fardeaux, se glorifiant de l'espèce de supériorité de forces qu'elles ont acquises par l'habitude; on en a vu lutter entr'elles, et se défier à qui soulèverait les pierres les plus pesantes. Lorsqu'elles descendaient à Ronda, on les reconnaissait aisément à leur taille gigantesque, à leurs membres robustes, et à leurs regards tout à la fois étonnés et menaçans. Elles aimaient à se parer, pour venir à la ville, de voiles et d'étoffes recherchées qu'elles tenaient de la contrebande, et qui faisaient contraste avec leurs teints noirs et brûlés, et la rudesse de leurs traits.

Les habitans belliqueux de ces hautes montagnes avaient tous pris les armes contre les Français; et lorsque le roi Joseph était venu trois semaines auparavant à Ronda, à la tête de ses gardes, il avait en vain essayé de les soumettre à son autorité par des moyens de persuasion d'abord, et ensuite par la force.

Le roi Joseph n'était resté que peu de jours à Ronda; il avait laissé en garnison dans cette ville deux cent cinquante hussards de notre régiment et trois cents hommes de l'infanterie de sa garde royale, et il avait donné en partant à notre colonel, avec le titre de gouverneur civil et militaire, les pouvoirs les plus illimités sur les provinces circonvoisines. L'autorité absolue attachée à ce titre pompeux, qui équivalait à celui de capitaine général, aurait dû s'étendre sur tous les pays à quinze ou vingt lieues à la ronde ; mais les contrebandiers de la Sierra resserraient notre pouvoir dans les limites étroites des murs de la ville de Ronda, où nous ne pouvions pas même dormir en sûreté à cause de la défiance que nous avions des habitans des faubourgs.

Quand la nuit fut venue, nous vîmes une multitude de feux s'allumer successivement sur les montagnes voisines : l'illusion produite par l'obscurité rapprochait de nous ceux de ces feux qui étaient les plus lointains, et l'on eût dit que nous étions entourés d'un cercle de flammes ; l'ennemi venait de prendre position autour de la ville pour nous attaquer le jour suivant.

Nous entendions sonner à plusieurs reprises, depuis une demie-heure, un cornet à bouquin, dont le bruit paraissait partir d'entre les oliviers qui étaient au-dessous de nous, dans une petite vallée au-dehors de la vieille ville. Nous faisions mille plaisanteries sur ces sons informes sans pouvoir deviner quel en était l'objet, lorsqu'un hussard d'un de nos postes avancés, vint au galop dire au colonel qu'un parlementaire des ennemis demandait à être reçu dans la place. Le colonel donna l'ordre de l'introduire, et le brigadier l'amena bientôt après les yeux bandés. Le parlementaire nous dit qu'il venait nous proposer de nous rendre ; que le général des montagnards occupait, avec quinze mille hommes, toutes les issues par lesquelles nous pourrions essayer de nous échapper ; qu'il avait pris, quelques jours auparavant, un convoi de cinquante mille cartouches qui nous était destiné, et qu'il savait que nous ne pouvions pas nous défendre long-temps dans la place, parce que nous n'avions presque plus de munitions. Cela était vrai, les soldats de l'infanterie de la garnison n'avaient plus que trois cartouches chacun ; nos hussards ne pouvaient pas faire usage de leurs sabres dans les rochers, où leurs chevaux les embarrassaient le plus souvent sans leur être d'aucune utilité.

Le colonel répondit au parlementaire que nous allions préalablement nous mettre à table, et il me fit signe de conduire le nouvel arrivant dans la chambre où le repas était préparé, me recommandant d'en prendre soin. Le parlementaire était un jeune homme d'une assez jolie figure; il portait un chapeau rond à l'andalouse, et une veste courte de drap brun bordée d'un passe-poil bleu de ciel, sa seule marque distinctive était une écharpe à la mode du pays, dont l'extrémité était entremêlée de quelques fils d'argent. Il avait au lieu de sabre une longue épée droite à l'antique.

Il fut au premier instant étonné de se voir dans son modeste équipage au milieu d'un cercle d'officiers couverts de broderies, et quand nous mîmes tous à la fois la main à nos sabres pour les détacher avant que de nous asseoir auprès de la table, il montra quelqu'inquiétude, ignorant la cause de ce mouvement subit. Il lui vint, à ce que je crois, dans la pensée, que nous pourrions bien le tuer en représailles de ce que les habitans d'un village voisin avaient massacré, quelques jours auparavant, un échevin de la ville de Ronda que nous leur avions envoyé en parlementaire.

Je le rassurai aussitôt, en l'invitant à se désarmer et à s'asseoir ainsi que nous. Après quelques momens de silence, je lui demandai s'il y avait long-temps qu'il servait Ferdinand VII, il me répondit qu'il y avait une année seulement qu'il était entré comme lieutenant dans les hussards de Cantabria. « Quoiqu'ennemis, lui dis-je, nous sommes doublement camarades, et par le grade et parce que nous servons dans la même arme ». Il fut très-flatté d'être considéré comme un officier de troupes réglées. Je lui fis quelques questions sur les chefs de l'armée insurgée, il m'exalta beaucoup le mérite du général Gonzales, me disant que c'était un homme qui avait de rares talens dans l'art de la guerre, et les connaissances les plus profondes en tactique. Nous n'avions jamais entendu nommer ce chef, et nous sûmes ensuite que c'était un sergent des troupes de ligne auquel les insurgés avaient donné nouvellement le grade de brigadier général, pour faire croire qu'ils étaient une armée organisée. A force de nous louer ensuite avec exagération tout ce qui tenait à son parti, il nous apprit précisément, par ce qu'il ne nous disait pas, la seule chose qu'il nous importât vraiment de savoir ; c'est qu'aucun corps anglais sorti de Gibraltar n'était venu se joindre aux montagnards, ce qui aurait alors rendu notre situation vraiment dangereuse.

L'officier espagnol ne s'écarta pas d'abord de la sobriété qui caractérise sa nation ; mais lorsque nous bûmes à sa santé, il nous fit raison, et se piquant ensuite d'émulation il voulut nous tenir tête : nous n'étions que camarades au milieu du repas, nous nous appelâmes frères au dessert; nous nous jurâmes une éternelle amitié, et entr'autres marques d'attachement, nous nous promîmes de nous battre en combat singulier la première fois que nous nous rencontrerions.

Après le repas, mon colonel renvoya le parlementaire espagnol sans lui faire aucune réponse; je fus chargé de le reconduire jusqu'aux avant-postes ennemis. Je lui dis de se bander lui-même les yeux : un hussard se plaça à sa droite pour mener son cheval par la bride; j'étais moi-même à sa gauche, et nous prîmes ensemble la route de Gibraltar par laquelle il était venu. En passant à notre grand'garde, nous fûmes rejoints par le trompette du parlementaire et par un vieux carabinier royal qui lui servait d'ordonnance; c'était le seul carabinier qu'il y eut dans l'armée insurgée, et on l'avait envoyé pour faire honneur au parlementaire à cause de son uniforme neuf. Je fus bien étonné de l'entendre demander à son officier, avec un ton d'autorité, pourquoi il l'avait fait attendre si long-temps.

Le trompette du parlementaire était un jeune berger qu'on avait habillé d'un doliman vert, qui contrastait avec ses sandales, son bonnet et le reste de ses vêtemens rustiques ; on lui avait fait la leçon avant que de l'envoyer à nos avant-postes. Lorsque nos hussards lui demandèrent ce qu'il avait fait de sa trompette, il leur répondit qu'il venait de la perdre ; il avait en effet, à dessein, laissé tomber la conque modeste de berger dans laquelle il soufflait, craignant que la vue de cet instrument peu militaire ne détruisit l'illusion qu'il comptait produire sur nous par son déguisement. Le berger ne pouvait pas faire marcher en avant de nous son cheval, qui ruait et s'arrêtait à chaque pas. Je lui criai en espagnol d'avancer ; il me répondit tristement : « c'est la première fois que je monte à cheval, et on m'a donné une bête maudite, qui ne veut pas marcher ». Le carabinier qui suivait à quelques pas derrière nous s'approcha du berger, lui dit rudement de se taire, et le tira d'embarras en conduisant son cheval par la bride.

Quand nous fûmes arrivés auprès du premier poste espagnol, à l'extrémité du faubourg de la vieille ville, je dis adieu au parlementaire, et je retournai rendre compte de ma mission à mon colonel. On tint un conseil de guerre, et il fut convenu que nous abandonnerions la ville pour aller attendre des munitions à Campillo, bourg situé à sept lieues de Ronda au sortir des montagnes, dans une plaine où notre cavalerie devait nécessairement nous donner l'avantage sur les montagnards, quelque nombreux qu'ils fussent. Nous n'avions que peu de confiance dans les trois cents hommes de la garde du roi Joseph que nous avions avec nous : ce corps était composé en grande partie de déserteurs espagnols.

Le colonel ordonna que la garnison se mettrait en marche une heure après sans battre la caisse et sans sonner les trompettes, pour ne pas instruire les ennemis de notre départ. J'avertis promptement les maréchaux des logis qui étaient sous mes ordres, et nous allâmes de maison en maison réveiller les conscrits du détachement que j'avais amenés; ils avaient compté faire un long séjour à Ronda pour se reposer des fatigues du voyage; et quand nous allâmes à minuit les réveiller, ils étaient ivres de sommeil et n'entendant pas la trompette sonner suivant l'usage, ils ne voulaient pas croire ce que nous leur disions ; quelques-uns d'entr'eux nous prenaient pour les fantômes de leur lieutenant et de leurs caporaux qui venaient les tourmenter jusque dans leurs rêves par des ordres de départ. Il fallait les battre rudement pour leur prouver que nous étions des êtres réels.

Nous marchâmes pendant deux heures dans le plus profond silence, à la claire lueur des feux de bois d'olivier, que les montagnards avaient allumés sur la pente des montagnes voisines. Quand le jour vint, nous nous arrêtâmes un quart-d'heure dans une petite plaine où nous pouvions faire le coup de sabre, pour voir si les ennemis ne viendraient pas nous y chercher; mais ils s'éloignèrent par-tout à notre approche et regagnèrent les sommités des montagnes sans vouloir engager d'affaire. Les paysans des villages situés près de la route tiraient de loin en loin, à toutes portées, des coups de fusil sur nous; les femmes se plaçaient sur les rochers pour nous voir passer au-dessous d'elles et se réjouir de notre retraite. Elles chantaient des chansons patriotiques, dans lesquelles elles souhaitaient la mort à tous les Français, au grand duc de Berg, et à Napoléon. Le refrein des couplets était l'imitation du chant du coq, qui est considéré comme l'emblème de la France.

Nous arrivâmes enfin à Campillos, et nous vîmes bien à la manière dont nous fûmes reçus par les habitans, que la nouvelle de nos pertes d'Olbera et de notre retraite de Ronda nous avait précédé dans ce bourg. Quand j'entrai dans mon logement, je fus très-mal accueilli par mon hôte; mon domestique lui ayant demandé une chambre pour moi, il lui montra un mauvais trou noir et humide qui donnait sur une arrière-cour. On n'avait pas pu faire de distributions de vivres au moment de l'arrivée, et l'alcade avait publié un ordre par lequel il enjoignait aux habitans de nourrir les soldats logés chez eux. Le hussard qui me servait d'ordonnance, demanda par signes au maître de la maison de lui faire donner quelque chose à manger : je vis celui-ci apporter, d'un air moqueur, une très-petite table, sur laquelle il y avait du pain et quelques gousses d'ail. J'entendis qu'il disait à sa femme : *c'est bien bon pour ces chiens de Français, il n'y a pas de ménagemens à garder avec eux ; ils ont été battus, ils se sauvent, et s'il plaît à Dieu et à sa sainte mère, aucun d'eux ne sera en vie dans deux jours*. Je fis semblant de ne pas entendre ses malédictions, afin de lui laisser ignorer que je savais l'espagnol.

Je sortis et revins une heure après dans mon logement, où je trouvai cinq individus du village assis en cercle, et fumant des cigarres ; ils étaient, à ce que je sus, habitués à se rassembler tous les soirs chez mon hôte, qui vendait du tabac. Mon hussard était à quelque distance d'eux ; il se leva quand j'entrai et me présenta sa chaise ; je l'acceptai et m'approchai du feu ; les Espagnols firent d'abord silence : l'un d'entr'eux, pour s'assurer si j'entendais ou non l'espagnol, me demanda si je n'étais pas bien fatigué ; et quoique j'eusse l'air de ne pas le comprendre, il ajouta en ricanant, « vous avez bien souvent fait usage de vos éperons depuis deux jours » ; je ne répondis pas : alors ils crurent que je ne savais pas un seul mot d'espagnol, et reprirent leur conversation.

Ils parlaient avec un enthousiasme sans bornes des braves montagnards qui nous avaient chassés de Ronda. Ils racontaient dans le plus grand détail un prétendu combat très-meurtrier de douze heures qui avait eu lieu la veille dans les rues mêmes de cette ville. Ils se disaient les uns aux autres que nous avions perdu au moins six cents hommes, et nous n'en avions en tout que cinq cent cinquante. Ils affirmèrent que le général des montagnards viendrait nous attaquer dans deux jours au plus tard ; que les habitans du village prendraient les armes, et qu'ils anéantiraient ces damnés d'hérétiques qui étaient pires que les Maures : car les Français, disaient-ils, ne croyaient ni en Dieu, ni à la Vierge, ni à saint Antoine, et pas même à saint Jacques de Gallice, et ne craignaient point de loger dans les églises avec leurs chevaux. Ils répétaient mille autres invectives de ce genre, avec lesquelles ils se montaient de plus en plus l'imagination. Ils finirent par dire qu'un Espagnol valait trois Français; un autre ajouta, j'en tuerai six de ma main.

Je me levai alors, et leur répétai deux fois de suite, *poco a poco*, qui signifie en espagnol, *doucement, doucement*; ils restèrent pétrifiés, en apprenant que j'avais entendu toute leur conversation. Je les quittai pour aller avertir mon colonel de ce que je venais d'apprendre; il ordonna sur-le-champ à l'alcade de désarmer le village. Les habitans donnèrent leurs mauvaises armes et gardèrent celles qui étaient bonnes, ce qui arrive toujours en pareilles circonstances.

En rentrant dans mon logement, je ne retrouvai pas un seul de mes politiques, ils avaient tous pris la fuite; mon hôte était aussi allé se cacher; sa femme consternée avait tâché en mon absence d'adoucir mon hussard, elle ne lui avait d'abord donné que de l'eau à boire, mais alors elle lui apporta de l'excellent vin ; celui-ci, qui ne savait pas que tous ces soins venaient de la peur, fut fort étonné de cette faveur inespérée, il en conçut même un léger mouvement de vanité, et je le trouvai occupé à relever ses horribles moustaches avec plus de complaisance que de coutume.

La femme de mon hôte prit mon sabre au moment où je le posai et le porta avec beaucoup d'empressement dans la plus belle chambre de la maison, comme pour en prendre possession en mon nom. Elle vint ensuite me supplier en tremblant de ne pas conserver d'irritation contre son mari, me disant que quoiqu'il ne m'eût pas très-bien reçu au moment de notre arrivée, il était cependant un homme de bien, un homme qui avait un très-bon cœur. Je l'assurai que son mari pouvait revenir, que je ne lui ferais aucun mal, à condition qu'il me préviendrait promptement de tout ce qu'il apprendrait des projets des ennemis et de ceux des habitans. J'ajoutai toutefois pour l'effrayer, que s'il y manquait je le ferais pendre, et j'allai me reposer.

Je me levai le jour suivant au point du jour,

et je trouvai en ouvrant la porte de ma chambre, mon hôte, qui m'attendait pour faire sa paix avec moi. Avant de me rien dire, il me présenta une tasse de chocolat avec des biscuits ; j'acceptai le tout d'un air fort digne, et je lui dis que je réglerais dorénavant ma conduite d'après sa manière d'être à mon égard ; il me répondit avec une grande révérence, que lui et toute sa maison étaient à ma disposition.

Ce jour, quinzième de mars, nous apprîmes que les Serranos étaient entrés la veille à Ronda une heure après notre départ, et qu'ils se préparaient à venir nous attaquer à Campillos.

Le 16, notre colonel envoya un détachement fort de cent hussards et de quarante hommes d'infanterie reconnaître les ennemis. Je faisais partie de cette expédition ; nous nous mîmes en marche deux heures avant le lever du soleil, et nous rencontrâmes les montagnards à quatre lieues de Campillos. Ils avaient passé la nuit au bivouac sur le penchant d'une montagne, auprès du village de Canète la Réal. Nous nous arrêtâmes à deux portées de fusil pour examiner leur position et leur nombre, que nous évaluâmes à peu près à quatre mille; et quand nous eûmes achevé de faire notre reconnaissance, nous reprîmes tranquillement le chemin par lequel nous étions venus.

Les Serranos nous voyant retourner sur nos pas, crurent que nous avions peur d'eux; ils poussèrent de grands cris, descendirent de la montagne tous ensemble, et sans observer aucun ordre, nous suivirent pendant une heure, dans un pays coupé et difficile; le terrain devenant ensuite favorable pour la cavalerie, ils modérèrent leur ardeur, puis s'arrêtèrent bientôt sur des hauteurs pour se rassembler, n'osant pas d'abord avancer dans la plaine. Ils envoyèrent ensuite des paysans tirailler avec les escarmoucheurs de notre arrière-garde qui avaient fait volte face, pendant que l'infanterie et le gros du détachement passaient un pont de bois construit sur le torrent qui coule au pied d'une montagne aride, au sommet de laquelle le village de Teba est placé comme un nid d'aiglons.

Les femmes du village, vêtues, suivant la mode du pays, d'habits rouge et bleu clair, étaient venues s'asseoir en foule sur leurs talons, au sommet des rochers, pour voir d'un lieu sûr et rapproché le combat qu'elles prévoyaient devoir s'engager dans peu. Notre peloton d'arrière-garde rassembla bientôt ses tirailleurs et commença à passer le pont: les femmes se levèrent alors toutes ensemble, et entonnèrent une hymne à la vierge Marie. A ce signal la fusillade commença, et les Espagnols cachés dans le flanc de la montagne, firent pleuvoir sur nous une grêle de balles à toutes portées; nous continuâmes à passer tranquillement le pont sous le feu de l'ennemi sans y répondre; nous voyions les femmes descendre des rochers, arracher les fusils des mains de leurs maris, et se placer en avant d'eux pour les forcer à avancer et à nous poursuivre au-delà du pont.

Notre peloton d'arrière-garde se sentant trop pressé, fit volte face, et les hussards du premier rang dirigèrent un feu bien nourri de carabine, contre les plus avancés des montagnards, et ils en tuèrent deux, ce qui ralentit l'impétuosité de la foule. Les femmes regagnèrent avec précipitation le sommet de la montagne. Une centaine d'insurgés nous suivirent encore de loin jusqu'à une demi-lieue du village de Campillos.

Le lendemain 17, un détachement de cinquante hussards envoyé à la découverte, trouva les Serranos campés de l'autre côté du pont de bois, au-dessous du village de Teba. Nos hussards s'avancèrent jusqu'auprès du pont, et retournèrent ensuite sur leurs pas sans tirer un seul coup de carabine; les montagnards s'enhardirent comme la veille, et poursuivirent nos éclaireurs jusqu'à nos avant-postes. Notre intention était de les attirer dans la plaine auprès de Campillos, afin de les sabrer. Les insurgés n'étant, pour la plupart, armés que de fusils de chasse, avaient toujours l'avantage dans les montagnes, où nous ne pouvions les poursuivre dans les rochers; mais dans la plaine, leur manière désordonnée de combattre ne leur permettait pas de soutenir le choc de notre cavalerie, quelqu'inférieure qu'elle fût en nombre.

A dix heures du matin je vis arriver mon hôte en grande hâte, il avait le sourire sur les lèvres et se frottait les yeux, s'efforçant vainement de pleurer; il me dit que tout était perdu pour nous, que nos gardes étaient repoussées, que quinze cents montagnards descendaient avec furie dans la plaine pour nous cerner, pendant que les habitans révoltés nous attaquaient au centre du village, et il me serra étroitement dans ses bras, comme s'il avait eu pitié du sort qui me menaçait.

Des coups de fusils, des cris confus, et les sons des trompettes et des tambours se firent en effet entendre au même instant, on courait de toutes parts aux armes ; un de nos postes, placé non loin de la maison où je demeurais, venait d'être forcé à se retirer à l'entrée du village. Je montai aussitôt à cheval, et rassemblai mon détachement. Le colonel, accourut au même moment, m'ordonna d'aller soutenir les gardes repoussées; nous fîmes, dans la plaine, une charge en tirailleurs qui réussit, quarante de nos hussards sabrèrent une centaine de montagnards ; ceux qui couronnaient les hauteurs voisines, prirent la fuite dans la plus grande consternation ; nous nous retirâmes ensuite, et la plaine, qui avait retenti auparavant des cris d'une nuée de tirailleurs, resta silencieuse, et jonchée des ennemis épars, qui venaient d'être moissonnés.

Pendant que nous étions montés à cheval pour repousser les ennemis, les habitans, persuadés que nous allions être tous anéantis, avaient massacré dans les rues ceux de nos soldats qui avaient tardé à se rendre à la place indiquée pour le rassemblement en cas d'alarme. Nos hussards firent en rentrant dans le village main basse sur tous les habitans qu'ils trouvèrent armés, et l'on eut bien de la peine à arrêter le pillage. Les montagnards n'osèrent plus dès-lors se montrer dans les plaines; ils marchèrent le reste du jour et une partie de la nuit sans s'arrêter, et ils regagnèrent leurs hautes montagnes aux environs de Ronda.

Le 19 mars, le général Peremont vint de Malaga nous rejoindre à Campillos avec trois bataillons d'infanterie, un régiment des lanciers de la Vistule, et deux pièces de canon. Nous reçûmes des munitions dont nous manquions, et le 20, à six heures du matin, nous partîmes tous ensemble pour aller reprendre possession de Ronda. Nous nous détournâmes de la route pour lever une contribution sur les habitans de Téba, en punition de ce qu'ils avaient pris, trois jours auparavant, les armes contre nous, quoiqu'ils eussent fait leur soumission au roi Joseph.

Notre colonel laissa son régiment au pied de la montagne, au sommet de laquelle est située Téba, et il monta vers le village, suivi de cinquante hussards seulement. Les habitans, instruits de notre approche, et de la contribution que nous venions exiger, s'étaient tous enfuis dans les rochers avec leurs effets les plus précieux. Des hardes abandonnées çà et là indiquaient les traces de leur désertion précipitée.

Le colonel donna l'ordre de faire enfoncer les portes de quelques-unes des maisons qui étaient autour de la place pour voir si on n'y rencontrerait pas des habitans cachés. On ne trouva qu'un pauvre vieillard, qui loin d'avoir peur, poussa des cris de joie en voyant les hussards entrer chez lui. On voulut profiter de la bonne volonté de cet homme, et le conduire au dehors pour en tirer des renseignemens, mais on s'aperçut bientôt qu'il était fou, et c'était sa folie qui avait probablement empêché ses parens ou ses amis de l'emmener avec eux dans la montagne.

Nous passâmes près de deux heures sans pouvoir trouver dans le village un seul individu qu'on pût envoyer aux habitans pour les rassurer et leur dire qu'on n'en voulait à aucun d'entr'eux, et qu'on leur pardonnerait, à condition qu'ils payassent une contribution pour le compte du roi Joseph. Nous ne voulions pas nous en faire des ennemis irréconciliables et les pousser au désespoir par un châtiment rigoureux, et cependant il importait de ne pas laisser leur révolte impunie.

Voici l'expédient qu'on employa pour les attirer hors de leurs retraites. Les hussards brûlèrent de la paille mouillée dans les cheminées de quelques maisons : ces feux produisirent une fumée épaisse qui, chassée par le vent dans la montagne, persuada aux habitans qu'on allait embraser leur village. Ils se hâtèrent de nous envoyer une députation, et nous vîmes bientôt arriver l'alcade, suivi de quatre des plus riches propriétaires du bourg. Il portait un manteau rouge et un habit galonné. Il s'était sans doute revêtu de toutes les marques de sa dignité, parce qu'il croyait, en venant vers les Français, se livrer à la mort pour sauver son village. L'alcade promit que les habitans acquitteraient la contribution qu'on leur demandait. Nous l'emmenâmes comme ôtage, et il retourna chez lui deux jours après.

Nous allâmes coucher ce même jour dans un petit village situé à quatre lieues seulement de Campillos. Le 21, nous partîmes au lever du soleil pour aller à Ronda, où nous entrâmes sans résistance. Les montagnards abandonnèrent précipitamment cette ville à notre approche, en jetant leurs fusils et leurs manteaux dans les rues pour gagner la montagne par des sentiers de traverse. Les hussards de notre avant-garde sabrèrent ceux qui furent les plus tardifs à s'enfuir.

Nous fûmes reçus comme des libérateurs par une partie des habitans de Ronda. Les montagnards avaient élevé en notre absence une potence sur la grande place pour punir ceux des bourgeois de la ville qui avaient favorisé les Français; et si nous étions arrivés un jour plus tard, plusieurs individus auraient été conduits au supplice : on eût ainsi satisfait des haines particulières sous le prétexte de la vengeance publique. Un échevin allait être pendu pour n'avoir pas voulu se laisser corrompre dans une affaire de contrebande quelques années auparavant. Un pauvre tailleur avait été précipité la veille du haut en bas des rochers et mis en pièces parce qu'il avait servi d'interprète à nos soldats.

Le jour même où nous étions sortis de Ronda, les montagnards y étaient entrés avec l'aurore, en poussant de grands cris, et en déchargeant, en signe de joie, leurs fusils dans les rues. Tous les habitans d'un même village arrivaient ensemble, marchant sans ordre, et suivis de leurs femmes, qui ne différaient, comme je l'ai déjà dit, des hommes, que par le vêtement, par une stature plus élevée, et par un peu plus de rudesse dans les manières.

Elles prétendaient que leurs maris avaient conquis Ronda sur les Français, et que tout ce qui était dans la ville leur appartenait; elles se disaient les unes aux autres, en s'arrêtant d'un air fier devant les portes des plus beaux hôtels : *je prends cette maison pour moi, je me ferai dame, et je viendrai l'habiter dans peu de jours, avec mes chèvres et ma famille.* Elles chargeaient, en attendant, sur des ânes, tout ce qu'elles trouvaient dans l'intérieur des appartemens. Ces dames ne cessèrent de piller que lorsque les animaux qu'elles avaient amenés furent au moment de succomber sous le poids du butin.

Des contrebandiers volèrent les chevaux et le porte-manteau d'un lieutenant anglais, qui faisait partie de l'expédition, sans que celui-ci pût parvenir à faire punir les coupables. Les prisons furent forcées; les insurgés, les détenus qu'elles contenaient coururent, à l'instant même de leur délivrance, se venger de leurs juges et de leurs accusateurs. Les débiteurs arrachèrent par force des quittances à leurs créanciers, et mirent le feu à tous les papiers de la chancellerie, afin d'anéantir les actes des hypothèques que les habitans avaient sur les propriétés des montagnards.

Le général en chef des Serranos n'avait pu arriver dans Ronda que six heures seulement après notre départ. Il avait d'abord essayé d'établir un espèce d'ordre dans la ville, à l'aide de ce qu'il appelait ses troupes réglées. Ne pouvant y parvenir, voici le stratagême dont il se servit : il fit publier, par le crieur public, que les Français allaient arriver. Les montagnards se rassemblèrent alors en un clin-d'œil, et les habitans eurent le temps de se barricader dans leurs maisons.

L'homme qui exerçait le plus d'influence sur ces hordes indisciplinées, était un nommé Cura, natif de Valence, où il avait été professeur de mathématiques. Forcé de s'exiler de sa patrie, après avoir tué un homme par jalousie, il s'était réfugié chez les contrebandiers pour échapper aux poursuites de la justice. Il avait répandu sourdement qu'il était de la plus haute naissance, et que des raisons de politique le forçaient à rester inconnu. Les montagnards l'avaient surnommé *l'inconnu au grand bonnet*, parce qu'il affectait de porter un bonnet à la mode du pays, d'une grandeur démesurée, afin d'attirer sur lui l'attention. Cette espèce d'existence mystérieuse lui donnait un grand empire sur les esprits. L'inconnu au grand bonnet leva un mois après de fortes contributions sur divers villages des montagnes, sous le prétexte d'aller acheter des armes et des munitions; il essaya d'échapper avec l'argent qui lui avait été confié, mais il fut pris et puni.

Le général Peremont était venu avec sa brigade à Ronda dans le but de faire une expédition jusqu'au centre des hautes montagnes, mais il fut forcé de retourner à Malaga sans avoir rien tenté. Il apprit que cette dernière ville venait d'être attaquée en son absence par d'autres bandes insurgées, et les hussards de notre régiment restèrent de nouveau en garnison à Ronda avec deux cents braves soldats de l'infanterie polonaise qu'on nous donna en remplacement du bataillon de la garde du roi Joseph qui était auparavant avec nous.

La ville de Ronda est située sur un plateau très-élevé vers le nord seulement, d'un accès facile. Elle est séparée des montagnes qui la dominent au midi et vers l'ouest par une vallée riante et cultivée. Le Guadiaro descend de la plus élevée de ces montagnes et traverse Ronda ; on dirait qu'un tremblement de terre a disjoint par une fente profonde le plateau élevé sur lequel la ville est bâtie, pour creuser le lit ténébreux de cette petite rivière.

La vieille cité placée sur la rive gauche, communique avec la ville neuve sur la rive opposée par un superbe pont en pierre d'une seule arche, des balcons en fer débordent l'épaisseur des murs qui gardent les deux côtés du pont, et l'on est frappé d'une espèce de terreur lorsqu'on voit tout à coup à travers de simples barreaux de fer, à deux cent soixante-seize pieds au-dessous de soi, la rivière comme un simple filet d'eau blanche sortir d'un gouffre creusé par la violence du torrent depuis des siècles. Une espèce d'humidité nébuleuse s'élève sans cesse du fond de l'abîme, et l'on distingue à peine, tant ils paraissent petits à la vue, des hommes avec des ânes qui montent et descendent à toute heure dans le sentier tortueux et transportent des fardeaux de l'un à l'autre des moulins construits au pied de l'immense terrasse de rochers qui soutient la ville.

Du haut de ces rochers on voyait quelquefois, dans ces temps de guerre et de trouble, les jardiniers de la vallée quitter leurs paisibles travaux pour se joindre aux montagnards lorsqu'ils venaient nous attaquer, ou bien enterrer leurs fusils à l'approche des Français.

La partie de Ronda qu'on nomme la ville ancienne, est presqu'en entier de construction mauresque; les rues en sont étroites et tortueuses. La ville neuve est au contraire très-régulièrement bâtie, les places sont vastes et les rues larges et bien alignées. Nous mîmes facilement la vieille ville à l'abri d'un coup de main en construisant quelques ouvrages et en réparant un vieux château; elle pouvait être facilement défendue par notre infanterie. Nos hussards furent plus spécialement chargés de défendre la ville neuve; nous fîmes abattre de vieilles murailles et combler les inégalités du terrain aux approches de cette partie de la ville, afin de pouvoir repousser au besoin l'ennemi par des charges de cavalerie.

Les montagnards avaient placé leurs camps

sur les sommets des montagnes voisines, et ils observaient jour et nuit ce qui se passait dans la ville. Quand nos trompettes avaient sonné le réveil au lever de l'aurore, on ne tardait pas à entendre des cornets de bergers réveiller les montagnards sur les sommets des montagnes voisines. Ils passaient des jours entiers à inquiéter nos avant-postes sur un point ou sur l'autre; dès que nous allions à eux ils se retiraient pour revenir bientôt après nous harceler encore.

Lorsque les Serranos se préparaient à nous attaquer, ils poussaient de grands cris pour s'animer au combat, et faisaient feu sur nous long-temps avant que leurs balles pussent nous atteindre. Ceux d'entr'eux qui étaient les plus éloignés croyaient, en entendant ces cris et ces décharges, que leurs compagnons avaient quelqu'avantage à l'avant-garde, ils se hâtaient de venir prendre part à l'action, afin de partager l'honneur d'un succès qu'ils croyaient facile; ils dépassaient, en faisant mille bravades, ceux qui les précédaient et lorsqu'ils reconnaissaient leur erreur, ils ne pouvaient plus reculer. Nous les laissions venir jusque dans la petite plaine autour de la ville neuve, afin de pouvoir les charger et les sabrer, et ils se retiraient toujours dès qu'ils avaient perdu quelques-uns des leurs.

Le plus doux passe-temps des ouvriers de la ville était de venir se placer derrière des rochers entre les oliviers à l'extrémité du faubourg, et de tirer sur nos vedettes en fumant leurs cigarres. Ils sortaient le matin de la ville avec des instruments de labourage, comme s'ils eussent été travailler aux champs; ils y trouvaient leurs fusils qu'ils avaient cachés dans des rochers ou dans des fermes, puis revenaient le soir, sans armes, dormir au milieu de nous. Il arriva que des hussards reconnurent les hôtes chez lesquels ils logeaient parmi les combattans. Nous ne pouvions pas faire des recherches trop rigoureuses; si l'on eût voulu exécuter le décret du maréchal Soult contre les Espagnols insurgés, il aurait fallu punir de mort presque toute la population du pays. Les montagnards pendaient et brûlaient vifs les prisonniers français; nos soldats, à leur tour, ne faisaient que très-rarement quartier aux Espagnols qu'ils prenaient les armes à la main.

Les femmes, les vieillards, les enfans mêmes, étaient contre nous, et servaient d'espions aux ennemis. J'ai vu un jeune garçon de huit ans venir jouer entre les jambes de nos chevaux, et s'offrir à nous pour nous servir de guide ; il conduisit un petit parti de nos hussards dans une embuscade, et se sauva tout à coup dans les rochers en jetant son bonnet en l'air, et en criant de toutes ses forces : « Vive notre roi Ferdinand sept ! » La fusillade commença aussitôt.

Les montagnards suppléaient par la force et la persévérance de leur caractère indomptable, à ce qui leur manquait sous le rapport de la discipline militaire : s'ils ne savaient pas nous résister dans les plaines, s'ils échouaient dans les attaques qui demandaient quelques combinaisons, ils combattaient en revanche admirablement dans les rochers, derrière les murs de leurs maisons, et dans tous les lieux où nous ne pouvions pas faire usage de la cavalerie. Nous ne pûmes jamais réduire à l'obéissance les habitans de Montejaque, hameau de cinquante à soixante feux, situé à une demi-lieue de Ronda.

Les habitans des bourgs et des villages de la montagne, qui se croyaient exposés aux visites des Français, envoyaient les vieillards, les femmes et les enfans sur des hauteurs inaccessibles, et ils cachaient leurs effets les plus précieux dans des cavernes. Les hommes seuls restaient dans les villages pour les défendre, ou faire à la dérobée des excursions dans les plaines pour enlever les bestiaux des Espagnols qui ne voulaient pas se déclarer contre nous.

La petite ville de Grazalema était la place d'armes des montagnards. Le maréchal Soult fit marcher contre cette petite ville une colonne mobile forte de trois mille hommes. Les contrebandiers se défendirent de maison en maison, et ils n'abandonnèrent la place que lorsqu'ils n'eurent plus de munitions ; ils s'échappèrent alors dans la montagne, après avoir fait éprouver des pertes considérables à nos soldats ; ils réoccupèrent la ville d'abord après le départ de la colonne mobile.

Une division de trois régimens d'infanterie de ligne, envoyée un mois après pour disperser de nouveau l'armée insurgée, parvint aisément à repousser les montagnards sur tous les points dans la campagne, mais elle ne put jamais s'emparer de Grazalema. Des contrebandiers s'étaient retranchés dans la place qui est au centre de la ville ; ils avaient placé des matelas devant les fenêtres des maisons où ils s'étaient renfermés. Douze hussards du dixième régiment, et quarante voltigeurs qui faisaient l'avant-garde de la division française, arrivèrent sur cette place sans rencontrer de résistance ; mais ils n'en revinrent pas, tous furent atteints par le feu qui partait au même moment de toutes les fenêtres : ceux qu'on envoya successivement pour s'emparer de cette place y périrent de même sans faire aucun mal aux ennemis. Les expéditions que les Français faisaient fréquemment contre les hautes montagnes dispersaient presque toujours les ennemis sans les réduire, et nos troupes retournaient à Ronda après avoir essuyé de grandes pertes.

Dans les montagnes, les serranos déjouaient par leur manière de combattre l'effort de nos troupes, lors même qu'elles leur étaient supérieures en nombre ; ils se retiraient de rocher en rocher, de position en position à l'approche de nos masses, sans cesser de faire feu et de nous harceler ; tout en fuyant, ils nous détruisaient des colonnes entières sans que nous pussions nous en venger. Cette manière de faire la guerre leur avait fait donner, par les Espagnols eux-mêmes, le surnom de *mouches de la montagne*, par allusion à la manière dont ces insectes obstinés tourmentent les êtres vivans sans jamais leur laisser de repos.

Les détachemens qui sortaient de Ronda pour

faire des expéditions quelconques ou des reconnaissances, étaient enveloppés du moment de leur départ jusqu'à celui de leur rentrée dans la ville d'une nuée de tirailleurs. Chaque convoi de vivres que nous allions chercher au-dehors nous coûtait la vie de quelques hommes tués dans des embuscades. Nous aurions pu dire avec vérité, selon le style de l'Ecriture, *que nous mangions notre chair et buvions notre propre sang* dans cette guerre sans gloire, pour expier l'injustice de la cause pour laquelle nous nous battions.

Les montagnes des royaumes de Grenade et de Murcie n'étaient pas plus soumises que celles de Ronda, et les Français attaqués à la fois par la population du pays sur tous les points de leurs communications, étaient dans toutes les parties montagneuses de la péninsule dans une situation à peu près pareille à celle de notre régiment. Voilà quel était le repos dont nous jouissions après avoir conquis l'Espagne depuis les frontières de la France jusqu'aux portes de Cadix. Le siége de cette ville était alors le seul événement militaire digne d'attirer l'attention.

Lorsque nos chevaux eurent consumé les fourrages des fermes voisines de Ronda, nous fûmes contraints d'étendre au loin nos excursions, et d'envoyer, trois ou quatre fois la semaine, des partis de trente ou quarante hussards chercher de la paille hachée à plusieurs lieues de la ville. La faiblesse de la garnison ne permettait pas qu'on pût soutenir nos fourrageurs de cavalerie par des détachemens d'infanterie, comme cela eût été souvent nécessaire. Nos cavaliers n'étaient pas toujours assez forts pour repousser les ennemis dans ces sortes d'expéditions, et nous cherchions à tromper leur vigilance, soit en prenant chaque jour des routes différentes, soit en faisant de longs détours pour éviter les défilés dangereux, et souvent nous étions obligés de nous faire jour au travers des insurgés qui entouraient sans cesse la ville.

La fortune m'était depuis un mois très-favorable, je réussissais dans toutes les entreprises dont j'étais chargé hors de la ville, et les jours où je commandais la grand'garde, aucun de nos soldats n'était tué. Les hussards, qui croient, jusqu'à un certain point, à la fatalité, commençaient à me croire invulnérable; je fus cependant blessé presque mortellement le 1er mai; mais on m'a dit depuis, pour me consoler, que le sort s'était mépris; que je ne devais pas me regarder comme moins heureux qu'auparavant, puisque l'adjudant-major s'était trompé en commandant le service, et que j'avais marché à la place d'un de mes camarades dont l'étoile était mauvaise.

Le 1ᵉʳ mai, je faisais partie d'un détachement de quarante-cinq hussards, commandé par un capitaine; nous allions chercher de la paille hachée à quatre lieues de Ronda, dans des fermes qui sont auprès du village de Setenil; nous menions avec nous une centaine de paysans et de muletiers de la ville, qui conduisaient des mulets et des ânes. Nous nous étions mis en route à cinq heures du matin, et nous marchions, ce capitaine et moi, à la tête de la troupe; nous nous dîmes l'un à l'autre, en passant par un défilé, à une demi-lieue de la ville, il faut que les ennemis soient bien peu avisés, pour n'être point encore venu placer d'embuscade en ce lieu-ci; ils pourraient nous faire beaucoup de mal sans courir aucun risque. J'aperçus le premier, dans l'éloignement, en montant sur une colline élevée, de la poussière d'abord, et ensuite distinctement sur notre droite, quatre ou cinq cents hommes armés qui s'avançaient dans la vallée, vers le village d'Ariate; je dis au capitaine que je voyais les ennemis, et que je les reconnaissais à leur manière de marcher avec précipitation et en désordre.

Un maréchal-des-logis assura que les hommes qu'on discernait dans la campagne, étaient des muletiers qui retournaient à Ossuna, et qui étaient venus la veille, sous l'escorte de deux cents hommes d'infanterie, apporter à Ronda du biscuit et des cartouches; je soutins obstinément que ceux que je voyais étaient des ennemis, et j'ajoutai que si j'étais le chef du détachement, j'irais directement à eux pour les charger pendant qu'ils étaient encore en plaine, car si nous étions repoussés, notre retraite serait assurée, tandis que nous ne pouvions pas continuer notre marche sans nous exposer à être attaqués à notre retour dans quelque défilé qui serait défavorable à la cavalerie. Le capitaine ne fut pas de mon avis, nous continuâmes notre route, et nous arrivâmes bientôt auprès du village de Setenil.

La lenteur et la mauvaise volonté des muletiers espagnols que nous avions amenés pour charger la paille sur leurs mulets nous donna quelques soupçons; ces soupçons s'augmentèrent encore quand nous vîmes, au moment où nous nous préparions à retourner à Ronda, un paysan à cheval, sur une hauteur éloignée, observer notre marche, et partir ensuite au galop, comme pour aller avertir les ennemis.

Quand nous eûmes achevé de fourrager, nous reprîmes le chemin par lequel nous étions venus; nous fîmes passer le convoi de mulets en avant de nous, entre une avant-garde de douze hussards et le gros du détachement à la tête duquel nous étions le capitaine et moi. Arrivés à deux portées de fusil de celui des défilés par lequel nous redoutions le plus de passer, je vis un paysan perché sur un olivier couper des branches d'arbre à grands coups de hache. Je devançai le détachement au galop et m'approchai du paysan pour lui demander s'il n'avait pas vu les Serranos. Il en était un lui-même, comme je le sus ensuite, et coupait ces branches pour nous barrer le passage du défilé. Il me répondit, en affectant de redoubler d'activité à son travail, que l'ouvrage qu'il faisait ne lui permettait pas de s'occuper de ce qui se passait autour de lui. Le capitaine avait aussi interrogé au même instant un enfant de cinq à six ans qui lui avait répondu en tremblant et à voix basse, comme s'il eût craint d'être entendu, quelques paroles entrecoupées et confuses, auxquelles nous fîmes peu d'attention, parce que nous vîmes bientôt notre avant-garde et la tête du convoi de mulets sortir de l'autre côté du défilé et remonter la colline opposée : nous avions à passer dans un sentier étroit et glissant, où il fallait marcher à la file, et qui était long de quatre ou cinq cents pas et bordé par des haies de jardins très-épaisses. Le capitaine à côté de qui je marchais me répéta, comme le matin, que nous étions bienheureux que les ennemis n'eussent point placé d'embuscade dans ce défilé. A peine avait-il achevé ces paroles, que quatre ou cinq coups de fusil partent de derrière les haies, et tuent les trois derniers mulets du convoi, et le cheval du trompette qui était en avant de nous ; nos chevaux s'arrêtèrent soudain.

Le capitaine devait passer le premier ; mais le cheval qu'il montait avait appartenu à un officier tué quelques jours auparavant dans une occasion pareille, et cet animal hésitait. Voyant cela, je piquai des deux et devançai le capitaine ; mon cheval franchit celui du trompette, ainsi que les mulets qui venaient de tomber avec leurs charges, et je traversai seul le défilé. Les Serranos qui étaient cachés derrière les haies crurent que j'étais suivi de près par le détachement, et ils firent avec précipitation toute leur décharge sur moi, à mesure que je passais. Je fus atteint de deux balles seulement : la première me traversa la cuisse gauche ; l'autre m'entra dans le corps.

Le capitaine me suivit à quelque distance, arriva sain et sauf de l'autre côté du défilé, et il n'y eut dans le détachement que les quatre derniers hussards qui furent tués, parce que les ennemis eurent besoin de quelques minutes pour recharger leurs fusils et faire feu une seconde fois. Le maréchal-des-logis qui marchait à la suite du détachement eut son cheval tué, contrefit le mort, se glissa dans des broussailles, et revint au milieu de la nuit à Ronda, sans avoir reçu aucune blessure.

Quand nous eûmes rallié et formé notre détachement en bataille de l'autre côté du défilé, je dis au capitaine que j'étais blessé, que je sentais mes forces s'épuiser, et que j'allais retourner à Ronda par un chemin de traverse assez escarpé, mais très-court. Il me conseilla de rester avec le détachement qui allait faire un détour d'une demi-lieue du côté de la plaine, où l'ennemi n'était pas, afin de ne pas s'exposer inutilement à une seconde attaque. Je sentais que je ne pouvais supporter une marche aussi longue, et j'entrai dans le sentier escarpé, précédé par un hussard qui conduisait mon cheval par la bride. Comme je perdais tout mon sang, j'étais obligé de rassembler mes forces pour ne pas m'évanouir; si j'étais tombé de cheval, j'aurais probablement été poignardé. Je me tenais avec les mains à la palette de ma selle, et faisant de vains efforts pour faire avancer mon cheval en l'éperonnant avec la seule jambe dont je pusse me servir. Ce pauvre animal n'en allait pas plus vite, et bronchait à chaque pas : une balle l'avait traversé de part en part.

Quand je fus à un quart de lieue de la ville, mon cheval ne pouvait presque plus marcher. Le hussard qui m'accompagnait partit au galop pour prévenir le poste qui était au haut de la montagne, et je fis encore quelques pas seul, n'y voyant presque plus, et entendant à peine des coups de fusil que des paysans, qui travaillaient à couper du bois, tiraient de loin sur moi. Je fus enfin secouru par des soldats qui arrivèrent, et me transportèrent à mon logement dans la couverte de mon cheval.

Mes hôtes espagnols vinrent au-devant de moi, et ne voulurent pas permettre qu'on me conduisît à l'hôpital militaire, où il régnait une fièvre épidémique ; j'aurais probablement trouvé là, comme beaucoup d'autres, la mort pour guérison. Mes hôtes avaient eu pour moi, jusqu'à ce jour, une politesse froide et réservée, me considérant comme un des ennemis de leur pays. Par respect pour ce sentiment de patriotisme, j'avais été moi-même peu communicatif avec eux. Quand je fus blessé, ils me montrèrent l'intérêt le plus vif, et me traitèrent avec cette générosité et cette charité qui distingue si éminemment le caractère espagnol. Ils me dirent que depuis que je ne pouvais plus faire de mal à leur pays, ils me considéraient comme étant de leur famille; et sans se lasser un seul instant, pendant cinquante jours, ils eurent en effet de moi tous les soins possibles.

Le 4 mai, les insurgés vinrent, à la pointe du jour, attaquer Ronda, avec plus de force qu'ils ne l'avaient encore fait. Des balles passèrent si près de la fenêtre à côté de laquelle était mon lit, qu'on fut obligé de le retirer dans la chambre voisine. Mon hôte et mon hôtesse vinrent bientôt m'annoncer, en s'efforçant de conserver un air calme, que les montagnards étaient au bout de la rue, qu'ils gagnaient toujours du terrain en avançant de notre côté, et que la vieille ville allait être emportée d'assaut; ils ajoutèrent qu'ils allaient prendre des précautions pour me mettre à l'abri de la fureur des Serranos, jusqu'à l'arrivée du général Lerrano Valdenebro, qui était leur parent, et ils cachèrent en hâte mes armes, mes vêtemens militaires, et tout ce qui aurait pu attirer l'attention des ennemis. Ils me transportèrent ensuite, à l'aide de leurs domestiques, au haut de la maison, derrière une petite chapelle dédiée à la vierge Marie, regardant ce lieu consacré comme un asile inviolable. Mes hôtes coururent chercher deux curés, qui se placèrent auprès de la porte de la rue pour en défendre l'entrée, et me protéger au besoin par leur présence.

Une dame âgée, la mère de mon hôtesse, resta seule avec moi et elle se mit en prière; elle tournait plus ou moins vite les grains de son chapelet, selon que les cris des combattans et les bruits des armes à feu annonçaient que le danger s'accroissait ou diminuait. Vers midi, la fusillade s'éloigna peu à peu, et cessa ensuite de se faire entendre. L'ennemi fut repoussé sur tous les points; mes camarades vinrent, en descendant de cheval, me raconter le combat.

Le deuxième de hussards reçut, quelques jours après, l'ordre d'aller à Sainte-Marie; il fut remplacé par le quarante-troisième régiment de ligne et je restai seul de mon corps à Ronda; je ne connaissais aucun des officiers de la nouvelle garnison, et je ne reçus plus dès lors d'autres visites des Français, que celle d'un adjudant sous-officier d'infanterie, qui venait de temps en temps s'informer auprès de mes hôtes si je n'étais pas encore mort ou en état de partir : il était impatient d'occuper mon logement.

Mes hôtes redoublèrent de soins et d'attention pour moi, après le départ de mes camarades : ils passaient plusieurs heures de la journée dans ma chambre; et quand je commençai à me rétablir, ils réunirent chaque soir quelques-uns de leurs voisins, qui venaient causer et faire un petit concert auprès de mon lit pour me distraire de mes maux: ils chantaient des airs nationaux en s'accompagnant de la guitare.

La mère de mon hôtesse m'avait pris en grande amitié, depuis le jour où elle avait prié avec tant de ferveur, pour ma conservation, pendant l'assaut de la ville. Sa seconde fille était religieuse dans le couvent des dames nobles; cette dame faisait de temps en temps demander de mes nouvelles, et elle m'envoyait des petits paniers de charpie parfumée, et recouverte de feuilles de roses.

Les religieuses des divers couvens de Ronda redoublaient de jeûnes et d'austérités depuis notre entrée en Andalousie; elles passaient la plus grande partie des nuits à prier pour le succès de la cause espagnole, et le jour elles préparaient des médicamens qu'elles envoyaient aux blessés Français : ce mélange de patriotisme et de charité chrétienne n'était point rare en Espagne.

Le 18 de juin, je me levai pour la première fois depuis ma blessure. Je fus obligé de faire le triste apprentissage de marcher avec des béquilles ; j'avais perdu totalement l'usage d'une de mes jambes. J'allai visiter le cheval qui avait été blessé avec moi ; il s'était heureusement guéri, mais il ne me reconnut pas d'abord ; je vis par là combien j'étais changé. Je partis le 22 de Ronda sur un char de munition, qui allait sous forte escorte chercher des cartouches à Ossuna. Je me séparai de mes hôtes avec le même regret qu'on éprouve lorsqu'on quitte pour la première fois le toît paternel. Eux aussi étaient tristes de mon départ;

ils s'étaient attachés à moi par les bienfaits dont ils m'avaient comblé.]

J'allai d'Ossuña à Essica, et d'Essica à Cordoue. Des troupes de partisans espagnols, fortes de deux ou trois cents hommes, parcouraient le pays dans tous les sens; elles se retiraient, lorsqu'elles étaient poursuivies, dans les montagnes qui séparent l'Andalousie de la Manche et de l'Estramadure, ou dans celles de la côte. Ces troupes de partisans appelées *guerrillas*, servaient à entretenir la fermentation qui régnait dans le pays, et elles assuraient les communications entre Cadix et l'intérieur de l'Espagne; on faisait croire au peuple que le marquis de la Romana avait battu les Français sous Truxillo, ou bien que les Anglais, sortis de Gibraltar, les avaient complètement défaits près de la mer. Ces bruits, habilement semés, étaient toujours reçus avec transport quelqu'invraisemblables qu'ils fussent; l'espoir toujours renouvelé excitait dans le pays des insurrections partielles sur un point ou sur l'autre, et des nouvelles de prétendus succès, répandues à propos, amenaient souvent des succès réels.

A quelque distance de Cordoue, il y avait une bande de voleurs très-anciennement connue; ces voleurs par état ne renonçaient point à leur habitude de dévaliser les passans espagnols ; mais afin de s'acquitter de l'obligation que tout citoyen contracte en naissant, de verser son sang pour la patrie envahie par des ennemis étrangers, ils faisaient aussi la guerre aux Français, attaquant leurs détachemens, lors même qu'ils n'avaient aucun espoir de butin.

Au sortir de l'Andalousie, je traversai la Manche ; j'étais obligé de m'arrêter plusieurs jours, dans chaque station, pour y attendre le retour des escortes qui amenaient régulièrement des munitions au siége de Cadix. Quelquefois, ennuyé de rester long-temps dans de mauvais gîtes, je m'abandonnais au sort, et je me hasardais à aller seul d'une étape à l'autre. Les commandans des postes de correspondance ne pouvaient donner des escortes que pour le service indispensable de l'armée, car ils perdaient souvent plusieurs soldats pour accompagner un seul courrier pendant l'espace de quelques lieues.

Le roi Joseph n'avait aucun moyen de percevoir les impôts régulièrement ; c'était en vain qu'il envoyait des colonnes mobiles parcourir le pays, les habitans se sauvaient dans les montagnes, ou bien ils se défendaient dans leurs demeures ; les soldats saccageaient les villages, et les contributions ne se levaient pas ; les individus paisibles payaient quelquefois pour tous les autres ; mais ils étaient ensuite tous grièvement punis par les chefs des quadrilles, pour ne s'être pas enfuis à l'approche des Français. Les habitans de la Manche, ainsi que ceux des autres provinces voisines, étaient exaspérés par tous ces genres de violences, et le nombre de nos ennemis s'accroissait chaque jour. La Nouvelle-Castille, que je traversai aussi dans mon voyage, n'était pas plus tranquille que la province de la Manche. Des partisans espagnols avaient été au moment de faire prisonnier le roi Joseph dans une de ses maisons de campagne auprès de Madrid, et ils enlevaient souvent des Français aux portes, et quelquefois même dans les rues de cette capitale.

Je restai près d'un mois à Madrid, attendant l'occasion d'en partir. Il était facile d'y arriver lorsqu'on venait de Bayonne, parce qu'on voyageait sous l'escorte des nombreux détachemens qu'on envoyait renforcer les armées; mais il fallait être estropié pour avoir la permission de retourner en France. Les conseils de santé avaient reçu les ordres les plus rigides, et l'on n'accordait des congés qu'à ceux des officiers et des soldats blessés qui n'avaient plus aucun espoir de guérison. Je fus du nombre de ceux qui furent ainsi renvoyés en France; je me trouvai très-heureux de quitter, à quelque prix que ce fût, une guerre injuste et sans gloire, où les sentimens intimes de mon âme, désavouaient sans cesse le mal que mon bras était forcé de faire.

Je quittai Madrid avec une caravane nombreuse d'officiers réformés, qui allait en France sous une escorte de soixante-quinze soldats d'infanterie seulement; nous formâmes un peloton d'officiers, commandé par le plus ancien blessé, afin de mourir armés si l'on nous attaquait, car nous étions hors d'état de nous défendre, beaucoup d'entre nous étant obligés de se faire attacher sur leurs chevaux pour se soutenir.

Nous avions dans notre convoi deux fous; le premier était un officier de hussards, qui avait perdu la raison à la suite de blessures profondes reçues à la tête; il marchait à pied, parce qu'on lui avait ôté son cheval et ses armes, dans la crainte qu'il ne voulût s'échapper ou nuire. Il n'avait pas oublié, malgré sa folie, la dignité de son grade et le nom de son régiment; quelquefois il découvrait sa tête à nos regards, et nous montrait ses blessures réelles, qu'il prétendait avoir reçues dans des combats imaginaires qu'il nous racontait sans cesse. Un jour notre convoi fut attaqué pendant la marche, il trompa la vigilance des hommes qu'on avait chargé de le garder, et retrouva son ancienne intrépidité pour fondre sur les ennemis avec une simple baguette, qu'il appelait le sceptre magique du grand roi de Maroc, son prédécesseur.

Le second de nos fous était un vieux musicien flamand de l'infanterie légère, dans le cerveau duquel la chaleur du vin d'Espagne avait fixé, pour le reste de ses jours, une imperturbable gaieté. Il avait échangé sa clarinette contre un violon dont il jouait dans son enfance aux fêtes de son village, et il marchait au milieu de notre triste convoi, jouant et dansant tout à la fois sans jamais se lasser.

Aucun voyageur isolé ne s'offrait à nos regards, sur la longue et silencieuse route que nous parcourions : nous rencontrions seulement, tous les deux ou trois jours, des convois de munitions, ou quelques escortes, qui logeaient avec nous sous des débris de masures abandonnées, dont les fenêtres et les portes avaient été enlevées pour fournir du bois à l'armée française. Au lieu de cette foule d'enfans et d'oisifs qui accourent en temps de paix au-devant des étrangers, à l'entrée des villages, on apercevait un petit poste de Français qui sortait de derrière des palissades ou des barricades, et nous criait de faire halte, afin de nous reconnaître. Quelquefois aussi dans un village désert, apparaissait tout à coup une sentinelle, placée dans une vieille tour comme le hibou solitaire au milieu des ruines.

Plus nous approchions de la France, plus le danger d'être enlevés par les partisans s'accroissait : dans chacune des stations où nous arrivions nous trouvions des détachemens venus des différentes parties de la péninsule, qui nous attendaient pour marcher avec nous. Des bataillons, des régimens entiers, réduits à leurs cadres, c'est-à-dire, à quelques hommes seulement, rapportaient tristement leurs aigles et leurs drapeaux pour aller se recruter en France, en Italie, en Suisse, en Allemagne et en Pologne ; notre convoi sortit de l'Espagne à la fin de juillet, vingt jours après que Ciudad Rodrigo, place forte de la province de Salamanque fut tombée au pouvoir des Français.

―――

Je devrais terminer ici ces mémoires, puisqu'ayant quitté l'Espagne à cette époque de la guerre, j'ai cessé de la voir par mes propres yeux; mais j'ai depuis ce temps rassemblé pendant un séjour d'une année en Angleterre, des matériaux qu'on ne pouvait pas alors se procurer sur le continent, et je me suis permis d'ajouter à mon récit celui de la campagne de Portugal, chef-d'œuvre d'une défense tout à la fois nationale et militaire.

Après la campagne d'Autriche et la paix conclue à Vienne en 1809, la France se vit libre de toute guerre dans le Nord, et l'Europe entière crut encore une fois que l'Espagne et le Portugal allaient succomber sous le poids des forces immenses dont l'Empereur Napoléon pouvait disposer; ce vainqueur avait annoncé qu'il allait chasser les Anglais de la péninsule et qu'on verrait avant une année ses aigles triomphantes plantées sur les forts de Lisbonne, et il avait envoyé de puissans renforts en Espagne pour envahir le Portugal.

L'armée française destinée à cette invasion était forte de plus de quatre-vingt mille hommes; elle était commandée en chef par le maréchal Masséna, et divisée en trois corps, sous les ordres des maréchaux Ney, Junot et Reynier. Les deux premiers de ces corps s'étaient réunis aux environs de Salamanque, et ils occupaient le pays entre le Douero et le Tage. Le troisième, celui du général Reynier, était en Estramadure vis-à-vis de la frontière de l'Alentéjo, communiquant par sa droite à Alcantara avec la gauche du corps du maréchal Ney. Un quatrième corps de réserve se rassemblait à Valladolid, sous les ordres du général Drouet, pour renforcer et soutenir au besoin l'armée d'invasion.

L'armée de lord Wellington opposée à celle du maréchal Masséna comptait dans ses rangs trente mille Anglais et trente mille Portugais. La Régence du Portugal avait outre cela sous les armes quinze mille hommes de troupes réglées, divers corps volans, composés de milices portugaises, conduits par des chefs de leur nation ou par des officiers anglais, et les levées en masse, connues sous le nom d'*Ordenanzas* que les Anglais évaluaient à quarante-cinq mille hommes seulement, mais qui se composaient réellement, dans le cas d'une invasion, de toute la population armée du Portugal ; elle était animée contre les Français par le patriotisme, la haine, la vengeance, et par le souvenir récent des maux qu'elle avait soufferts les deux années précédentes, pendant les expéditions des maréchaux Junot et Soult, quelque infructueuses qu'elles eussent été.

Ces bandes indisciplinées d'habitans faisaient un mal incalculable aux Français lorsqu'elles combattaient pour la défense de leurs foyers entre les gorges de leurs montagnes où elles avaient une grande supériorité par le nombre et la connaissance des lieux; mais elles devenaient inutiles hors de leurs pays, et c'est pour cette raison que l'armée réglée anglo-portugaise de lord Wellington ne s'éloignait pas, malgré les provocations des Français, de la ligne défensive qu'elle occupait sur les frontières du Portugal au nord et au midi du Tage. Le général anglais redoutait d'ailleurs alors de livrer une bataille rangée dans les plaines de la province de Salamanque, où ses ennemis déployaient une cavalerie nombreuse et formidable.

Après la prise de Cuidad Rodrigo, les Français passèrent la Coa, repoussèrent les avant-postes anglais, investirent Almeïda, place frontière du Portugal et s'en emparèrent le 27 d'août, par capitulation, après treize jours de tranchée ouverte.

Le corps d'armée du général Reynier quitta l'Estramadure espagnole, traversa le Tage à Alcantara, et se concentra sur les deux autres corps français aux environs d'Almeïda. Le corps anglais qui était opposé à celui du général Reynier vers Elvas et Portalègre, traversa de même par un mouvement correspondant le Tage à Villa-Velha, et l'armée entière de lord Wellington se retira par la rive gauche du Mondego dans la position inexpugnable de la Sierra de Murcella, derrière l'Alva.

L'armée française quitta le 15 septembre les environs d'Almeïda, entra les jours suivans dans la vallée qu'arrose le Mondego, passa ce fleuve à Celorico, et le repassa ensuite au pont de Fornos; le maréchal Masséna conduisait son armée sur la rive droite du Mondego, dans le but de s'emparer par une marche rapide de Coimbre qu'il croyait que les Anglais qui s'étaient retirés par la rive opposée laissaient à découvert.

Les Français arrivèrent le 21 à Vizeu, où ils furent forcés de s'arrêter deux jours entiers pour attendre leur artillerie, dont la marche avait été retardée par la difficulté des routes, et par les attaques des milices portugaises. Le 24 leurs avant-gardes trouvèrent les avant-gardes anglaises postées sur la rive opposée du Dao, et les repoussèrent après avoir réparé les ponts qui avaient été coupés. Lord Wellington avait fait repasser rapidement son armée de la rive gauche à la rive droite du Mondego, pour défendre les défilés des montagnes qu'on traverse pour aller à Coimbre : il n'avait laissé qu'une seule brigade d'infanterie et une division de cavalerie, dans sa première position de la Sierra de Murcella.

Les corps français arrivèrent successivement le 25 et le 26 au pied de la Sierra de Busaco, dont ils trouvèrent les sommités occupées par l'armée anglo-portugaise; le 27 à six heures du matin, ils marchèrent en colonnes contre la droite et le centre de cette armée sur les deux routes qui conduisent à Coimbre par le village de San Antonio, de Cantaro, et par le couvent de Busaco; ces routes étaient coupées en plusieurs endroits et défendues par de l'artillerie; la montagne sur laquelle elles passent est d'ailleurs hérissée de rochers escarpés, et elle est d'un accès extrêmement difficile.

La colonne française qui attaqua la droite des Anglais s'avança avec intrépidité, malgré le feu de leur artillerie et de leurs troupes légères; elle parvint sur le sommet de la montagne, après avoir fait des pertes considérables; elle commençait à se déployer en ligne, avec un grand sang-froid et avec la plus parfaite régularité, lorsqu'elle fut réattaquée par des forces supérieures et forcée de se retirer; elle se rallia bientôt après, fit une seconde attaque, et fut de nouveau repoussée. Les bataillons français qui s'avancèrent contre le couvent de Busaco, là où se joignaient les divisions de la gauche et du centre des Anglais, en furent de même repoussés un peu avant que d'arriver à ce poste, et ils laissèrent sur la hauteur le général Simon, atteint de deux balles pendant la charge, et un assez bon nombre d'officiers et de soldats blessés.

Les Anglais et les Portugais occupaient sur la crête des montagnes une position qui formait un arc de cercle et embrassait par ses deux extrémités le terrain sur lequel s'avançaient les Français; l'armée alliée voyait leurs moindres mouvemens au-dessous d'elle, elle avait le temps de réunir d'avance de grandes forces pour les recevoir; cette circonstance contribua principalement à l'avantage qu'elle remporta. Les Français perdirent dix-huit cents hommes dans leurs attaques, et ils eurent près de trois mille blessés; les Anglais et les Portugais n'eurent que douze cent trente-cinq hommes hors de combat.

Le maréchal Masséna jugea la position qu'occupait l'armée de lord Wellington inexpugnable de front, et se résolut à la faire tourner; il entretint le combat jusqu'au soir par des tirailleurs, et il envoya un corps de troupes par la route des montagnes qui conduit de Mortagao à Oporto; les Anglais et les Portugais abandonnèrent, en conséquence de ce mouvement, leurs positions de la montagne de Busaco.

Les Français entrèrent dans Coimbre le 1er. octobre, continuèrent leur route, et le 12, après onze jours de marches forcées, au milieu des pluies, ils parvinrent à Alenquer, à neuf lieues de Lisbonne. Ils étaient près d'arriver à l'extrémité la plus reculée du Portugal, et regardaient déjà ce pays comme une conquête assurée, croyant que les Anglais ne songeaient plus qu'à se rembarquer : ils comptaient les atteindre les jours suivans, les forcer à recevoir la bataille, dans la précipitation d'un départ, et les accabler avec des forces supérieures.

Mais des reconnaissances, envoyées sur divers points, trouvèrent l'armée de lord Wellington retranchée dans une position qu'il était impossible d'attaquer ou de tourner, entre la mer et le Tage, sur la chaîne des montagnes qui s'étendent depuis Alhandra jusqu'à Torres Vedras, et à l'embouchure du Sisandro, et plus en arrière se dirigent vers Mafra.

Des passages déjà forts par la nature étaient hérissés de distance en distance d'une artillerie formidable; l'art avait construit des défenses nombreuses, d'où l'on pouvait donner la mort sans la recevoir. Le silence, l'ordre et le calme régnaient dans les postes des Anglais et des Portugais sur toute la largeur de la péninsule avancée, dans laquelle est Lisbonne, comme dans une seule place fortifiée. Des chaloupes canonnières, stationnées dans le Tage, flanquaient la droite de la position, et un boulet parti de leurs canons atteignit et tua le jour même le général Saint-Croix, qui s'était avancé sur une hauteur pour faire des observations.

Les Français cherchèrent en vain, par des provocations, à engager lord Wellington à sortir au combat : ce moderne Fabius restait immobile dans ses lignes et contemplait froidement ses ennemis au-dessous de lui, du haut de ses rocs élevés. Sagement économe du sang des soldats de son armée, il refusait de le verser pour sa gloire personnelle, et de risquer dans une seule bataille le sort du pays qu'il était chargé de défendre; c'était à la vengeance du peuple envahi qu'il voulait livrer les Français; il allait, en suivant un plan profondément calculé, les mettre aux prises avec la faim et les maladies, éternels fléaux des armées conquérantes lorsqu'elles ne sont pas appelées et secondées par le vœu des nations.

A la voix de lord Wellington et par les ordres de la régence de Portugal, toute la population de la vallée du Mondego et une partie de celle de la rive septentrionale du Tage avaient quitté en masse leurs demeures. Les hommes d'un âge mûr s'étaient retirés dans les montagnes avec leurs bestiaux, n'emportant que leurs armes seulement, et on avait vu, lorsque les Français approchèrent, une foule immense de vieillards, de femmes, d'enfans, de prêtres, de religieuses, détruire simultanément leurs propres ressources pour en priver leurs ennemis, et se retirer vers Lisbonne sous la protection de l'armée anglaise.

La charité des divers couvens, éclairée par le patriotisme et secondée par des aumônes nombreuses, fournit pendant les premiers jours aux besoins de ces exilés volontaires qui s'étaient abandonnés à la Providence, pour sauver leur patrie. On leur forma dans les rues, sur les places, et au dehors de la ville de Lisbonne, en arrière des positions retranchées des Anglais, un camp paisible presqu'aussi utile à la cause du Portugal que celui des guerriers destinés à défendre ce pays par leurs armes.

Dans leur marche rapide, les Français, pour me servir de leurs propres expressions, n'avaient traversé entre Alméïda et Alenquer « que des » villes et des villages déserts ; ils avaient trouvé » les moulins détruits, le vin coulé dans les rues, » les grains brûlés, même les meubles brisés. Ils » n'avaient aperçu ni un cheval, ni un mulet, » ni un âne, ni une vache, ni une chèvre » (1). Ils s'étaient nourris des bestiaux qu'ils amenaient à leur suite, et du biscuit qu'on leur avait distribué avant que d'entrer en Portugal, pour un nombre limité de jours ; car ils comptaient obtenir bientôt par la victoire les ressources immenses d'une des capitales les plus commerçantes de l'Europe.

Inopinément arrêtés au moment où ils se croyaient à la veille d'atteindre le terme de leurs travaux, ils se virent réduits à vivre de ce que les soldats parvenaient à se procurer individuellement, soit que le hasard, la nécessité,

---

(1) Voyez la note sur ce qui s'est passé en Portugal, dans le Moniteur du 30 novembre 1810.

leur activité naturelle ou une longue habitude de la vie errante et guerrière leur fissent découvrir les vivres que les paysans avaient enfouis dans des cachettes, pour les soustraire à leurs recherches.

Les Français étaient cernés de toutes parts, et leurs communications étaient interceptées par des corps volans avant même qu'ils fussent arrivés au pied des lignes de Torres Vedras. La ville de Coimbre, où ils avaient laissé une garnison, diverses administrations pour former des magasins, et leurs malades et leurs blessés, au nombre de cinq mille hommes, avait été reprise dès le 7 par des milices portugaises, ainsi que d'autres postes français sur la rive droite du Mondego. Les corps que commandaient les généraux portugais Sylveira et Bacellar, et ceux des colonels de milices Trant Miller, Wilson et Grant, avaient occupé les routes par lesquelles devaient passer les convois de vivres et les munitions que l'armée de Massena attendait. Le flanc droit de cette armée était en outre inquiété et harcelé par les sorties que faisaient les garnisons portugaises des places de Peniche, d'Ourem et d'Obidos; les paysans armés se joignaient aux corps des milices pour attaquer les détachemens et les fourrageurs des Français, qui, sans cesse harcelés, ne se procuraient des vivres que par des pertes journalières.

Pendant que cette guerre de détail avait lieu sur leurs flancs et sur leurs derrières, avec toute l'activité qu'inspirent la vengeance et l'exaspération de la haine nationale, les Anglais, toujours sur leurs gardes dans leurs lignes, jouissaient du plus grand repos, et ils ne perdaient pas un seul homme ; leurs vedettes ne faisaient jamais feu sur les vedettes françaises, et les postes avancés des deux partis ne cherchaient jamais à se provoquer ou à se lasser mutuellement par des attaques fausses; ce calme profond, qui régnait sur les fronts seulement entre les deux armées en présence, était le résultat de cette espèce de convention tacite qui s'établit d'ordinaire entre les troupes de ligne qui n'ont ni haines ni passions, lors même qu'elles se combattent, parce qu'elles ne s'intéressent qu'indirectement à la cause qu'elles défendent.

Les Français restèrent au pied des lignes de Torres Vedras, souffrant avec patience les privations qu'ils enduraient, par l'espérance de réduire dans peu leurs ennemis au désespoir. Ils croyaient que cette foule immense d'habitans de tous les âges et de tous les sexes qu'ils avoient refoulée devant eux et renfermée avec la population de la capitale, dans un espace de terrain étroit et peu fertile, affameroit l'armée ennemie et la forcerait à se rembarquer ou à combattre; mais les Anglais et les Portugais avaient le vaste Océan derrière eux, et leurs vaisseaux rapides et nombreux communiquaient librement avec l'un et l'autre hémisphère. Des vivres furent d'abord envoyés de l'Angleterre et du Brésil, et les flottes nombreuses du commerce, attirées par l'appât du gain, vinrent ensuite apporter abondamment dans le Tage les ressources de l'Afrique, de l'Amérique, et celles plus rapprochées qu'on pouvait tirer des provinces de l'Espagne et du Portugal qui n'étaient pas envahies.

Les Français, affaiblis par des pertes journalières et par les maladies, suite de la rareté des vivres et de l'inaction, se virent bientôt eux-mêmes dans la situation à laquelle ils voulaient réduire leurs ennemis.

La rivière de la Zézere et la place d'Abrantès gênaient les détachemens qui auraient voulu aller fourrager en arrière d'eux dans l'Estramadure supérieure et le Tage dont les ponts avaient été

17.

détruits, les séparait, vers leur gauche, de la basse Estramadure et de l'Alentejo; ces provinces étaient encore intactes, et leur proximité même accroissait le désir que les Français, au milieu de leur détresse, avaient de les posséder. Ils firent diverses tentatives inutiles pour s'assurer un passage sur le Tage, afin d'occuper ces provinces. Ils menacèrent entr'autres les habitans de Chamusca, petite ville située sur la rive opposée du fleuve, de détruire leurs habitations s'ils ne leur amenaient leurs bateaux; les pêcheurs auxquels ces bateaux appartenaient y mirent le feu pour toute réponse. Le pays se leva aussitôt en armes, et les Anglais firent passer sur la rive méridionale du Tage une division d'infanterie et une division de cavalerie pour s'opposer aux entreprises des Français. Lord Wellington avait reçu un renfort de dix mille Espagnols, que lui avait amené le marquis de la Romana, et il employait au service de terre une partie des canonniers de la flotte anglaise; ce qui lui permettait de détacher des divisions pour garder la rive droite du Tage, sans affaiblir ses lignes.

Après un séjour de plus d'un mois au pied des lignes de Torres Vedras entre Villa Franca, Sobral Villa Nueva, Otta et Aleventre, les Français vinrent à manquer totalement de vivres; ils levèrent leurs camps pendant la nuit du 14 au 15 novembre, et se mirent en retraite pour aller prendre position à Santarem, derrière le Rio Major. L'ordre et le silence qu'ils observèrent au moment de leur départ furent tels, que les vedettes anglaises ne s'aperçurent que le jour suivant de l'absence des vedettes et des postes Français qui leur étaient opposés.

Les Anglais envoyèrent des renforts considérables aux troupes qu'ils avaient sur la rive méridionale du Tage, craignant que le mouvement des Français n'eût pour but de tenter le passage de ce fleuve, et leur armée sortit de ses lignes, suivit les traces des Français, et avança le dix-neuf en colonnes d'attaques auprès du Rio Major vis-à-vis Santarem, paraissant vouloir forcer le passage de cette rivière; mais elle y renonça en voyant la force de la position que les Français avaient prise. Lord Wellington établit son quartier général à Cartaxo, plaçant ses avant-postes sur la rive droite du Rio Major entre cette rivière et les lignes de Torres Vedras, prêt à y rentrer si les Français revenaient l'attaquer avec de grandes forces.

La ville de Santarem est située sur la crête

d'une chaîne de montagnes élevées et presque perpendiculaires, précédée d'une autre chaîne de collines un peu plus basses sur laquelle s'étendait la première ligne des Français; au pied de ces hauteurs coule le Rio Major, et plus loin le Tage; les Anglais avaient à traverser un large espace de terrain marécageux sur deux chaussées, qui, ainsi que le pont, étaient complètement dominées par l'artillerie.

Le maréchal Masséna avait habilement choisi et fortifié la position de Santarem, dans le but de contenir avec peu de troupes les Anglais sur le Rio Major et de pouvoir, sans courir aucun risque, étendre ses cantonnemens jusqu'à la rivière de la Zezere, sur laquelle il fit jeter deux ponts: et il en fit occuper l'une et l'autre rive par une division d'infanterie, afin d'observer la place d'Abrantès et de protéger les détachemens qui allaient fourrager dans l'Estramadure supérieure. Il voulait s'assurer d'une communication avec l'Espagne par la route de Thomar en attendant que les renforts qu'il espérait et qui lui étaient indispensables pour continuer ses opérations, après les pertes qu'il avait faites, fussent venus chasser les milices portugaises des postes qu'elles avaient enlevés sur les routes de la vallée du Mondego.

Le corps de réserve que commandait le général Drouet était parti le 12 octobre de Valladolid, avançant vers la frontière du Portugal, et la division du général Gardanne, qui était restée en garnison dans les villes de Ciudad-Rodrigo et d'Almeida s'était mise en route pour aller rejoindre l'armée du maréchal Masséna; arrivée le 14 novembre à quelques lieues des premiers postes français, elle avait rétrogradé subitement vers la frontière d'Espagne. Elle fut induite en erreur sur la situation des affaires par le grand nombre de milices portugaises qui la harcelaient depuis son entrée en Portugal et qui avaient même enlevé son avant-garde. La division Gardanne se retira sur le corps d'armée du général Drouet, avec lequel elle rentra en Portugal dans le mois de décembre.

Le corps du général Drouet prit la route de la vallée du Mondego et se joignit à l'armée du maréchal Masséna après avoir dispersé les milices portugaises, sans avoir pu les détruire, comme cela arrivait sans cesse; car le général portugais Sylveira revint attaquer à la fin du mois la division Claparède, qui avait été laissée à Trancoso et à Pinhel, dans le district de la Coa, afin de garder les communications de l'armée de Portugal avec l'Espagne. Le général Claparède réunit sa division, battit le général Sylveira et le poursuivit jusqu'au Duero ; mais il fut bientôt forcé de revenir sur ses pas à Trancoso et à Guarda par les mouvemens d'autres corps de milices du général portugais Bacellar et du colonel Wilson, qui se portèrent sur ses flancs et ses derrières sur la Pavie et à Castro Diaro.

Ces corps de milices portugaises, n'attaquant jamais que les parties faibles de l'armée, c'est-à-dire, des avant-gardes, des arrière-gardes, des détachemens, des petites garnisons, ou des corps isolés, lui faisaient beaucoup de mal, et il était impossible de les détruire, à cause de leur nombre et de la connaissance parfaite qu'ils avaient des lieux. Étaient-ils dispersés sur quelques points, ils se ralliaient bientôt sur d'autres, s'adjoignant en tous lieux, dans leurs expéditions, la population armée du pays. Le général Drouet vint à Leyria, occupant avec les autres corps de l'armée française le pays qui s'étendait entre la mer et le Tage, vers Punhète et Santarem.

Le maréchal Masséna faisait construire à Punhète, un grand nombre de bateaux pour jeter des ponts sur le Tage ; c'était un ouvrage difficile dans un pays déserté de ses habitans et qui offre d'ailleurs, dans tous les temps peu de ressources. Les corps anglais qui occupaient Mugem, Almérin, Chamusca et Saint-Brito, sur la rive opposée voyaient tous ces préparatifs, et ils élevaient de leur côté de fortes batteries.

Il était aussi nécessaire aux Anglais d'empêcher le passage du fleuve qu'il était important aux Français de l'effectuer ; car le sort du Portugal et le succès des opérations ultérieures de l'un et de l'autre parti paraissaient alors en dépendre. Si le maréchal Masséna parvenait à effectuer le passage du Tage, il forçait les Anglais à disséminer leurs forces et à s'affaiblir, en étendant encore davantage leur ligne d'opération sur l'une et sur l'autre rive ; les positions de Torres Vedras, moins bien gardées et dégarnies d'un nombre suffisant de défenseurs, pouvaient alors être enlevées en sacrifiant plusieurs milliers d'hommes, par un corps français qui se fût avancé de Leyria sur Lisbonne. Si, au contraire, les Anglais concentraient toutes leurs forces dans leurs lignes de Torres Vedras, les Français redescendaient le Tage après l'avoir traversé, et s'emparaient de la presqu'île dans laquelle sont situées les villes de Palmela et de Sétuval; de l'extrémité de cette presqu'île, ils se rendaient maîtres du cours du Tage, et ils affamaient Lisbonne; enfin, on pouvait des hauteurs d'Almada, situées vis-à-vis de cette capitale, la bombarder.

Les maréchaux Soult et Mortier arrivèrent le 9 janvier à Mérida, avec toutes les troupes disponibles de l'armée d'Andalousie, dans le but de faire le siége des places de Badajos et d'Elvas, de forcer lord Wellington à distraire de ses forces, pour défendre cette partie de la frontière portugaise et coopérer ainsi avec l'armée du maréchal Masséna. A la nouvelle de leur approche des frontières de l'Alentejo, les Anglais firent passer au sud du Tage, de nouveaux corps de troupes commandés par les généraux Hill et Beresford, et les habitans de cette partie du Portugal se préparèrent à déserter le pays pour affamer les Français, d'après le système défensif que lord Wellington avait suivi avec succès sur la rive gauche du fleuve.

Le marquis de la Romana envoya le général Mendizabal au secours de Badajos, avec les dix mille Espagnols qu'il avait amenés dans les lignes de Torres Vedras. Le marquis de la Romana était atteint de la maladie dont il mourut le 24 de janvier à Cartaxo, vivement regretté des Espagnols et des Anglais, estimé de ses ennemis pour n'avoir jamais désespéré de la cause de sa patrie et pour avoir constamment entretenu la guerre au milieu des revers avec cette activité et cette persévérance qui n'appartiennent d'ordinaire qu'aux victorieux. Les maréchaux Soult et Mortier prirent Olivença le 25 janvier ; ils passèrent ensuite, le 19 février, la Gevora et la Guadiana, investirent cette place, et ils surprirent et taillèrent en pièces dans son camp l'armée espagnole du général Mendizabal.

Cependant l'armée du maréchal Masséna avait consommé les vivres des pays qu'elle occupait sur la rive droite du Tage, et ses fourrageurs étendaient leurs excursions jusqu'à vingt lieues à la ronde. Une bonne partie de l'armée était sans cesse en course pour pourvoir aux besoins de l'autre, et ce n'était qu'avec de grandes pertes qu'elle achetait journellement une subsistance précaire. Le maréchal Junot ayant appris que les Anglais avaient formé un magasin de vin et de blé à Rio Major, se porta à la tête de deux régimens de cavalerie et de quelque infanterie de son corps d'armée pour l'enlever. Les Anglais se retirèrent à temps, et le maréchal Junot fut blessé dans une légère escarmouche qui eut lieu entre son avant-garde et l'arrière-garde anglaise. La cavalerie, qui doit être pour ainsi dire les yeux et les bras d'une grande armée, étant destinée à la garder et à assurer ses approvisionnemens, était à charge aux Français par son nombre même, à cause de la difficulté de son entretien, et elle leur devenait souvent inutile dans une contrée montagneuse et coupée de gorges, étant sans cesse harcelée par des nuées de milices et de paysans.

L'irritation et la haine des habitans du pays s'accroissaient avec la longueur de la guerre, par la durée des privations qu'ils supportaient. Les paysans même les plus timides, qui ne s'étaient enfuis dans les montagnes que pour y vivre paisibles, étaient chassés de leur retraite par le désespoir et la faim. Ils descendaient dans les vallées, s'embusquaient près des routes, attendaient les Français dans des passages difficiles pour leur enlever les vivres que ceux-ci venaient d'enlever eux-mêmes. Un paysan des environs de Thomar avait choisi pour lieu de retraite une caverne auprès de cette ville, et il tua de sa propre main, dans le mois de février, plus de trente Français qu'il parvint à surprendre isolément, et il leur enleva près de cinquante chevaux et mules.

Les *guerillas* de l'Espagne avaient redoublé de hardiesse depuis qu'une bonne partie des forces françaises était employée en Portugal. Des chefs de partis espagnols qui, sept mois auparavant, n'avaient que quelques centaines d'hommes sous leurs ordres, commandaient à des divisions formidables, et ils enlevaient souvent les convois de munitions et les vivres destinés à l'armée française de Portugal. Les convois des Français avaient près de deux cents lieues à parcourir dans un pays ennemi et insurgé avant que d'arriver à leur destination. Ces convois étaient composés de muletiers mis en réquisition dans le midi de la France, et de paysans espagnols qui ne s'exposaient que malgré eux au danger, presque certain d'être tués ou de perdre leurs mulets. Les paysans espagnols s'enfuyaient dès qu'ils en trouvaient l'occasion, ou avertissaient à l'avance les *guerillas*, afin d'être épargnés dans les attaques; et la moindre négligence de la part des escortes pouvait priver de vivres l'armée.

Au commencement du mois de mars, le maréchal Massena était parvenu à faire construire deux cents bateaux, et tous ses préparatifs étaient achevés; mais il ne pouvait tenter le passage du Tage sans avoir reçu de nouveaux renforts : les corps des maréchaux Soult et Mortier ne pouvaient l'aider puissamment en s'avançant vers le Tage, qu'après la prise de Badajos, et cette place tenait encore.

L'armée de lord Wellington n'avait fait aucune perte considérable depuis le commencement de la campagne; elle venait de recevoir des renforts de l'Angleterre, et elle se montait à près de quarante mille Anglais, sans compter les troupes réglées portugaises qui s'étaient considérablement accrues, aguerries et disciplinées. Celle du maréchal Masséna diminuait au contraire, depuis sept mois journellement par les attaques partielles des milices portugaises, par le manque de vivres et les maladies, et elle était réduite à moins de la moitié du nombre qu'elle avait lors de son entrée en Portugal.

Voilà quelle était la situation des Français dans ce pays au commencement du mois de mars, lorsqu'un convoi de biscuit, qu'ils attendaient de France, fut enlevé par des partisans espagnols. A la veille de manquer totalement de vivres, ils furent forcés de songer à la retraite et ils abandonnèrent enfin le Portugal, après une campagne de sept mois, sans avoir livré une seule bataille rangée ; cédant à la persistance que mit le chef des Anglais à suivre un plan par lequel il avait constamment ôté à ses ennemis jusqu'aux moindres chances de le vaincre en les privant des occasions de le combattre.

Les malades, les blessés et les bagages des Français partirent le 4 sur un grand nombre de bêtes de somme, et le 5 leur armée commença sa retraite. Le maréchal Ney, chargé de former l'arrière-garde, s'avança avec son corps d'armée de Leyria à Muliano, afin de menacer, par cette démonstration offensive, les flancs de l'armée Anglaise, et de la forcer à rester immobile pendant que les autres corps français gagnaient de l'avance.

Les Français arrivèrent le 10 à Pombal ; leurs arrière-gardes arrêtèrent pendant presque toute la journée du 11 les avant-gardes anglaises devant cette ville, l'abandonnèrent vers le soir et se retirèrent pendant la nuit dans une forte position en avant du défilé de Rédinha sur l'Adanços ; ils repassèrent ce défilé à l'approche des Anglais, sous la protection de l'artillerie française, qui était placée sur les hauteurs voisines, et tonnait sur les avant-gardes ennemies. Les arrière-gardes françaises se reformèrent en bataille en arrière du défilé de Rédinha et se retirèrent sur le gros de l'armée qui les attendait dans la position de Condeixa.

L'habileté des Français, dit un narrateur anglais (1), se montrait à tous les instans; ils ne laissaient échapper aucun des avantages qu'offrait le terrain; leurs arrière-gardes n'abandonnaient une position qu'elles venaient de défendre que lorsqu'elles étaient complètement tournées, et c'était pour en prendre une autre et la défendre encore. Les colonnes françaises se retiraient lentement sur un seul point central dans une position choisie où elles se réunissaient en masse pour se reposer, résister à leurs ennemis, les repousser et recommencer leur marche. Le maréchal Ney soutenait la retraite avec des corps d'élite, tandis que le maréchal Masséna dirigeait la marche du gros de l'armée, se tenant toujours prêt à appuyer au besoin l'arrière-garde. Les talens de ce grand capitaine, est-il dit dans le

---

(1) History of Europe Edimburg annual Register, vol. 4. 1811, p. 257.

Journal Militaire anglais (1), « n'ont jamais paru
» si éminens ; rien ne peut égaler l'habileté qu'il
» déployait alors. »

Le 15, les Français prirent position sur la Ceira, laissant une avant-garde au village de Foz de Aronce, où il y eut un engagement assez vif ; ils rompirent le 16 le pont sur la Ceira et abandonnèrent leur position le 17 pour se retirer derrière l'Alva. Le gros de l'armée anglaise s'arrêta sur l'Alva, pour y attendre des provisions ; et les Français ne furent suivis jusqu'à Guarda que par des troupes légères, par des milices portugaises et par les habitans du pays qui les harcelaient sans relâche avec une grande animosité, ne faisant aucun quartier aux traîneurs et aux blessés qui tombaient entre leurs mains.

Le manque de subsistances forçait les Français de hâter leur marche ; ils ne trouvaient en quittant le Portugal, comme lorsqu'ils y étaient entrés, que des bourgs déserts et des habitations vides qui ne renfermaient plus de vivres : exaspérés par les fatigues et les privations, les soldats se livrèrent à tous les genres d'excès, ils incendièrent des villages et même des villes. Dans leurs

___

(1) Military Chronicle, t. 2, p. 405.

recherches avides ils profanèrent les églises en les dépouillant de leurs ornemens, violèrent des tombeaux, dispersèrent des reliques, se vengeant sur les cendres des morts, des vivans qu'ils ne pouvaient atteindre. Les Français restèrent jusqu'au 29, à Guarda ; ils abandonnèrent cette ville à l'approche des Anglais, pour se placer dans la forte position de Ruivinha ; ils défendirent avec avantage le Gué de Rapoula de Coa, toute la journée du 3, et le 4 ils repassèrent la frontière portugaise laissant une faible garnison dans Almeïda.

Le système de défense qui a réduit l'armée du maréchal Masséna, à la nécessité d'abandonner le Portugal après l'avoir envahi, était le même que celui des Espagnols : toute nation qui a du patriotisme, peut l'employer avec un égal succès.

Il consiste à éviter les batailles rangées, à forcer une grande armée, à se subdiviser afin de combattre en détail ses corps paralysés faute d'ensemble. Ou bien, si elle reste réunie, à l'exténuer en lui ôtant tous les moyens de se procurer des subsistances et des munitions, ce qui deviendra d'autant plus facile que sa masse sera plus grande, et que ses succès l'éloigneront davantage des pays d'où elle doit tirer ses ressources.

Dans les grands Etats militaires du centre de l'Europe, lorsque les nations s'intéressaient peu aux querelles de leurs gouvernemens, une bataille gagnée ou la simple occupation d'un pays donnaient aux Français en abondance des vivres, des munitions, des chevaux, des armes, et même des soldats, et l'on pouvait dire de leur armée ce que Virgile a dit de la Renommée *vires acquirit eundo*, ses forces s'accroissent en avançant.

En Espagne et en Portugal, au contraire, les forces des Français diminuaient toujours lorsqu'ils avançaient, par la nécessité de détacher des corps nombreux pour combattre la population du pays, se procurer des vivres, et garder de longues communications ; et leur armée se trouvait bientôt réduite, même après des victoires, à la situation de ce lion de la fable qui se déchire avec ses propres ongles, en faisant de vains efforts pour détruire les mouches qui le tourmentent et l'obsèdent sans relâche.

L'Europe ne doit pas oublier que l'Espagne a soutenu presque seule pendant plus de cinq années le poids de l'immense puissance de l'Empereur Napoléon. Vainqueur en Italie, sur le

18.

Danube, sur l'Elbe et le Niémen, il avait soumis ou attaché à sa fortune une grande partie de l'Europe. En réunissant sous ses drapeaux les vaincus aux vainqueurs, il avait fait même de ses ennemis des alliés de ses armes. Les Italiens, les Polonais, les Suisses, les Hollandais, les Saxons, les Bavarois et tous les peuples guerriers de la confédération du Rhin, confondus dans les rangs des Français émules de leur gloire, se plaisaient à leur prouver dans les combats qu'ils avaient comme eux le mépris des dangers et de la mort.

Les grandes puissances situées au nord et à l'orient de l'Europe, qui conservaient malgré des revers assez de forces pour lutter encore, étaient frappées d'immobilité par le prestige de la puissance de Napoléon. Il distribuait en Europe des royaumes à ses compagnons d'armes, comme des gouvernemens en France, à ceux qui lui étaient dévoués, et le nom et l'autorité de roi n'étaient déjà plus considérés que comme un grade militaire dans ses armées.

Lorsque les premières hostilités commencèrent en Espagne, en 1808, les armées françaises avaient déjà envahi le Portugal sans coup férir: elles occupaient Madrid, le centre de l'Espagne, et elles s'étaient emparées par la ruse de diverses forteresses. L'élite des troupes espagnoles était retenue dans les rangs français en Allemagne et en Portugal ; celles qui restaient en Espagne ne savaient point encore distinguer l'autorité des Français de la volonté des rois Charles IV et Ferdinand VII.

En retenant ces souverains captifs en France, et en donnant à l'Espagne son frère pour roi, l'empereur Napoléon avait espéré qu'il aurait à faire à un peuple faible et sans énergie qui, se voyant privé de ses chefs, préférerait le gouvernement d'un étranger, au fléau d'une guerre dans le sein même de son pays. L'Europe crut, avec l'empereur Napoléon, que les Espagnols allaient être asservis sans qu'il y eût aucune lutte.

Depuis cinq années que dure la guerre, les Français ont gagné consécutivement en Espagne dix batailles rangées, conquis presque toutes les places fortes, et ils n'ont encore pu cependant obtenir la soumission durable d'une seule province. L'Espagne a été pour ainsi dire réduite à Cadix, comme le Portugal à Lisbonne. Si les Français se fussent emparés de ces villes le sort de la péninsule n'aurait pas alors même été décidé.

Pendant que les armées françaises étaient sous les murs de Lisbonne et de Cadix, des partis espagnols faisaient des incursions jusqu'aux portes de Toulouse au cœur de la France.

Les Espagnols étaient une nation animée par un seul et même sentiment, l'amour de l'indépendance et la haine des étrangers qui voulaient humilier leur orgueil national en leur imposant un gouvernement. Ce n'étaient ni des forteresses ni des armées qu'il fallait vaincre en Espagne, mais le sentiment un et multiple dont le peuple entier était pénétré. C'était à l'âme de tous et de chacun qu'il fallait frapper, retranchemens où les boulets et les baïonnettes ne sauraient atteindre.

Depuis que ces mémoires ont été écrits on a vu la nation moscovite, et ensuite la nation prussienne, donner au nord de l'Europe des preuves d'un dévouement à leur patrie, semblable à beaucoup d'égards, à celui par lequel les Espagnols se sont illustrés; aussi la Russie, la Prusse, et l'Espagne ont-elles été bientôt délivrées de leurs ennemis communs. Ces événemens, qui ont changé la face de l'Europe, démontrent aussi fortement que la noble et longue résistance du peuple espagnol, que la force réelle des

États ne réside pas tant dans le nombre et la puissance des armées de ligne que dans un sentiment religieux, patriotique ou politique assez puissant pour intéresser tous les individus d'une même nation à la cause publique, comme si c'était la leur propre.

FIN DES MÉMOIRES.

APPENDIX

Contenant des Notes justificatives et diverses Lettres ou extraits de Lettres, relatives aux affaires d'Espagne et de Portugal.

NOTE I.

P. 7, *Si entraran los Vallones, no reynaran los Borbones.* Vide — Memoirs of the kings of Spain of the house of Bourbon, by William Coxe, vol. 3, p. 321, London 1815.

NOTE II.

La note des pages 15 et 16 est tirée presqu'en entier, quant aux faits qui regardent les armées espagnoles des lettres du major général Broderick, commissaire auprès de l'armée espagnole du général Blake, et de celles d'autres officiers envoyés par les Anglais auprès des diverses armées espagnoles. — Je donnerai ici la traduction des extraits de quelques-unes de ces lettres qui se trouvent dans les papiers présentés au parlement d'Angleterre sous le nom de *Communication received from officers in Spain and Portugal, in 1808.*

Extrait de la lettre (C) n°. 1, *écrite par le major général Hon. S. Brodrick, au très-honorable vicomte Castlereagh, datée de Reynosa, le 10 septembre 1808.*

« Les Français ont environ six mille hommes de cavale-
» rie très-bien montée ; cependant si le général Blake
» avait été aidé par la cavalerie du général Cuesta, je suis
» persuadé que les efforts réunis de son armée et de celle
» d'Arragon auraient depuis long-temps chassé les Fran-
» çais de la position qu'ils occupent. Le général Blake
» vient de changer ses plans ; il pense à prendre une
» position entre Bilbao et Vittoria, d'où il puisse pro-
» téger l'armement et l'organisation de la Biscaye, et il
» espère qu'en menaçant ainsi la droite et les derrières
» des Français, il obtiendra également le but qu'il avait
» d'abord eu de délivrer l'Arragon, l'Alava et la Bis-
» caye, quoique d'une manière plus indirecte, et je le
» dis à regret, à une époque plus reculée. La nature du
» pays montueux dans lequel ce général manœuvrera,
» préviendra les risques auxquels il se serait exposé s'il se
» fût avancé au travers des plaines de la Castille. »

Extrait de la lettre (C) n°. 3, *du major général Broderick au vicomte Castlereagh, datée de Traspaderna le 22 septembre 1808.*

« Depuis que j'ai eu l'honneur d'écrire à votre seigneu-
» rie, j'ai eu une conférence avec le général Blake, qui

» s'est terminée d'une manière beaucoup plus satisfai-
» sante que celles que j'avais eues précédemment, et
» qui me met dans la possibilité de donner à votre sei-
» gneurie une esquisse de ses projets, ils me paraissent
» bien coïncider avec ceux qui ont été proposés par les
» chefs des autres armées.

» Nous sommes maintenant postés le long de l'Èbre,
» avec le corps avancé de la droite à *Onna* sur la droite,
» le centre à *Frias*, et les avant-postes de la gauche à
» *Erran*, s'étant rejetés en arrière vers *Ordunna*. Une
» division reste à *Villarcayo* pour appuyer la droite et
» maintenir la communication avec *Reynosa*, une autre
» est à *Médina*, et la quatrième division (sans l'arrivée
» de laquelle le général Blake n'entreprendra aucun
» mouvement ultérieur) *à Bilbao*, où elle est entrée
» après une attaque de trois heures. J'espère que les ar-
» mes destinées à l'usage des provinces du Nord y seront
» arrivées. A tout événement, c'est avec une grande sa-
» tisfaction que j'ai appris hier, que l'armée des Astu-
» ries, forte de dix mille hommes était dans le voisinage
» de Saint-Ander, en marche pour soutenir ce point.

» Les Français se sont avancés hier matin pour recon-
» naître nos postes. On dit que le maréchal Bessières
» était en personne avec le corps qui a exécuté la recon-
» naissance. J'imagine qu'ils nous ont trouvés plus forts
» qu'ils ne s'y attendaient, puisqu'ils se sont prompte-
» ment désistés de leur attaque, quoiqu'ils fussent eux-
» mêmes assez en force, et qu'ils se fussent apparem-

» ment préparés à profiter de l'avantage qu'ils auraient
» pu remporter.

» Le général Blake se propose d'attendre leur attaque;
» mais il ne veut lui-même prendre l'offensive, que dans
» le cas où les armées de la droite lui donneraient en
» avançant une occasion d'attaquer avec avantage. On ne
» peut que louer la prudence de cette résolution, si l'on
» considère que le général manque totalement de cava-
» lerie, et que le pays est tout-à-fait ouvert d'abord
» après le passage des montagnes qui sont en avant de
» notre front.

» Lorsque sa quatrième division sera arrivée de Bil-
» bao, le général Blake avancera au travers des mon-
» tagnes qui séparent la *Biscaye* et l'*Alava*, mena-
» çant la droite des Français : pendant que l'armée
» d'Arragon exécutera la même manœuvre contre leur
» gauche, les généraux Castanos et Llamas dirigeront
» leur attaque contre leur centre. Si ces mouvemens dé-
» terminent les Français à se retirer, le général Blake
» s'avancera alors, en prenant les précautions convena-
» bles, au travers des plaines, pour tâcher de couper
» leur retraite par la grande route de Vittoria, et de
» les rejeter dans les défilés entre cette dernière ville
» et **Pampelune**. »

Extrait de la lettre (C) n°. 6, *du major général l'honorable J. Broderick au très-honorable lord vicomte Castlereagh. Datée de la Corogne, le 5 novembre 1808.*

« Depuis ma dernière lettre, nous avons reçu ici le
» rapport d'une légère action qui a eu lieu près de
» Zornosa entre l'armée du général Blake et les avant-
» gardes françaises, dans laquelle les Espagnols ont eu
» l'avantage. »

Voici la substance du rapport du général Blake. Il écrit :
« que le matin du 24 du mois passé, ayant placé à Ga-
» dalcano sa troisième division (à l'exception d'un seul
» bataillon, qui resta à Mirevalles), et la réserve à
» Rebezua, il s'avança avec ces corps, son avant-garde
» et sa première division, sur les hauteurs qui sont
» vis-à-vis *Zornosa*. L'avant-garde, suivie de la troi-
» sième division, chargea les postes français, perdit en-
» viron trente-cinq hommes, et fit éprouver une perte
» beaucoup plus considérable aux Français. Ces derniers
» se retirèrent sur les hauteurs qui sont en arrière du vil-
» lage et les firent occuper par leurs troupes légères ; dans
» cet état de choses la nuit survint. La pluie et le man-
» que de vivres empêchèrent les Espagnols de rien en-
» treprendre avant l'après-midi du 25 : alors leurs avant-
» gardes et la troisième division se portèrent en avant
» contre la gauche des Français, pendant que la pre-

» mière division et la réserve attaquaient leur centre ;
» et que la quatrième division qui était postée à Riostia
» tournait leur droite. Les Français profitèrent de la
» nuit pour se retirer précipitamment à *Durango*;
» et ils furent poursuivis par les troupes légères espa-
» gnoles.

Le général Blake écrivait qu'il espérait que le géné-
» ral Acébedo aurait pris poste entre Manaria et Saint-
» Antoine de Usquiola, de manière à pouvoir couper
» les communications des Français entre Durango et Vit-
» toria, en s'avançant par Archandiano; dans ce cas, il
» se flatte de pouvoir remporter sur les ennemis quelque
» avantage plus considérable que celui de les forcer à
» abandonner Durango. Cet avantage, à ce que je com-
» prends, serait de couper le corps d'observation de seize
» mille hommes du maréchal Ney du gros de l'armée
» française. »

On voit par les faits rapportés dans ces lettres que l'Espagne aurait été certainement délivrée à la fin de l'année 1808, si les armées des puissances du Nord n'eussent été paralysées par les conférences d'Erfurt. Trente-quatre mille Anglais s'avançaient sur Burgos et cette force réunie à celle des Espagnols aurait été plus que suffisante pour contraindre l'armée du roi Joseph à repasser les Pyrénées.

NOTE III.

Contenant diverses Lettres relatives aux circonstances de l'arrivée des Français devant Madrid.

Traduction d'une lettre écrite par la junte centrale d'Espagne, au général Moore (1).

Madrid, 2 décembre 1808.

Très-excellent et très-estimé seigneur,

« La junte militaire et politique, formée par toutes les juntes particulières du royaume (2), réunies au nom du roi, chargée de veiller, sous la protection de Dieu, à la défense de cette capitale, qui se trouve menacée en ce moment par les ennemis, croit qu'il est de son devoir de rendre à V. Exc. un compte exact de la situation présente des affaires. Elle a l'honneur de lui annoncer que l'armée du centre, que commandait Don Francisco Xabier Castanos, forte à peu près de vingt-cinq mille hommes, se replie en grande hâte sur Madrid, pour se réunir à la garnison de cette capitale.

---

(1) Cette lettre est traduite de l'espagnol.
(2) Après le départ des rois d'Espagne, la junte centrale, qui prit le gouvernail des affaires, fut composée des députés de toutes les juntes ou municipalités des diverses villes de l'Espagne.

» L'armée de Somosierra, qui compte près de dix mille
» combattans, se retire aussi sur Madrid, où nous
» espérons réunir jusqu'à quarante mille hommes,
» forces suffisantes pour résister à celles que les enne-
» mis présentent en ce moment. La junte craint ce-
» pendant que les Français ne soient encore renforcés
» par des corps considérables, et elle espère que si V. E.
» n'a pas d'ennemis devant elle, elle se repliera, pour
» venir ensuite se réunir à notre armée, ou bien qu'elle
» tombera sur les derrières des Français, afin de distraire
» une partie de leurs forces du point que nous défendons.
» La junte ne peut pas douter que la rapidité des opéra-
» tions que va entreprendre V. Exc., ne soit telle que
» l'intérêt commun de votre nation et de la nôtre l'exi-
» gent.

» Dans cette espérance, la junte offre à V. Exc., sa
» considération et ses respects.

» Dieu veuille protéger Votre Excellence pendant mille
» années (1) ».

Signé, le prince DE CASTELFRANCO,

THOMAS MORLA.

P. S. La junte est persuadée que Votre Excellence se sera déjà réunie avec son armée, aux troupes que commandait Dom Joaquin Blak, et qui étaient, il y a peu de jours, à Léon.

---

(1) C'est une forme de salut universellement adoptée chez les Espagnols.

Lettre de la junte de Tolède, à Son Excellence le général en chef des troupes de S. M. B. le seigneur Moore (1).

Très-excellent seigneur,

« La junte du gouvernement de Tolède désire sauver la patrie, elle s'occupe à rassembler l'armée dispersée, et elle vient de donner avis au seigneur Eredia, commandant militaire de cette capitale (2), qu'elle réunit de nouvelles forces, et qu'elle se prépare à se défendre jusqu'à la mort. Elle fait en ce moment les mêmes communications à la ville d'Aranjuez et à d'autres lieux qui peuvent devenir des centres de réunion.

» La junte avertit Votre Excellence des mesures qu'elle vient de prendre, afin qu'elle calcule en conséquence ses opérations, et elle lui donne l'assurance que nous serions tous heureux de mourir à ses côtés.

» Dieu veille sur Votre Excellence pendant mille années. »

Tolède, 5 décembre de 1808, à une heure du matin.

Signé, { Ramon Mareca ; Martin della Cerda ; Manuel de Medina y Camino ; Antonio Perez del Castillo ; Pedro Biosca.

---

(1) Cette lettre est traduite de l'espagnol.
(2) Tolède, capitale de la Vieille-Castille.

Le marquis de la Romana, à Son Exc. monseigneur le général sir John Moore, commandant en chef l'armée anglaise en Espagne (1).

« Je viens de recevoir la lettre de Votre Excellence, en date du 28, par laquelle je suis informé de la position que Votre Excellence occupe, tandis que je suis ici à réorganiser cette armée du général Blake, dont la fuite et la dispersion ne peuvent être attribuées qu'au défaut de subsistances. La perte dans toutes les attaques, depuis le 6 au 7 de novembre, jusqu'au 11, ne devant monter qu'à mille cinq cents hommes entre morts, blessés et prisonniers. J'espère que dans peu nous serons en état de faire quelque mouvement; et je n'attends que les souliers pour les faire marcher, car ils sont dans un état de nudité le plus parfait qu'on puisse imaginer; mais leur esprit n'est pas abattu, et en les nourrissant bien, ils iront leur train.

» Je me flatte que notre correspondance sera suivie et fréquente : en attendant, j'ai l'honneur de vous faire passer une lettre qu'un paysan a interceptée à un aide-de-camp d'un général français, qui est à Carrion. Si la nouvelle est vraie, il faut prendre ses précautions pour faire notre jonction, ou la faire au plutôt. C'est ce dont je ne laisserai pas de vous avertir.

---

(1) L'original de cette lettre est écrit en français.

» Je désire aussi que Votre Excellence m'écrive en
» français; non que je n'entende parfaitement l'écri-
» ture anglaise, mais parce qu'ordinairement on écrit
» si vite, que les mots m'échappent.

» En attendant, j'ai l'honneur de vous saluer cordia-
» lement, monsieur le Général, et je vous prie de croire
» aux sentimens de vraie amitié avec lesquels,

» J'ai l'honneur d'être votre très-humble et parfait
» serviteur. »

Signé le marquis DE LA ROMANA.

NOTE IV.

Dès qu'ils étaient battus, ils accusaient leurs chefs de trahison. Le général San-Juan fut pendu par ses soldats à Talavera; le général La Penna fut destitué par les divisions d'Andalousie, et le duc de l'Infantad forcé de prendre à Cuença le commandement de l'armée. (Page 68) (1).

Lettre du colonel Graham à sir John Moore, datée de Talavera de la Reyna, 7-8 décembre 1808.

« MON CHER GÉNÉRAL,

» Je n'ai pu arriver ici qu'après onze heures cette nuit,
» à cause de la difficulté que j'ai eue à me procurer des

---

(1) La lettre suivante est traduite de l'anglais; elle est tirée du journal et de la correspondance du général Moore.

» chevaux. Ayant entendu dire que quelques-uns des
» membres de la junte centrale étaient encore dans cette
» ville, j'ai été immédiatement m'enquérir auprès d'eux de
» l'état des affaires. Je vous envoie le résultat de mes
» informations par un courrier extraordinaire, afin que
» ma lettre vous parvienne plus promptement.

» On dit que Castelfranco et Morla ont fait le 3
» une sorte de trêve avec les Français qui avaient pris,
» le jour précédent, possession du Retiro et du Prado de
» Madrid. On les soupçonne de trahison, parce qu'ils
» ont refusé de laisser entrer dans la ville les troupes que
» commandaient les généraux San-Juan et Hereida, qui
» étaient aux portes de Madrid, du côté de Talavera ;
» on dit que la présence des troupes de ces généraux
» aurait mis les habitans de la capitale en état de se dé-
» fendre. Le capitaine-général Castellar, et tous les offi-
» ciers militaires d'un rang élevé ont refusé de ratifier la
» convention et ils ont abandonné la ville, emmenant
» avec eux seize pièces d'artillerie ; les habitans refusent
» cependant de poser les armes. Dans cet état de choses,
» l'ennemi reste dans le Retiro, sans avoir pris possession
» des postes de l'intérieur : et les deux députés qui sont
» ici ne croient pas qu'il y ait aucune chance que les
» Français puissent détacher une force de vingt ou trente
» mille hommes de devant Madrid. L'armée de Castanos
» maintenant sous les ordres du général La Penna, qui
» en est le commandant en second, est à Guadalaxara,
» et on dit qu'elle se monte à près de trente mille hommes.

» Il y a ici environ douze mille soldats, reste des armées
» des généraux Saint-Juan et Hereïda; ils vont occuper
» le pont d'Alamaraz. La junte se donne beaucoup de
» peine pour réunir sur ce point de grandes forces; ce-
» pendant le général San-Juan a été la victime de la
» furie populaire pour s'être retiré de Madrid; il a été tué
» ici ce matin. Un des membres de la junte ira incessam-
» ment dans la ville de Léon pour se concerter avec le
» marquis de la Romana sur les mesures qu'il y a à pren-
» dre. On dit que son armée se monte à plus de trente
» mille hommes. Dans tous les pays qui ne sont pas oc-
» cupés par les Français, les membres de la junte pren-
» nent les mesures les plus actives pour augmenter les
» forces militaires de l'Espagne.

» On dit que toutes les forces des Français ne s'élèvent
» pas au-dessus de soixante ou quatre-vingt mille hommes,
» et qu'une partie de leur armée est devant Sarragosse.
» On nie que des renforts soient en route pour rejoindre
» les Français. Les membres de la junte désireraient vi-
» vement que vous voulussiez, général, vous réunir au
» marquis de la Romana. Je leur ai expliqué en peu de
» mots combien votre armée était morcelée en petits
» corps, et que bien loin de pouvoir faire jonction avec
» aucun corps espagnol, la défaite de l'armée de Casta-
» nos vous mettait dans la nécessité de commencer votre
» retraite. Je les ai assurés que quel que fût le parti que
» les circonstances vous forçassent à prendre, vous n'aviez
» rien qui vous fût plus à cœur que de pouvoir servir

» efficacement la cause de l'Espagne ; mais que l'armée
» anglaise n'était qu'auxiliaire, qu'elle pouvait peu faire
» par elle-même, et que tout dépendait de la force de
» l'armée espagnole à laquelle elle se réunirait. Je compte
» retourner par la route de Placentia. Je crains de ne
» pouvoir, avant demain matin, me procurer un cour-
» rier pour vous envoyer cette lettre. »

Signé THOMAS GRAHAM.

Lettre du duc de l'Infantado à S. Exc. J. H. Frère, chargé d'affaires anglais auprès du gouvernement de l'Espagne (1).

Cuença, ce 13 décembre 1808.

MONSIEUR,

« Je me fais un devoir de vous annoncer, comme à
» notre très-bon et fidèle allié, qu'ayant été envoyé à
» cette armée du centre pour tâcher d'accélérer son arri-
» vée auprès de la capitale, afin de sauver celle-ci, s'il
» était possible, je n'ai pu réussir dans mon projet ; et
» me disposant en conséquence à me rendre auprès de
» la junte suprême, je me suis vu obligé par les géné-

---

(1) Cette lettre et les deux suivantes, ont été écrites en français ; elles sont tirées du journal et de la correspondance du général Moore.

» raux, et forcé, par les circonstances, de prendre le com-
» mandement de l'armée en attendant la décision de la
» junte. C'est malheureusement l'esprit d'insurrection et
» le mécontentement du soldat qui m'a placé au poste
» que j'occupe; et c'est assurément une situation bien
» désagréable que celle d'avoir à corriger des maux invé-
» térés, et de débuter par des mesures nécessaires pour
» rétablir l'ordre et la discipline totalement négligés.

» Je ne saurais vous dépeindre l'état où j'ai trouvé ce
» corps de troupes, affamé, sans chaussure, une grande
» partie sans uniformes, manquant de munitions, ayant
» perdu la plupart de ses bagages; réduit à peu près à
» neuf mille hommes d'infanterie et deux de cavalerie,
» et surtout ayant totalement perdu la confiance en ses
» chefs. J'ai cru d'après cela, devoir suivre le plan adopté
» par mon prédécesseur, celui de venir dans ce pays
» montueux pour y passer le peu de jours nécessaires à
» rétablir un peu l'armée; pour me faire rejoindre par
» quelques traîneurs, et quelques recrues, donner la
» chaussure et du repos aux soldats et aux chevaux, et
» partir ensuite pour de nouvelles opérations. Mais il
» serait bien important pour leur réussite qu'elles mar-
» chassent d'accord et de concert avec celles des autres
» armées, surtout avec celles de l'armée anglaise; et il
» serait, par conséquent, indispensable que nous con-
» nussions mutuellement nos projets. Le colonel Whit-
» tingham se trouve malade dans ce moment-ci, et je
» désirerais d'après cela, qu'il me fût envoyé par son

» excellence le général en chef Moore, un officier de
» confiance et connaissances militaires, qui pût me ren-
» dre compte du plan adopté par le général pour cette
» campagne, et lui rendre compte de ce que nous accor-
» derions ensemble, quant à la part que le corps d'ar-
» mée pourrait prendre à son exécution. Je serais bien
» charmé si le choix pouvait tomber sur le colonel
» Graham, que j'ai eu l'honneur de connaître chez
» M. Stuart.

» Je ne sais, monsieur, où cette lettre-ci vous par-
» viendra ; car j'ignore encore le lieu où la junte s'est
» détenue ou fixée, et je pense que vous êtes auprès
» d'elle. Ma lettre n'en sera pas moins l'organe de ma
» très-sincère affection, ainsi que de l'assurance de ma
» plus haute considération, avec laquelle j'ai l'honneur
» d'être, etc. »

Signé le duc DE L'INFANTADO.

Lettre du marquis de la Romana à sir John Moore, par laquelle il propose à ce général anglais d'attaquer le corps du maréchal Soult à Saldana.

Léon, 21 décembre 1808.

Sir,

« J'ai eu l'honneur de vous écrire le 19 en réponse à
» la lettre que Votre Excellence m'avait remise par mon
» aide-de-camp, M. O'niell, et n'ayant pas eu d'avis
» depuis, je dois lui exposer que pour faire l'attaque de

» Saldana, comme il paraît que c'est l'intention de votre
» excellence, je désirerais de coopérer de mon côté, afin
» que la réussite soit complète. L'ennemi, en rassemblant
» toutes les forces qu'il a disséminées sur tous les points
» de ces environs, aura tout au plus, d'après les meil-
» leurs renseignemens que j'ai pris, environ huit à neuf
» mille hommes d'infanterie, et mille chevaux, avec huit
» à dix pièces d'artillerie; il serait très-important d'en-
» velopper ce corps, et de le détruire, avant qu'il puisse
» faire sa jonction avec quelqu'autre corps que Napo-
» léon pût lui envoyer de renfort. Si votre excellence se
» détermine à cette entreprise, je ferai un mouvement
» avec neuf à dix mille hommes, qui sont tout ce que je
» pourrais rassembler de mieux habillé et armé; tout
» le reste se trouvant presque nu et mal équipé.

» Si votre excellence me donne une réponse prompte,
» je sortirai demain; mais j'ai l'honneur de lui faire ob-
» server que, le coup donné, il faudra rentrer dans mes
» quartiers d'hiver, faute d'habillemens et fournitures
» pour les troupes. Cependant nous laisserons à parler
» de cela à notre entrevue, comme également à concer-
» ter le plan d'opérations à suivre. Je suis persuadé que
» l'ennemi n'est pas en force, et que tous les désastres
» dont nous sommes témoins n'ont eu lieu que faute de
» combinaisons dans les opérations de nos armées. Par
» un officier d'ingénieurs que m'a remis la junte de Za-
» mora, pour avoir trouvé sa conduite un peu suspecte,
» j'ai été informé que l'armée de Palafox n'a reçu aucun

» échec, comme les ennemis le publiaient; mais qu'il a
» été obligé de se replier sur Saragosse, à cause que l'ar-
» mée de Castanos avait quitté la position de Logrono,
» qu'elle n'aurait jamais dû abandonner : il donne des
» détails très-circonstanciés de l'armée française, sur Ma-
» drid, de l'empereur, de la division de Junot, et enfin
» des nouvelles que je crois très-nécessaire que votre
» excellence connaisse, et d'après lesquelles il me semble
» que nous devons absolument avoir une entrevue.
« Je suis, etc. »

Signé le marquis DE LA ROMANA.

Lettre du vice-connétable major général prince de Neufchâtel à monsieur le maréchal duc de Dalmatie, commandant le 2e. corps d'armée à Saldana (1).

Chamartin, le 10 décembre 1808.

A monsieur le maréchal duc de Dalmatie.

« J'ai lu à l'empereur, monsieur le maréchal, votre
» lettre du 4 décembre, apportée par l'un de vos offi-
» ciers; sa majesté, monsieur le duc, approuve tout

---

(1) Cette lettre a été interceptée par les guerillas espagnols. Elle montre dans quel état étaient, après la prise de Madrid, les affaires des Français, et quelles étaient leurs opinions sur les armées anglaises et espagnoles.

» ce que vous avez fait ; le 8°. régiment de dragons, le
» 22°. de chasseurs, le régiment du colonel Tascher,
» le régiment hanovrien, font quatre régiments, formant
» deux brigades commandées par les généraux de bri-
» gade de Belle et Franceschi : ces deux brigades de ca-
» valerie sont sous vos ordres ; et vous pouvez les faire
» manœuvrer comme il vous conviendra. L'empereur
» pense qu'avec la division Merle, avec la division Mou-
» ton, les quatre régimens de troupes à cheval, vous
» n'avez rien qui puisse vous résister.

» Qu'avez-vous à faire ? vous rendre maître de Léon,
» rejeter l'ennemi en Galice, vous emparer de Bena-
» vente et de Zamora ; vous ne devez pas avoir d'Anglais
» devant vous ; car quelques régimens sont venus à l'Es-
» curial, à Salamanque, et tout porte à penser qu'ils
» sont en pleine marche rétrograde : notre avant-garde
» est aujourd'hui à Talavera de la Reyna, sur la route
» de Badajos ; elle sera bientôt sur cette ville. Vous sen-
» tez assez que ce mouvement (s'il ne l'a pas déjà fait)
» va forcer les Anglais à accourir sur Lisbonne. Au mo-
» ment, monsieur le maréchal, que vous serez certain,
» comme tout porte à le présumer, qu'il n'y a pas
» d'Anglais devant vous, vous pouvez marcher droit et
» tête baissée ; il n'y a rien en espagnols qui puisse tenir
» contre vos deux divisions. Faites faire des souliers et
» des capotes à Léon, à Saint-Ander, à Palencia. Sa
» majesté approuve toutes les demandes que vous ferez
» ayant pour but d'améliorer votre matériel : vous pou-

» vez également requérir des mulets pour remonter votre
» artillerie, et des chevaux pour remonter votre cavale-
» rie, en mettant dans tout cela les formes et tout ce
» qui tient à la bonne administration. Il est possible
» qu'aussitôt que la division de dragons du général Miller
» arrivera en Espagne, l'Empereur vous l'envoie; mais
» cette division ne sera pas en Espagne au moins de quinze
» jours. A la distance où vous vous trouvez de nous,
» monsieur le duc, vous ne pouvez vous conduire que
» par vous-même, et regarder tout ce que je vous écris
» à un si grand éloignement comme une direction géné-
» rale.

» Sa Majesté pense que vous prendrez toutes les mesu-
» res pour soumettre le pays entre le Duero, la Galice
» et les Asturies, en gardant toutefois, et précieusement,
» Saint-Ander. Le 5ᵉ corps, que commande le maréchal
» duc de Trévise, a reçu l'ordre de se diriger sur Sara-
» gosse. Le 8ᵉ corps, aux ordres du duc d'Abrantès,
» dont la 1ʳᵉ division arrive à Vittoria vers le 12, va
» vraisemblablement recevoir des ordres pour se réunir
» à Burgos. Des gabarres et des batimens de toute espèce,
» armés en guerre, ont l'ordre de se rendre à Saint-
» Ander; faites-les charger de marchandises anglaises
» saisies, de coton, de laine, d'artillerie, et qu'on les ex-
» pédie sur la France; enfin, tenez Valladolid et Zamora
» dans la soumission. Valladolid est une bonne ville, et
» qui s'est bien conduite; on dit qu'il serait très-inté-
» ressant d'occuper Zamora. Enfin, monsieur le duc,

» l'empereur pense que vous pouvez tout faire du mo-
» ment que les Anglais seront retirés sur Lisbonne.

» Cinq divisions de Castanos, composées des meilleures
» troupes, ont été culbutées (1) plus facilement encore que
» vous n'avez culbuté vous-même l'armée d'Andalousie
» à Burgos. Les débris de l'armée de Castanos sont pour-
» suivis par le maréchal Bessières, qui leur a coupé la
» route d'Estramadure, et qui les poursuit sur celle de
» Valence à plusieurs journées au-delà du Tage. L'em-
» pereur a son quartier-général à Chamartin, petite cam-
» pagne à une lieue et demie de Madrid; Sa Majesté jouit
» de la meilleure santé. La ville de Madrid est très-tran-
» quille; les boutiques sont ouvertes, les spectacles ont
» repris, et il ne paraît pas que les premiers pourparlers
» aient été appuyés de quatre mille coups de canon. »

Le prince de NEUFCHATEL, major-général.

« Je vous enverrai demain la proclamation et les arrêtés
» pris par l'Empereur; vous y reconnaîtrez celui fait pour
» commander à tout. »

NOTE V.

Tous les détails que je donne sur les marches des Anglais et sur leur retraite vers la Corogne sont tirés du
journal et de la correspondance du général Moore, et de
divers autres écrits publiés par des officiers de son armée.

---

(1) A Tudela.

NOTE VI.

On assure que le général Moore fut trompé par de faux rapports, et que ce fut contre son propre jugement et malgré sa volonté qu'il fut engagé dans cette occasion à franchir les règles de l'art militaire. (Page 77.)

Plusieurs lettres de M. Frère au général Moore sembleraient confirmer ce que j'ai avancé. Il est certain que le dessein de ce général était d'abord de passer le Tage à Almaraz, pour défendre la rive opposée de ce fleuve, ou se retirer vers le midi de la péninsule. — La dépêche ouverte que j'ai portée au prince de Neufchatel, et dont je parle à la page 61, annonçait à l'empereur Napoléon, que le général Moore se préparait à déboucher avec son armée en Estramadure, par les gorges d'Avila, afin de passer le Tage à Almaraz, et que ce pont avait été miné par les Espagnols.

NOTE VII.

Le gouvernement espagnol ne se laissa pas cependant abattre par ces deux grands revers. (Page 105.)

Voici le rapport officiel de la bataille de Médellin, publié à Séville par la junte espagnole et le décret de cette junte à la suite de cette bataille. Ces deux pièces sont tirées de la Gazetta extraordinaria del Gobierno, du 1er. avril 1809.

DE LA BATAILLE DE MÉDELLIN.

« Tous les rapports qui arrivent de l'armée d'Estramadure sur la bataille de Médellin contribuent à diminuer la sinistre impression que la première nouvelle de ce revers a produite sur les esprits. La terre de la patrie, mère de tant de héros et de conquérans, ne pouvait pas permettre que la bassesse entrât jamais dans des cœurs espagnols ; et l'ombre de Fernand Cortès (1) a dû se plaire à contempler l'intrépidité et l'audace que ses descendans ont montrées près du lieu de sa naissance. Ces mêmes soldats qui, il y a quelques mois, se dispersaient à la seule vue des ennemis et jetaient leurs armes pour fuir, ont maintenant attaqué fièrement l'armée qui se présentait devant eux, se portant toujours en avant sous le feu terrible de l'artillerie, malgré les pertes qu'ils éprouvaient, et avec un grand mépris de la mort. L'infanterie française, étonnée de la vivacité imprévue de leur attaque, commençait à se débander, pendant que notre artillerie, qui a si bien servi la patrie pendant toute cette guerre, tonnait sur les phalanges ennemies et détruisait leurs bataillons. Les noms de *Espagne Ferdinand* et celui de *Cuesta* étaient répétés par nos guerriers avec des cris de *qu'ils vivent*. La cavalerie espagnole se portait déjà en avant pour compléter la victoire, lorsqu'une de ses ailes étant venue malheureusement à plier, laissa à découvert

---

(1) Fernand Cortès est né dans la ville même de Médellin.

notre infanterie qui se trouvant alors trop faible pour résister seule au même moment à la supériorité de l'artillerie et de la cavalerie française, elle fut forcée de céder à la nécessité, et abandonna le champ de bataille sans être molestée d'abord pendant quelque temps dans sa retraite.

» Ce succès quelque malheureux qu'en aient été les suites, doit nous donner des espérances de pouvoir bientôt former, en y mettant de la fermeté et de la constance, une infanterie capable de défendre l'indépendance nationale ; une infanterie qui se montre digne de ces fameuses bandes, qui, sous les plus grands capitaines du monde ont combattu pour la gloire espagnole en Flandres, en Italie et en Allemagne. Les soldats ne se forment qu'au milieu des périls : eh! pourrait-on être étonné des efforts qu'ont faits nos guerriers dans les champs de Médellin, si l'on se représente le digne général qui les commandait, les remplissant de confiance par son exemple, leur communiquant cette valeur intrépide et calme qui l'animait, et les conduisant à l'ennemi dans cet ordre de bataille qui assure la victoire quand la fortune n'est pas contraire. Ce généreux compagnon de leurs dangers exposait ses vénérables cheveux blancs et sa respectable ancienneté au milieu de tout le tumulte de la mêlée, lorsqu'il fut jeté à bas de son cheval et enveloppé. Sauvé bientôt après par un événement imprévu, il s'efforça de réunir ses bataillons épars, de les reformer, de rétablir le combat, annonçant avec magnanimité aux braves qu'il ne fallait pas désespérer de la patrie.

» Lors de la reddition de l'immortelle Saragosse, la junte suprême a manifesté par un décret qu'elle ne mesurait pas tant les services rendus à la patrie d'après le succès que d'après les sacrifices ; elle veut de même en cette occasion accorder aux soldats de l'armée d'Estramadure les éloges et les récompenses qu'ils ont mérités. C'est en vain que des Espagnols traîtres à leur pays, et des Français aventuriers, chercheront dans Madrid à tourner en ridicule ces récompenses données après de grands revers. Qu'ils s'en moquent, s'ils le veulent, à la bonne heure, la raillerie insolente des hommes pervers est un des trophées de la vertu ! Le monde verra cependant que le gouvernement de l'Espagne ne se laisse pas abattre par un mauvais succès, et qu'il ne désespère pas du salut de l'état, tant qu'il voit qu'il reste du courage aux armées et qu'il y a du patriotisme dans les provinces.

Mue par ces considérations conformes aux vœux du peuple espagnol, la junte suprême a expédié le décret suivant :

Décret royal de Sa Majesté.

La junte suprême qui gouverne le royaume au nom de notre roi et seigneur Ferdinand VII, désirant donner aux troupes de l'armée d'Estramadure une preuve de l'approbation qu'elles ont méritée par leur fermeté et par la *galanterie* qu'elles ont montrées pendant la bataille de

Médellin, décrète ce qui suit, dans le but d'éveiller l'émulation des autres armées de l'Espagne :

» Art. Ier. Que le général de l'armée d'Estramadure et les corps qui ont bien soutenu le choc des ennemis pendant la bataille de Médellin ont bien mérité de la patrie.

» II. Que le lieutenant-général Cuesta sera promu au grade de capitaine-général, en récompense du service qu'il vient de rendre en cette occasion à la patrie, et de ceux qu'il lui a rendus précédemment.

» III. Qu'un grade sera accordé à tous les officiers de l'armée qui, d'après les rapports du général, se seront distingués pendant l'action.

» IV. Que tous les corps de l'armée qui, d'après le rapport du même général, auront résisté au choc des ennemis, seront décorés d'une médaille d'honneur.

» V. Que ces corps recevront en outre une double paye pendant un mois, à dater du jour de la bataille.

» VI. Que les veuves et les orphelins de ceux qui sont morts dans la bataille de Médellin recevront de l'état une pension proportionnée à leur rang et à leurs besoins.

» Vous vous tiendrez le présent décret pour ordonné, et vous veillerez à son exécution. »

Signé par le marquis DE ASTORGA, vice-président.

A l'Alcazas royal de Séville, le 1er. d'avril de 1809.

Contre-signé par A. D. MARTIN DE GARAY.

De la batalla de Medellin (1).

«Quantas noticias llegan sobre el exército de Extremadura y la accion de Medellin conspiran à disminuir la siniestra impresion que causó en los animos la primera nueva de aquel revés. La tierra madre fecunda de héroes y conquistadores no podia consentir villania en pechos espagnoles; y la sombra de Hernan Cortés ha debido complacerse contemplando el teson y el arrojo que junto a su cuna han mostrado sus descendientes. Aquellos mismos soldados que pocos meses ha se dispersaban a la vista del enemigo y arrojaban sus armas para huir, han acometido denodadamente ahora al exército contrario abanzando siempre adelante por medio del terrible fuego de la artillería y despreciando el estrago que experimentaban. La infanteria enemiga sorprehendida por este ardimiento imprevisto ya se dexaba arrollar, miéntras que nuestra artillería, que tanto ha servido à la patria en toda esta guerra, tronaba sobre las falanges francesas y deshacia sus batallones. Los nombres de *Espana*, *Fernando* y *Cuesta* resonaban entre vivas en los labios de nuestros guerreros; y quando ya la caballéria espanola se adelentaba à completar la victoria, una de sus alas flaqueando mal a proposito dexó descubierta a nuestra in-

---

(1) J'ai cru nécessaire de réimprimer la proclamation et le décret des Espagnols dans la langue originale, parce qu'il est très-difficile de se les procurer.

fantería, que débil para resistir a un tiempo a la superioridad de la artillería y caballería enemiga, tuvo que ceder à la necessidad, y abandonó el campo de batalla sin ser molestada por mucho tiempo en su retirada.

»Este suceso aunque desgraciado nos debe dar esperanzas de que con teson y constancia podrémos formar una infantería capaz de defender la independencia nacional: infantería digna émula y sucesora de aquellos famosos Tercios, que amaestrados por los mejores capitanes del mundo sostenian la gloria espagnola en Flandes, en Italia y en Alemania. Los caudillos son los que hacen los soldados: ¿y quien puede extrañar los esfuerzos de los nuestros en el campo de Medellin, quando contemple al digno General que los mandaba, llenarlos de confianza, comunicarles el valor intrépido y sereno que le anima; llevarlos à la batalla en aquel órden que da la victoria quando es favorecido de la fortuna; ser allí compagnero de su peligro y de sus fatigas, exponer sus venerables canas y su respetable ancianidad al tropel de la refriega, y caido, arrollado, y salvo por una feliz casualidad reunir sus huestes, prepararlas para combatir de nuevo y anunciar magnanimamente a los buenos que no desesperen de la Patria.

»Así es que la Junta Suprema que ya ha manifestado al público quando la rendicion de la imnortal Zaragoza, que mide los servicios no por el éxito sino por el zelo y los sacrificios, quiere tambien conceder al exército de Extremadura su condigna distinction y recompensa.

Vánamente los pérfidos espagnoles y los avantureros franceses se mofarán en Madrid de estas recompensas concedidas despues de grandes reveses. Però mófense en buen hora quanto quieran, la burla insolente de los perversos es uno de los trofeos de la virtud: el mundo vera entretanto que el Gobierno espanol no desmaya à la vista de un mal suceso; que no desespera de la salvacion de la Patria miéntras vea esfuerzo en los exércitos y patriotismo en los pueblos; que donde mira el valor, allí lo busca para recompensarle, donde encuentra la virtud, allí la honra y la respeta.

»Movida por estas consideraciones tan conformes con los votos del pueblo espagnol, la Junta Suprema ha expedido el Decreto siguiente.»

Real decreto de S. M.

« La Junta Suprema Gubernativa del Reyno a nombre del Rey Nro. Sr. Fernando VII deseando dar a las tropas del exército de Extremadura una muestra de la aceptacion que han merecido al Estado el arrojo y bizarria que han manifestado en la batalla de Medellin, y a fin de que sirva de exemplo y estimulo a los demas exércitos espagnoles; ha acordado lo que sigue.

»I. Que el General del exército de Extremadura y los cuerpos que se han sostenido contra el enemigo en la batalla de Medellin han merecido bien de la Patria.

»II. Que por este y los demas eminentes servicios que

el Teniente General D. Gregorio de la Cuesta tiene hechos al Estado, sea promovido al grado de Capitan General.

»III. Que a todos los officiales del exército, que segun informe del General se hayan distinguido en la accion, se les conceda un grado.

»IV. Que todos los cuerpos del exército que segun informe del mismo General se hayan sostenido contra el enemigo sean decorados con un escudo de distincion.

»V. Que à los mismos se les conceda doble paga por un mes contado desde el dia de la batalla.

»VI. Que à las viudas y huérfanos de los que han perecido en la batalla de Medellin se les conceda por el Estado una pension proporcionada a su clase y circunstancias. »

Tendréislo entendido, y dispondréis lo conveniente à su cumplimiento. — El Marqués de Astorga Vice-Président. — Real Alcazar de Sevilla 1 de Abril de 1809. — A D. Martin de Garay.

NOTE VIII.

Le général Sébastiani ne s'avança pas dans la Manche au-delà de Santa-Cruz de la Mudella, et notre corps d'armée resta cantonné entre le Tage et la Guadiana. (Page 105.)

Les lettres suivantes, qui ont été interceptées par les

Espagnols, expliquent les raisons qui empêchaient ces corps de profiter de leurs victoires. Ces lettres se trouvent dans les papiers présentés au parlement en 1809.

(Second inclosure refferred to in, n°. 2.)

Lettre de Joseph Buonaparte au général Sébastiani, datée de Madrid, le 9 avril 1809.

« Je reçois votre lettre ; le maréchal Victor doit se tenir entre Mérida et Badajos jusqu'à ce qu'il ait des nouvelles du maréchal Soult, et qu'il ait été joint par le général La Pisse.

» Je ne veux rien entreprendre sur Valence, tant que je n'aurai pas de nouvelles du maréchal Ney, et que je ne saurai pas la destruction totale du corps de la Romana.

» Comptez, mon cher Sébastiani, que je ferai toujours ce qui vous sera agréable, et que je solliciterai moi-même votre départ d'Espagne, dès que je croirai que vous aurez mieux à faire ailleurs pour votre gloire qu'en Espagne. Jusque-là je vous garde. Vous connaissez ma vieille et jeune amitié pour vous. »

Votre affectueux,

Signé JOSEPH.

(*Third inclosure refferred to in*, n°. 2.)

Lettre du maréchal Jourdan au général Sébastiani, datée de Madrid, 10 avril 1809.

MONSIEUR LE GÉNÉRAL,

« J'ai reçu la lettre que vous m'avez fait l'honneur de
» m'écrire le 8 courant, et je l'ai mise sous les yeux du
» roi. S. M. me charge d'avoir l'honneur de vous dire
» qu'elle ne juge pas à propos de faire attaquer les retran-
» chemens de la Sierra Morena avant le moment où M. le
» duc de Bellune se portera sur Séville, et que M. le
» duc de Bellune ne doit se mettre en marche que quand
» il aura été rejoint par la division La Pisse, et quand il
» aura des nouvelles de M. le duc de Dalmatie.

» En attendant, monsieur le général, S. M. désire
» que vous vous occupiez à disperser les rassemblemens
» qui se montrent de temps en temps derrière l'armée,
» à bien assurer vos communications, à désarmer la pro-
» vince que vous occupez, et y ramener l'ordre et la con-
» fiance. Voilà, monsieur le général, ce que S. M. m'a
» expressément ordonné de vous écrire.

» J'ai l'honneur d'être, etc. »

Signé le maréchal de l'Empire, major-général de S. M. C.

JOURDAN.

NOTE IX.

Les troupes portugaises de la forteresse de Caminha, placée à l'embouchure du Minho, avaient traversé le fleuve le 10 de mars. (Pag. 103.)

(Ce fait est tiré des rapports espagnols, anglais et portugais. Voici l'extrait de ces rapports tels qu'ils sont donnés dans l'Edimburg annual Register History of Europe, chap. 23, pag. 567, 568, 569 et 570) (1).

« Le 10 mars, un parti de Portugais, commandé
» par Alexandre Albert de Serpa, passa le Minho, et
» fut joint à Guardia par une troupe de paysans espagnols
» armés, et ils se trouvèrent réunis au nombre d'à peu
» près quatre mille hommes, don Joaquin Tenreyro
» Mayorazgo de Galice se mit à leur tête ; les prêtres
» conduisaient les habitants de leurs paroisses, faisant
» les fonctions d'officiers. Cette troupe de paysans, ainsi
» commandée, marcha sur Vigo pour en faire le siége.
» Cette ville est bâtie sur un rocher à l'entrée de la baie
» de ce nom.

» Le capitaine Crawford, commandant la frégate *la
» Vénus*, était alors en station devant le port de Vigo,

---

(1) J'ai traduit l'extrait de ces rapports, parce qu'il donne bien l'idée des mœurs, de l'esprit national et de la manière de s'insurger des habitans de la Galice et des Asturies.

» et il écrivit au capitaine Kinley, qui était alors à Villa
» Garcia, pour lui dire combien la présence du vaisseau
» de haut-bord, qu'il commandait, contribuerait aux
» succès de l'entreprise des patriotes galliciens.

» Sur ces entrefaites, don Pablo Murillo, qui s'était
» distingué auparavant en Estramadure, vint examiner
» l'état du siége; il apprit qu'un renfort de 1800 Fran-
» çais était à Ponte-Vedra, à quatre lieues de Vigo. Mu-
» rillo prit immédiatement des mesures pour mettre
» en état de défense le pont de San-Payo, qui est placé
» sur une petite rivière qui se jette dans la baie de Vigo,
» et que les Français devaient traverser.

» Murillo se fit prêter par Jean-Antoine Gago, un habi-
» tant de Marin, qui était à la tête d'un parti de cinq cents
» paysans, une pièce de huit, et il emprunta à la ville
» de Redondella une pièce de 24 et deux pièces de 18.
» Il confia la défense du pont à don Juan de Odogherty,
» lieutenant de la marine espagnole, qui commandait
» trois chaloupes canonnières. Pendant qu'il prenait ces
» mesures, un détachement de trois mille soldats dis-
» persés de l'armée du marquis de la Romana chassa les
» Français qui étaient à Ponte-Vedra, et prit possession
» de cette ville. Murillo alla se joindre à eux, et ils
» s'avancèrent tous ensemble sous les murs de Vigo pour
» en faire le siége.

» Le commandant des Français dans la place, le chef
» d'escadron Chalot, avait répondu à toutes les somma-
» tions que lui avait fait faire Tenreyro, que les règle-

» mens militaires ne permettaient, dans aucun cas, à
» des troupes de ligne de capituler devant des paysans.

» Le capitaine du vaisseau de ligne Kinley étant ar-
» rivé, le commandant français fut de nouveau sommé
» de se rendre. On était entré en pourparler, et les négo-
» ciations avaient duré deux jours entiers, et ce fut le troi-
» sième jour que Murillo rejoignit les assiégeans avec les
» forces qu'il amenait de Ponte-Vedra, qui se compo-
» saient de nouvelles levées et de soldats invalides en
» retraite accourus au nombre de quinze cents pour
» aider à la délivrance de leur pays. Le 27 mars,
» on tint un conseil de guerre dans lequel Murillo
» fut nommé commandant en chef, et on lui conféra
» le grade de colonel, afin d'accorder au com-
» mandant de Vigo, qu'on allait sommer une dernière
» fois de se rendre, la satisfaction d'avoir à traiter avec
» un officier d'un grade égal et même supérieur au sien.
» Murillo, devenu colonel, envoya alors sur-le-champ
» une sommation dans toutes les formes à ce commandant
» français, en lui enjoignant de se rendre dans deux heures.
» Le chef d'escadron Chalot répondit alors que, d'après
» l'ordonnance militaire, il devait consulter avant de se
» rendre, un conseil de guerre sous sa présidence ; que
» les membres de ce conseil étaient dispersés, et qu'il
» demandait vingt-quatre heures pour les rassembler.
» Murillo lui fit répondre verbalement qu'il prolongeait
» la trêve de deux heures seulement. Les Français firent
» des efforts inutiles pour prolonger le terme de l'ar-

» mistice ; n'ayant pu l'obtenir, ils demandèrent qu'on
» leur accordât les conditions suivantes :

» Qu'ils sortiraient de la place avec armes et bagages,
» avec tous leurs équipages, et avec les honneurs de la
» guerre ; qu'ils seraient transportés sur des vaisseaux
» anglais au port français le plus voisin, sous la condition
» de ne servir contre l'Espagne ou ses alliés qu'après qu'ils
» auraient été échangés ou après la paix ; que l'argent
» appartenant au gouvernement français, destiné au paie-
» ment des troupes du corps du maréchal Soult, resterait
» entre les mains du payeur, qui en avait la responsabilité,
» ainsi que les registres de solde des régimens. Enfin que
» les troupes ne mettraient bas les armes et ne rendraient
» les forts qu'au moment même de leur embarcation.

» Murillo, accompagné de deux Espagnols, se trans-
» porta avec les parlementaires français à bord du vais-
» seau de ligne le *Lively* pour en faire part au capitaine
» Kinley. Toutes les propositions des Français furent re-
» fusées. On leur répondit que les hostilités recommence-
» raient s'ils ne rapportaient pas au bout d'une heure la rati-
» fication du traité ainsi conçu : Que la garnison se rendrait
» prisonnière de guerre et déposerait les armes sur le glacis
» de la place ; que les officiers conserveraient leurs épées,
» et que les Espagnols prendraient possession de la place
» au moment même où les Français en sortiraient.

» Les parlementaires français convinrent d'accepter les
» conditions ; mais l'heure qui leur avait été accordée
» pour rapporter la ratification s'étant écoulée, les Es-

» pagnols commencèrent à donner l'assaut à la ville entre
» huit et neuf heures du soir; ceux d'entr'eux qui avaient
» des fusils faisaient feu sur les Français, tandis que les
» autres s'approchaient des portes de la ville pour les
» enfoncer.

» Un vieillard se distingua particulièrement devant la
» porte de Camboa, par la vivacité avec laquelle il attaqua
» cette porte à coups de hache et par le sang-froid avec le-
» quel il mourut après avoir été traversé d'une balle. Don
» Bernardo Gonzalez, qui commandait le détachement
» venu de Ponte-Vedra, s'avança, prit la hache des mains
» du vieillard qui venait de tomber, et continua alors à
» entamer la porte, malgré trois blessures qu'il reçut; une
» quatrième balle l'ayant atteint et mis hors d'état de se
» soutenir, on l'écarta, et sept Espagnols vinrent succes-
» sivement se faire tuer à la même place.

» Murillo ayant alors été averti que les Français avaient
» ratifié la capitulation, fendit la presse, parvint, non
» sans beaucoup de peine, à se faire entendre, et il sus-
» pendit l'assaut. Le jour suivant, Murillo faisait ses
» préparatifs pour entrer dans la place, lorsque des ha-
» bitans de la petite ville de Porrino vinrent l'avertir que
» la garnison française de Tuy se portait au secours de celle
» de Vigo. Murillo détacha aussi secrètement qu'il le put
» une bonne partie de ses troupes à la rencontre du ren-
» fort qui venait de Tuy, et il se rendit auprès des Fran-
» çais qui étaient dans Vigo, et il les décida à hâter leur

» embarquement, en leur disant qu'il craignait de ne
» pouvoir bientôt plus contenir la rage des paysans. Les
» Français le crurent d'autant mieux qu'ils ne tardèrent
» pas à entendre le bruit d'une fusillade qui avait lieu
» dans la ville. C'était la garnison de Tuy qu'ils avaient
» en vain attendu la veille, et qui arrivait à leur secours.
» Le détachement venu de Tuy fut bien étonné à son
» tour, en arrivant devant Vigo, d'être foudroyé par le
» feu qui partait d'une ville qu'il croyait encore au pou-
» voir des Français. Ce détachement fut bientôt cerné,
» mis en déroute et poursuivi avec tant de vigueur, que
» de quatre cent cinquante hommes, il en échappa à peine
» cinquante. Soixante-dix hommes de ce détachement se
» rendirent prisonniers et furent conduits à bord du vais-
» seau anglais.

» La caisse militaire contenait cent dix-sept mille
» francs; on découvrit ensuite vingt autres mille francs:
» ces deux sommes furent distribuées à l'armée victo-
» rieuse. Jamais on n'avait vu une armée aussi mélangée;
» on distinguait au milieu de cette foule de matelots,
» de soldats, de paysans, don Francisco Sanchés Villa-
» martin, qui avait si bravement commandé le corps des
» étudians de Salamanque; l'abbé de Valladary et le
» premier prêcheur des franciscains, frère Andrés Vil-
» lagaloi.

» Murillo envoya un détachement de ses forces occuper
» Tuy; le détachement portugais repassa le Minho et
» se barricada dans Viana, fortifiant le pont sur la Lima

» pour défendre cette ville contre les Français de l'armée
» du maréchal Soult qui pourraient tenter de venir par
» cette route directe au secours de Tuy et de Vigo.

NOTE X.

Le 30 mars la Romana descend des montagnes de Puebla de Sanabria. (Pag. 108.) *Voyez* le rapport officiel du marquis de la Romana, daté de Paramo del sil le 30 de mars, dans la gazette de Séville, n°. 19, intitulée *Gazeta del Gabierno del Lunes 17. de abril 1809.*

NOTE XI.

Sept cents Français furent noyés à la fois dans le Minho, par l'ordre de don Pedro de Barrios. (Pag. 110.)

(Ce fait est rapporté dans une dépêche de monsieur Frère à M. Canning, secrétaire d'état, datée de Séville, le 10 juillet 1809. Elle est rapportée sous le n°. 8 dans les papiers présentés au parlement d'Angleterre en 1808.

NOTE XII.

Les habitans du Portugal s'étaient levés en masse comme ceux de la Galice, et les Portugais opposaient aux Français douze mille soldats de ligne et soixante-dix mille hommes de milices. Voyez Treatise on the defense of Portugal and principal events of the campaigns under lord Wellington by William Granville

Eliot captain in the royal regiment of artilleri 3ᵉ edition, London 1811, pag. 229, dont voici la traduction. — Après avoir parlé de l'embarcation de l'armée anglaise à la Corogne après la bataille du 16 janvier, il continue ainsi :

« Les Portugais s'occupaient alors à organiser leur
» levée en masse et à l'armer avec de longues piques.
» Leur armée réglée et leurs corps de milices furent re-
» crutés et portés à soixante-dix mille hommes, mais
» ils manquèrent d'armes en bon état. Ils avaient douze
» mille soldats de ligne sous les armes. »

NOTE XIII.

Les Français quittèrent Oporto le 12 mai, et ils eurent une affaire d'arrière-garde avec les avant-gardes anglaises. Le corps du maréchal Soult était poursuivi et cerné par trois armées. (Page 111.) (Voyez la traduction des lettres suivantes de lord Wellington, alors lord Wellesley, à lord Castlereagh. Elles sont tirées des papiers présentés au parlement d'Angleterre.)

Nº 16.

Traduction de la copie d'une lettre du lieutenant général sir Arthur Wellesley à lord vicomte Castlereagh, datée d'Oporto le 12 mai 1809.

MYLORD,

« J'ai eu l'honneur de vous informer que je me pro-

» posais de faire marcher l'armée de Coimbre le 9 pour
» chasser l'ennemi d'Oporto.

» L'avant-garde et la cavalerie avaient marché le 7,
» et l'armée tout entière avait fait halte le 8 pour don-
» ner le temps au maréchal Béresford d'arriver avec son
» corps sur le Douro supérieur.

» L'infanterie de l'armée était formée pour cette expé-
» dition en trois divisions, dont deux, celles qui formaient
» l'avant-garde étaient composées de la légion hanovrienne,
» de la brigade du général R. Stewart avec une brigade de
» canons de six, et une brigade de canons de trois, sous le
» lieutenant général Paget; de la cavalerie sous le lieute-
» nant général Payne, et de la brigade des gardes; des bri-
» gades d'infanterie du général Campbell et du général
» Sontag avec une brigade de canons de six, sous le lieu-
» tenant général Sherbrooke. Ces deux divisions firent un
» mouvement par la grande route de Coimbre à Oporto;
» une troisième division, composée des brigades d'infan-
» terie du major général Hill et du brigadier général Ca-
» meron, et d'une brigade de canons de six, marcha sous
» le commandement du major général Hill par le chemin
» de Coimbre à Aveiro.

» Le 10 au matin, avant le jour, la cavalerie et l'a-
» vant-garde traversèrent la Vouga dans l'intention de
» surprendre et de couper quatre régimens de cavalerie
» française, un bataillon d'infanterie et l'artillerie can-
» tonnés dans Albergana Nova et dans les villages voisins
» à environ huit milles de la rivière, entreprise dans la-

» quelle nous échouâmes ; mais la supériorité de la cava-
» lerie anglaise fut évidente pendant tout le jour. Nous
» prîmes quelques prisonniers, et les canons, et l'avant-
» garde s'empara de la position d'Oliveira.

» Le même jour, le général major Hill, qui s'était
» embarqué à Aveiro le soir du 9, arriva à Ovar, der-
» rière la droite de l'ennemi, et la tête de la division du
» général Sherbrooke passa la Vouga le même soir.

» Le 11, l'avant-garde et la cavalerie continuèrent à
» faire un mouvement par la grande route d'Oporto avec
» la division du général major Hill sur le chemin pa-
» rallèle à celui qui conduit d'Oporto à Ovar.

» A l'arrivée de l'avant-garde à Vendas-Novas, entre
» Santo Redondo et Gryjon, ils en vinrent aux mains
» avec les avant-postes de l'avant-garde de l'ennemi, qui
» furent immédiatement repoussés, et peu de temps
» après, nous découvrîmes l'avant-garde elle-même,
» forte d'environ quatre mille hommes d'infanterie et
» quelques escadrons de cavalerie postés sur les hau-
» teurs au-dessus de Gryjon. Leur front était garanti par
» des bois et par un terrain inégal ; le flanc gauche de
» l'ennemi fut tourné par un mouvement bien exécuté
» par le général major Murray avec la brigade de la légion
» hanovrienne du général Langworth.

» Pendant que le 16ᵉ régiment portugais de la brigade
» du général Richard Stewart attaqua leur droite, les ca-
» rabiniers du 95ᵉ et les compagnies de flanqueurs des 29ᵉ,
» 43ᵉ et 52ᵉ de la même brigade, sous le major Way,

» attaquèrent l'infanterie du centre dans les bois et les
» villages.

» Ces attaques obligèrent l'ennemi à se retirer, et
» l'honorable général Charles Stewart conduisit deux es-
» cadrons du 16ᵉ et du 20ᵉ de dragons sous le commande-
» ment du major Blake, à la poursuite des ennemis. Il dé-
» truisit plusieurs hommes et fit plusieurs prisonniers.

» La nuit du 11, l'ennemi traversa le Douro et détrui-
» sit le pont de cette rivière.

» Il était important, pour les opérations du maré-
» chal Beresfort, que je traversasse le Douro immédia-
» tement; et j'avais envoyé le général major Murray le
» matin avec un bataillon des légions hanovriennes, un
» escadron de cavalerie et deux canons de six pour tâcher
» de rassembler des bateaux, et, s'il était possible, de
» traverser la rivière à Avintas, quatre milles au-dessus
» d'Oporto, et l'on m'amena autant de bateaux qu'on
» put en trouver près du bac immédiatement au-dessus
» des villes d'Oporto et de Villa Nova.

» Le terrain sur la rive droite de la rivière à ce passage
» est protégé et commandé par le feu du canon placé sur la
» hauteur du couvent de Siena à Villa Nova. Il y avait
» une bonne position pour nos troupes sur la rive opposée
» de la rivière.

» L'ennemi ne remarqua pas nos bateaux ni l'em-
» barcation de nos troupes jusqu'à ce que le pre-
» mier bataillon (*les jaunes*, the Buffs), fut débar-
» qué et eut pris sa position sous le commandement

21.

» du lieutenant général Paget, sur le bord opposé de la
» rivière.

» Alors ils commencèrent à nous attaquer avec un
» grand corps de cavalerie, d'infanterie et d'artillerie sous
» le commandement du maréchal Soult. Cette attaque
» fut vaillamment soutenue par le corps du général Paget,
» qui tint seul jusqu'à ce qu'il fût secouru successivement
» par les 48e et 66e régimens appartenans à la brigade du
» major général Hill, et par un bataillon portugais, et
» ensuite par le premier bataillon de la brigade du briga-
» dier général Richard Stewart.

» Le lieutenant général Paget fut malheureusement
» blessé peu après le commencement de l'attaque, et ses
» braves troupes passèrent sous le commandement du
» major général Hill.

» Quoique les Français eussent attaqué plusieurs fois ces
» troupes, ils ne firent aucune impression, et, à la fin, le
» général major Murray s'étant montré sur le flanc gauche
» de l'ennemi venant d'Avintos, où il avait passé le fleuve
» et le lieutenant général Sherbrooke qui avait profité de
» la faiblesse de l'ennemi à Oporto, et avait traversé le
» Douro au bac entre les villes de Villa Nova et d'Oporto,
» s'étant avancé contre leur droite avec la brigade des gar-
» des et le vingt-neuvième régiment, les ennemis se reti-
» rèrent dans la plus grande confusion vers Amaranthe,
» laissant derrière eux cinq pièces de canon, huit chars
» de munitions et plusieurs prisonniers.

» La perte de l'ennemi en blessés et en tués a été
» très-considérable, et ils ont laissé derrière eux à

» Oporto environ 700 blessés et malades. Le brigadier
» général l'honorable Charles Stewart chargea avec l'es-
» cadron du 14ᵉ de dragons sous le commandement du
» major Hervey, et fit une heureuse attaque sur l'arrière-
» garde de l'ennemi.

» Dans les différentes actions dont je viens de faire
» le récit, nous avons perdu quelques officiers et quel-
» ques soldats estimables, et les services immédiats de
» quelques autres.

» J'ai perdu dans le lieutenant général Paget les secours
» d'un ami qui m'avait été très-utile pendant le peu de
» jours qu'il avait été à l'armée.

» Au moment où il a reçu sa blessure, il venait de
» nous rendre un service très-important en s'emparant
» de la position que les troupes maintinrent dans la suite,
» et en soutenant le premier assaut de l'ennemi.

» Le major Hervey s'est aussi distingué au moment
» qu'il reçut sa blessure dans la charge de la cavalerie.

» Je ne peux trop louer les officiers et les troupes. Elles
» ont fait en quatre jours quatre-vingt milles dans le pays
» le plus difficile ; elles ont gagné plusieurs positions impor-
» tantes ; elles ont engagé et défait trois différens corps des
» troupes de l'ennemi.

» Je voudrais, Milord, attirer votre attention sur la con-
» duite du lieutenant général Paget, du général major
» Murray, du général major Hill, du lieutenant général
» Sherbrooke, du brigadier général l'honorable Charles
» Stewart, du lieutenant colonel de Lancey, quartier-maî-
» tre général, et du capitaine Mellish, adjudant général,

» pour la manière dont ils ont aidé le général Stewart dans
» la charge de sa cavalerie ce jour-ci, et le 11, le major
» Collin Campbell aide adjudant général pour le se-
» cours qu'il a prêté au général major Hill dans la dé-
» fense de son poste, et au brigadier général Stewart dans
» la charge de la cavalerie ce jour-ci. Le major Fordyce,
» le capitaine Curry et le capitaine Hill, pour les services
» qu'ils ont rendus au général Hill.

» Je prie aussi votre seigneurie de faire attention à
» la conduite des carabiniers et des compagnies de flan-
» queurs des 29°, 43° et 52° régimens sous les ordres
» du major Way; à celle des 29° et 16° régimens por-
» tugais, commandés par le colonel Machado, à celle du
» lieutenant colonel Doyle; à celle de la légion hano-
» vrienne sous les ordres du brigadier général Langworth,
» ainsi que les deux escadrons du 16° et 20° de chevau-
» légers sous les ordres du major Blake, de la 20° dans l'ac-
» tion du 11; à la conduite des *jaunes* commandés par le
» lieutenant colonel Drummont; le 48° régiment com-
» mandé par le colonel Duckworth; le 66° commandé par
» le major Murray qui a été blessé, et l'escadron du 14°
» de dragons sous les ordres du major Hervey.

» J'ai été secouru d'une manière fort importante par
» l'adjudant général et quartier-maître général, colonel
» Murray, et par tous les officiers appartenans à ces deux
» départemens, aussi-bien que par le lieutenant-colonel
» Bathurst, et tous les officiers de mon état-major. J'ai
» tout lieu de me louer de l'artillerie, et des officiers du
» génie. ».

Je confie cette dépêche au capitaine Stanhope, que je prends la liberté de recommander à la protection de sa seigneurie. Son frère l'honorable major Stanhope fut malheureusement blessé d'un coup de sabre, le 10, lorsqu'il commandait une charge du seizième de chevau-légers.

Signé ARTHUR WELLESLEY.

NOTE XVII.

Traduction d'une dépêche du lieutenant général lord Arthur Wellesley à lord vicomte Castelreagh, datée de Mont-Alègre, le 18 de mai 1809 (1).

MILORD,

« Quand je me déterminai à l'expédition du nord du
» Portugal, contre le maréchal Soult, j'espérais que le
» général portugais Silveyra, pourrait garder sa position
» sur la Tamega, jusqu'à ce qu'il eût été renforcé. Si
» cette position eût été gardée, et si la ville de Chaves
» avait été occupée, l'ennemi était cerné, et il n'avait
» d'autre ressource que celle de traverser le Minho, et je
» me proposais, si je réussissais, de le presser de ma-
» nière à l'empêcher de passer cette rivière.

» Toutefois la perte du pont d'Amaranthe, le 2 de ce
» mois, changea nos projets; je ne pouvais pas espérer
» que le général Béresford qui s'était mis en marche le 5,
» vers le Douro supérieur et qui était arrivé à Lamego le

---

(1) Cette lettre et la précédente sont traduites littéralement et presque mot pour mot, phrase pour phrase.

» 10, fût en état de faire autre chose que de tenir tête à
» l'ennemi de ce côté, et de l'obliger de se retirer en Galice
» par Chaves, plutôt qu'en Castille par Villa-Real.

» Cependant le général Béresford ayant obligé les postes
» de l'ennemi à Villa-Real et à Maisan-Frien, de se
» replier avec quelques pertes, et ayant passé le Douro,
» il enfonça les avant-postes du général Loison au pont
» d'Amaranthe, et reprit possession de la rive gauche de la
» Tamega le 12, c'est-à-dire, le même jour où le corps sous
» mon commandement força le passage du Douro à Oporto.

» Loison évacua Amaranthe dans la matinée du 13,
» aussitôt qu'il apprit ce qui s'était passé à Oporto la
» veille, et rencontra l'avant-garde de l'armée française
» à une petite distance de la ville, que le général Béres-
» ford occupa immédiatement.

» Il me fut impossible de commencer la poursuite de
» l'ennemi avant le matin du 13, quand la légion hano-
» vrienne s'avança sur Valonga, sous le général major
» Murray.

» Le soir je fus informé que l'ennemi avait détruit le
» matin une grande partie de ses canons, dans le voisi-
» nage de Penafiel, et avait dirigé sa marche vers Braga.

» C'était probablement le résultat de la position dans
» laquelle il s'était trouvé d'après les opérations du
» général Béresford sur le Tamega. Aussitôt que je me
» fus assuré que le fait était véritable, je marchai le
» matin du 14, avec l'armée en deux colonnes, vers la
» rivière Minho.

» En même temps j'envoyai le maréchal Béresford
» sur Chaves, en cas que l'ennemi tournât sa droite ;
» et le général major Murray devait communiquer avec
» Béresford, s'il trouvait, comme on le disait, que Loison
» était dans le voisinage d'Amaranthe.

» Le soir du 14 je fus assuré par les mouvemens des
» détachemens de l'ennemi, dans le voisinage de Braga,
» que son intention était de diriger sa retraite sur Chaves
» ou Mont-Alegre, et j'envoyai le maréchal Béresford
» dans le cas qu'ils effectuassent ce mouvement pour
» pousser sur Monterey, de façon à arrêter l'ennemi s'il
» passait par Villa de Rey.

» Le général Béresford avait anticipé mes ordres et avait
» fait marcher son corps sur Chaves ; il avait déjà en-
» voyé le général Silveyra pour s'emparer des passages
» du Ruivaes et de Melgassi, près de Salamonde ; mais il
» arriva malheureusement trop tard.

» J'arrivai à Braga le 15, le général Murray était à Gui-
» maraens, et l'ennemi environ à quinze milles en avant
» de notre front, et je me trouvai le 16 à Salamonde.

» Nous eûmes là une affaire avec son arrière-garde.

» Les gardes sous le lieutenant général Sherbrooke
» et le brigadier général Campbell, attaquèrent leur po-
» sition, et ayant tourné leur flanc gauche par les hau-
» teurs, ils les obligèrent à les abandonner, laissant un
» canon et quelques prisonniers derrière eux.

» Cette attaque fut faite à une heure tardive de la soirée ;

» Le 17 nous marchâmes sur Ruivaes, pour voir si l'en-

» nemi se tournerait vers Chaves ou continuerait sa retraite
» sur Mont-Alegre, et le 18 nous arrivâmes à cette place.

» Je trouvai là qu'il avait pris un chemin à travers les
» montagnes, vers Oreuse par lequel, il m'aurait été diffi-
» cile et peut-être impossible de l'atteindre ; et je n'avais
» aucun moyen de l'arrêter.

» L'ennemi commença sa retraite comme je vous en ai
» informé, en détruisant une grande partie de ses canons
» et de ses munitions ; il détruisit ensuite tout ce qu'il en
» restait et une grande portion de son bagage, et ne con-
» serva rien que ce que les soldats ou quelques mulets
» pouvaient porter. Il laissa derrière lui ses blessés et ses
» malades ; et, le chemin de Penafiel à Mont-Alègre est
» couvert de carcasses de chevaux et de mulets, et des
» corps des soldats français qui avaient été mis à mort par
» les paysans avant que notre avant-garde pût les sauver.

» Cette dernière circonstance est un effet naturel de
» l'espèce de guerre que l'ennemi fait dans ce pays.

» Les soldats français ont pillé et massacré les paysans à
» plaisir, et j'ai vu plusieurs personnes pendues aux arbres
» sur les côtés du grand chemin ; et je n'ai pu trouver d'au-
» tre motif si ce n'est qu'elles n'avaient pas été favorables
» à l'invasion française et à l'usurpation du gouvernement
» de leur pays, et la route de la colonne française dans sa
» retraite pouvait être tracée par la fumée des villages aux-
» quels elle avait mis le feu.

» Nous avons fait environ 500 prisonniers ; en tout
» l'ennemi a perdu près d'un quart de son armée, toute

» son artillerie, et ses équipages, depuis que nous
» l'avons attaqué sur la Vouga.

» J'espère que votre seigneurie croira que je n'ai omis
» aucune mesure pour interrompre la retraite de l'en-
» nemi. Il est clair que si une armée jette tous ses canons,
» son équipement et ses bagages, et toutes les choses qui
» la fortifient, et abandonne tous ceux qui ont droit à sa
» protection, mais qui retardent sa marche, elle doit pou-
» voir marcher dans des chemins où elle ne peut pas être
» atteinte par une armée qui n'a pas fait les mêmes sacri-
» fices.

» Il est impossible de trop louer les efforts des troupes ;
» le temps a été très-mauvais depuis le 13, il a plu cons-
» tamment, et les chemins dans ce pays difficile ont été
» presqu'impraticables. Mais elles ont persévéré dans leur
» poursuite jusqu'à la fin, et en général elles étaient en
» marche depuis le matin jusqu'au soir.

» La brigade des gardes était à la tête de la colonne, et
» donnait un louable exemple ; et dans l'affaire avec l'ar-
» rière-garde de l'ennemi le soir du 16, elle s'est conduite
» remarquablement bien. »

Signé ARTHUR WELLESLEY.

NOTE XIV.

Le maréchal Soult arriva le 22 mai à Lugo en Galice, délivra la garnison de cette ville qui était assiégée par les Espagnols, et se mit en communication avec le maréchal Ney, et peu de jours après il reprit l'offensive contre l'armée du marquis de la Romana, qu'il poursuivit sans pouvoir l'atteindre par Monforte, Ponte-Ferrada, Bollo et Viano. (Page 112). Voyez les lettres suivantes du maréchal Soult; elles ont été interceptées par les partisans espagnols, et elles sont tirées des papiers relatifs aux affaires d'Espagne et de Portugal, présentés au Parlement d'Angleterre, en 1810.

(First inclosure referred to in n° 8.)

Lettre du maréchal Soult à Joseph Buonaparte, datée de Puebla de Sanabria, 25 juin 1809.

A Sa Majesté le Roi d'Espagne et des Indes.

SIRE,

« J'ai l'honneur de rendre compte à Votre Majesté, que le 2ᵉ corps d'armée est réuni, depuis hier au soir, à la Puebla de Sanabria, où je me propose de laisser reposer les troupes pendant quatre ou cinq jours, pour leur donner le temps de préparer pour quatre jours de subsistance, et ensuite je les dirigerai sur Zamora.

» Le 2 de ce mois je partis de Lugo, ainsi que par ma lettre du 30 mai j'ai eu l'honneur de l'annoncer à Votre Majesté, et je me dirigeai sur Monforte, où les divisions arrivèrent le 4 et le 5. Le corps de la Romana y était passé deux jours auparavant, se rendant à Oreuse. Quelque diligence que je fisse, il ne me fut

» pas possible de joindre son arrière-garde; elle avait
» passé le Sil sur plusieurs points, et avait détruit les
» barques, lorsque les détachemens que j'envoyais arri-
» vèrent aux barres de Saint-Esteven de Gudia, de Para-
» della et de Forbes. Tous les habitans de l'arrondisse-
» ment de Monforte avaient abandonné leurs maisons.
» Je restai en position jusqu'au 11, et pendant ce temps,
» on fit plusieurs démonstrations de passage. J'annonçai
» une marche sur Oreuse; on prépara des subsistances;
» je reçus un convoi de six pièces de montagne, des mu-
» nitions, des souliers, et un bataillon de marche, formé
» par une partie des hommes que j'avais laissés à Lugo:
» j'ai, en outre, laissé à Lugo neuf cent soixante-sept
» hommes malades ou hors d'état de suivre, aux ordres
» de l'adjudant commandant Desroches, qui doit, quand
» ils seront rétablis, les conduire à Zamora.

» Le 11 je me remis en marche, me dirigeant sur le
» val de Orres; le général de division Loison ayant sous
» ses ordres la division Merle, et la brigade de dragons,
» commandée par le général Lorge, rencontra les insur-
» gens au nombre de deux à trois mille hommes à l'entrée
» du val de Quiroya, et les poussa vivement jusqu'à
» Montefurado, où il les trouva en position, couvrant
» le passage qui est sur le rocher, au travers duquel le
» Sil passe; le 4e régiment d'infanterie légère, soutenu
» par le 15e de ligne et le 13e de dragons, les culbuta,
» et le 12 au soir, cette avant-garde prit position sur le
» plateau de Laronco, où un détachement du 13e dragons,

» et un autre du 1ᵉʳ de chasseurs provisoires, eurent oc-
» casion de charger, et se signalèrent. Le 15, au matin,
» le général Loison eut ordre de s'emparer de Puente-
» Bibey, de marcher sur Puebla de Tribes, de faire
» occuper le pont de la Havea, et de pousser son avant-
» garde vers el Burgo. Le pont sur la Bibey se trouva
» défendu par quatre mille hommes qui s'étaient établis
» sur des rochers, et dans les zigzags que fait la route
» pour gravir la côte, presque à pic, de la rive gauche ;
» les insurgés, auxquels était joint un détachement du
» corps de la Romana, avaient en outre fait beaucoup de
» coupures, barricadé le pont, et ils se préparaient à le
» couper, lorsque le 2ᵉ régiment d'infanterie légère,
» soutenu par le 36ᵉ de ligne, aux ordres du général
» Samet, se présentèrent. La charge eut aussitôt lieu,
» les obstacles furent surmontés, et l'ennemi fut mis en
» déroute ; on le poursuivit jusqu'au-delà de la Puente
» de Havea, où il se dispersa. Dans cette affaire, qui
» fait honneur aux troupes qui combattirent, les insur-
» gés perdirent beaucoup ; nous n'avons à regretter que
» quatre soldats du 2ᵉ tués et 15 blessés ; parmi les
» derniers est le sieur Courtade, capitaine des volti-
» geurs, qui eut la jambe cassée après avoir franchi la
» barricade du pont. Le général Morte eut un cheval tué
» sous lui : la brigade du général Lorge eut des dragons
» blessés et des chevaux tués.

» Pendant que le mouvement s'opérait, le général
» Franceschi, avec sa division de cavalerie légère, et le

» 47ᵉ régiment de ligne, remontait la rive droite de la
» Bibey, prenait position en avant, et à droite de Bollo,
» et envoyait ses reconnaissances par Viana, sur la Gu-
» dina, et vers Porto.

» Le général de la Borde avec sa division, et la brigade
» de dragons du général Caulincourt, s'établissait à la
» Rua, d'où il nettoyait d'ennemis tout le val de Orres
» jusqu'au pont de Domingo-Flores.

» La division Mermet prenait position sur le plateau
» de Laronco; et celle du général Heudelet, à laquelle
» s'était réuni la colonne aux ordres du général Rouyer
» venant de Lugo, était en marche sur Montefurado, où
» elle n'arriva que le 15 au soir. La brigade de dragons du
» général Marisy, commandée par le général la Hous-
» saye, était attachée à la division Heudelet et aux ordres
» de ce général.

» L'insurrection du val de Orres se composait de la
» population du val de Quiroya, de celle du val de Orres,
» de la juridiction de Bollo, et des arrondissemens de
» Puebla de Tribes, de Saint-Claudio, de Castro de
» Cladelar, de Coba, et des montagnes de Saint-Manier,
» formant ensemble huit à neuf mille hommes, tous
» armés et dirigés par le curé de Casoyo don Jose Ra-
» mon Quiroya y Uria, que la Romana a nommé géné-
» ral; par don Juan Bernardo Quiroya y Uria, frère
» du précédent; par les curés de Bandollo et de Barco;
» par le juge de Bollo, nommé Corason; et par l'avocat
» du village de Patin, près la Rica.

» Après les affaires de Montefurado, de Laronco et
» de Fuente Bibey, tous les insurgens se dispersèrent
» dans les montagnes ; mais la partie qui resta à Saint-
» Clodio, continua ses agressions, et profita de la posi-
» tion de ce village qui est au bord du Sil, vis-à-vis de
» Saint-Martin de Quiroya, pour faire un feu continuel
» sur la colonne qui était obligée de défiler à demi-por-
» tée, sur la rive droite, et lui fit éprouver des pertes.
» Lorsque la Flavea fut passée, le général Loison eut
» ordre d'envoyer un détachement à Saint-Clodio pour
» incendier le village, en punition de la conduite infâme
» de ses habitans ; il lui fut aussi ordonné d'en envoyer
» un autre à Castro de Caldelar, pour y donner un
» pareil exemple, en punition de l'assassinat de quatre-
» vingt-cinq chasseurs à cheval du 15ᵉ régiment, qui avait
» eu lieu le 2 février dernier, et auxquels les popula-
» tions de Saint-Clodio, de Puebla de Tribes et de Colo,
» avaient pris part. Les dépouilles de ces malheureux, que
» l'on trouva, furent réunies, et mises à côté d'un écrit
» qui faisait connaître les motifs de cette juste vengeance.
» Le général Loison fit grâce à la population de Puebla
» de Tribes, qui vint en masse se soumettre, protesta
» de son repentir, et promit de se mieux conduire.

» Les démonstrations qui avaient été faites pour passer
» le Sil, et la marche du général Loison par Puebla de
» Tribes, en suivant la route de la rive gauche, qui con-
» duit du val de Orres à Oreuse, firent craindre au mar-
» quis de la Romana, qui s'était arrêté, et réuni dans

» cette dernière ville, d'y être attaqué avant qu'il eût
» pu joindre le corps de Carrera, qui était sur Vigo et
» Redondella; il partit avec précipitation; et une forte
» reconnaissance que le général Loison envoya le 16 en
» avant de Villarino, lui apprit que son arrière-garde
» était déjà sur la Lima, vers Fiasso, se dirigeant par la
» route de Castilla sur la Gudina, effectivement, un
» parti que le général Franceschi envoya le 17 sur le der-
» nier endroit, par Vienna, y rencontra son avant-garde,
» et eut avec elle un engagement. Le 18, un détachement
» de cent chevaux ennemis se porta en reconnaissance,
» à la gauche de la position qu'occupait à Bollo le général
» Franceschi; nous apprîmes qu'un corps de quatre à
» cinq mille hommes commandé par Chavarria, était
» arrivé au Porto; et les paysans soumis, de la juridic-
» tion de Bollo, vinrent déclarer qu'ils recevaient l'or-
» dre, à l'instant, de préparer beaucoup de subsistance
» pour les troupes de la Romana.

» Lorsque je fus instruit de ces détails, je présumai que
» la Romana était en marche pour se porter, soit sur la
» Puebla de Sanabria et me fermer le passage, soit pour
» retourner par les montagnes de la Cabrera dans la
» vallée de Ponferrada et de Villa-Franca, où il paraît tou-
» jours exister des fermens d'insurrection; je donnai de
» suite ordre au corps d'armée de se diriger sur Viana, où
» le 15 l'avant-garde et la division Mermet prirent posi-
» tion; les autres divisions y arrivèrent successivement
» dans la journée du 20.

» Le détachement de cavalerie espagnole qui avait été
» vu la veille sur la gauche du Bollo, fut encore aper-
» çu au moment où l'avant-garde se mettait en marche;
» il fut poursuivi jusqu'à Viana sans pouvoir être atteint.
» L'ennemi avait 1,800 hommes d'infanterie sur les hau-
» teurs de Pinzo, gardant le pont sur la Bibey, et par sa
» contenance, paraissait disposé à se défendre. Les
» renseignemens que nous obtînmes de quelques habi-
» tans qui étaient restés à Viana, furent que l'on pré-
» parait des subsistances d'après les ordres de la Ro-
» mana qui, la veille, était venu dans cette ville, et que
» son projet était de nous attaquer; qu'à cet effet, le
» corps qui s'était porté sur Porto, devait manoeuvrer sur
» notre gauche pour pénétrer dans le val de Orres, ré-
» tablir l'insurrection, et ensuite agir sur nos derrières,
» tandis que nous serions attaqués de front; il annon-
» çait aussi l'arrivée d'un renfort considérable d'Anglais
» et de Portugais; et, enfin, que son armée était sur les
» hauteurs entre la Gudina et Viana.

» Il était trop tard pour attaquer le jour même le dé-
» tachement ennemi qui était devant Viana; mais les
» dispositions furent faites pour le chasser de sa position
» le 20 au matin, et ensuite pour reconnaître celle de
» l'armée, me proposant de la combattre, quelle que fût
» sa force, si elle tenait sa position. A la pointe du jour,
» on reconnut que les Espagnols s'étaient retirés; des
» reconnaissances furent envoyées à leur poursuite, et on
» apprit qu'ils évacuaient également depuis minuit la Gu-

» dina, se dirigeant en toute hate sur Monterey, et an-
» nonçant l'intention de retourner à Oreuse; il fut aussi
» rapporté qu'il y avait une grande désertion parmi eux,
» beaucoup de malades et qu'ils manquaient des choses
» les plus nécessaires, disposition que leur retraite pré-
» cipitée ne pouvait encore qu'augmenter.

» Dans toute autre circonstance, je me serais mis à la
» poursuite de la Romana, quoique pour l'atteindre et
» le forcer à combattre, il eût fallu manoeuvrer long-
» temps ; mais ainsi que j'ai eu l'honneur de l'annoncer
» à Votre Majesté dans ma lettre du 30 mai dernier, je
» considérai que depuis ma retraite de Portugal, ma
» mission ne pourrait être de rester en Galice, où d'ail-
» leurs je ne trouvais aucun moyen pour rétablir les trou-
» pes et les pourvoir des objets indispensables qui leur
» manquaient, ni une place pour faire déposer un grand
» nombre de malades qui sont à la suite des régimens et
» que je dois faire emporter par les chevaux de la cavalerie.
» (A moins d'aller à la Corogne ou au Ferrol). Je con-
» sidérais aussi que l'armée anglaise qui, lors de ma re-
» traite, poussa jusqu'à Fiasso, et était subitement ren-
» trée en Portugal, annonçait le projet de marcher sur le
» maréchal Victor et de se porter sur Madrid, pouvait
» bien avoir fait l'un ou l'autre de ces mouvemens (il
» n'en paraissait plus sur les frontières de Galice, seu-
» lement un corps de 500 Portugais avait joint la Ro-
» mana) ; et, dans cette supposition, qu'il était d'une
» importance majeure que je me dirigeasse sur Zamora

» pour contribuer avec les troupes qui sont entre le Dou-
» ro et le Tage, à couvrir Madrid, soit en empêchant
» l'ennemi de prendre cette direction, soit en manœu-
» vrant sur son flanc ou sur ses derrières, si déjà il s'y
» était engagé; je pensais aussi que je ne pouvais éviter
» de me rapprocher d'une place de dépôt où je pusse
» mettre les malades, recevoir des secours et prendre
» quinze jours de repos, pour ensuite continuer les opé-
» rations et agir suivant les circonstances.

» Telle était mon intention le 30 mai, lorsque j'é-
» crivis à Votre Majesté, et que je convins en conséquence
» de nos opérations avec le maréchal Ney; d'après cet
» arrangement, le sixième corps devait reprendre Vigo et
» diriger une colonne sur Oreuse pour se mettre en rap-
» port avec moi; si le mouvement eût eu lieu, le corps
» de la Romana était très-compromis; mais monsieur le
» maréchal Ney m'a écrit de Saint-Jago, qu'après avoir
» poursuivi l'ennemi jusqu'au pont de Sampayo, il l'a-
» vait trouvé retranché sur la rive gauche du Caldelar,
» ayant coupé le pont, et montrant 10 à 12,000 hommes
» de troupes, dont 3 à 4000 de ligne et le reste en paysans,
» le tout aux ordres du général Noronha, qui se dit
» général en chef de l'armée du Minho, et des géné-
» raux Murillo et Carrera; que les Anglais avaient
» deux vaisseaux et trois frégates dans la baie de Vigo,
» dont les équipages étaient débarqués et étaient char-
» gés de défendre la place, ainsi que des retranche-
» mens qu'ils avaient faits à la pointe de Rande; et enfin

» que, dans cette situation, il n'avait pas jugé à propos
» de pousser son attaque ni d'envoyer sur Oreuse la co-
» lonne dont nous étions convenu : qu'il se repliait sur
» Saint-Jago et plaçait ses avant-postes à el Pedrou,
» gardant les bords de la Cella; il m'engageait ensuite à
» rester en Galice, et me représentait qu'il pourrait ré-
» sulter pour lui de fâcheuses conséquences, si j'en
» sortais. Cette proposition m'étonna, et il me parut que
» monsieur le maréchal Ney se conduisait de façon à m'o-
» bliger à rester en Galice; car certainement rien ne
» l'empêchait de manœuvrer sur Oreuse, tandis que moi-
» même j'agissais contre la Romana; il eût pu ensuite,
» lorsque celui-ci se serait retiré, marcher sur les der-
» rières de Carrera, prendre ses troupes ou les obliger à
» s'embarquer précipitamment; mais il fit le contraire :
» ainsi, dès ce moment, je me crus encore plus obligé
» qu'auparavant à suivre mon premier projet, et à con-
» tinuer le mouvement dont nous étions convenu.

» A cet effet, aussitôt que je fus instruit que le général
» ennemi précipitait sa retraite sur Monterey, et qu'une
» partie de son corps était en défection, je me portai en
» bataille sur la route de Castille, la droite à la Gudina,
» et la gauche au col de Lubian, ayant des avant-postes
» ou gardes sur divers débouchés qui mènent en Por-
» tugal.

» Le 23, je fis marcher par la gauche sur la Puebla
» de Sanabria, d'où à l'approche de la tête de la colonne
» conduite par le général Loison, le corps de Chavarria

» formant trois mille hommes de divers détachemens qui
» étaient revenus de Porto, se retira après avoir encloué
» douze pièces de gros calibre qu'il y a à la Puebla ; le
» même jour ce corps se dispersa, une partie suivit par
» les montagnes des frontières de Portugal (on dit
» qu'il se porte sur Ciudad - Rodrigo), et le reste est
» errant dans le pays ; je ferai en sorte d'en ramasser, si
» l'on peut en joindre.

» Le 24 toutes les troupes du corps d'armée furent
» réunies aux environs de la Puebla de Sanabria, où je
» me propose de les laisser reposer pendant trois ou quatre
» jours ; pendant ce temps elles se prépareront des sub-
» sistances, on raccommodera la chaussure, les che-
» vaux seront ferrés, et je menacerai de nouveau le Por-
» tugal ; peut-être même que je ferai faire par un déta-
» chement une incursion vers Bragance, afin d'opérer
» une diversion, qui ne peut manquer de produire quel-
» que effet.

» Ainsi je ne me remettrai en marche que le 29 ou le
» 30 de ce mois, et j'arriverai, le 1er ou le 2 juillet,
» à Zamora ; je désire bien vivement que Votre Majesté
» ait daigné m'y envoyer des ordres, et les secours que
» j'ai eu l'honneur de lui demander par ma dépêche du
» 30 mai dernier.

» Je me permettrai, avant de terminer le rapport, de
» présenter à Votre Majesté quelques observations sur la
» situation actuelle de la Galice ; cette province est tou-
» jours en état de fermentation ; les menaces de mort et

» d'incendie qu'emploie la Romana, les nombreux agens
» qui agissent en son nom, les exécutions qu'il fait, les
» dévastations qui ont inévitablement lieu par les fré-
» quens mouvemens des troupes, la ruine de la plupart
» des habitans, l'absence de toute autorité qui représente
» Votre Majesté, l'influence des prêtres qui sont très-
» nombreux, et la grande majorité opposante ; l'argent
» que les Anglais répandent, la détresse des généraux fran-
» çais, qui, faute de moyens, ne peuvent souvent payer
» les émissaires qu'ils emploient : toutes ces causes con-
» tribuent à augmenter de jour en jour le nombre des
» ennemis, et à rendre la guerre qu'on fait dans ce pays
» très-meurtrière, infiniment désagréable, et d'un ré-
» sultat fort éloigné ; on s'y battra encore long-temps,
» avant que Votre Majesté en retire quelque avantage, à
» moins qu'elle n'adopte le système de faire fortifier sept
» à huit postes importans susceptibles de contenir cha-
» cun cinq à six mille hommes de garnison, un hôpital
» et des vivres pour quatre mois, pour maintenir la po-
» pulation, fermer et garder les principaux débouchés,
» dont l'ennemi ne pourrait plus profiter, et aussi pour
» offrir aux colonnes qui agiraient dans la province, des
» appuis, quelque direction qu'elles suivissent : ainsi
» elles pourraient recevoir des secours, et déposer leurs
» malades. Cette dernière considération est très-puis-
» sante, et je ne dois pas dissimuler à Votre Majesté
» qu'elle fait beaucoup sur le moral des soldats qui, dans
» l'état actuel des choses, sont exposés à périr de misère,

» ou sous les coups des paysans, s'ils ont le malheur
» d'être blessés ou atteints de la fièvre, et de se trouver
» éloignés d'un lieu sûr pour y chercher des secours.

» Je crois qu'avec une dépense d'un million, on par-
» viendrait à mettre en état de défense la Galice : et
» certes jamais argent n'aurait été mieux employé, d'au-
» tant plus que par la suite on pourrait diminuer le nom-
» bre des troupes qui pour le moment y sont nécessaires;
» dans cette persuasion j'ai engagé M. le maréchal Ney à
» faire fortifier Lugo, et à ordonner la construction de
» trois blockaus sur la ligne de Villa-Franca : les places
» de Tui, de Monteforte, de Monterey, de Viana et de
» Puebla de Sanabria, qui toutes peuvent contenir du
» canon, ont une enceinte, et un reste de fortification,
» pourraient aisément être rétablies, et rempliraient
» parfaitement cet objet; et s'il le fallait, il est encore d'au-
» tres postes qui, par leur situation, seraient à même de
» concourir à la défense, sans que les frais fussent con-
» sidérablement augmentés. Si cette mesure, que je con-
» sidère comme urgente et d'un résultat assuré, n'est
» point adoptée, il deviendra nécessaire que des renforts
» soient envoyés à M. le maréchal Ney, ne fût-ce que
» pour remplacer ses pertes, et maintenir libres les com-
» munications; quoique aujourd'hui il puisse être assez
» fort pour tenir tête au corps de la Romana et de Car-
» rera réunis, s'ils se présentaient sur ligne; mais leur
» système étant de harceler sans cesse, et d'éviter une
» affaire générale, avec le temps ils useraient l'armée la

» plus forte, et ils finiraient, même sans combattre, par
» la détruire, si elle n'était soutenue. On ferait une perte
» d'hommes incalculable, sans obtenir le résultat qu'on se
» propose.

» Il est probable que je ne serai plus dans le cas d'en-
» tretenir Votre Majesté au sujet de la Galice ; ainsi pour
» cette dernière fois, j'ai cru de mon devoir de lui rendre
» compte des observations que mon séjour dans cette
» partie de ses états, et la connaissance que j'ai acquise du
» caractère des habitans m'ont mis à même de faire. J'ai
» donc l'honneur de supplier Votre Majesté de daigner
» excuser cette digression en considération des motifs qui
» l'ont dictée. ».

J'ai l'honneur d'être, etc.

Signé M. le duc de DALMATIE.

Puebla de Sanabria, 25 juin 1809.

(Second) inclosure refered to in n°. 8.)

Lettre du maréchal Soult à Joseph Bonaparte, datée de Puebla de Sanabria 25 juin 1809.

A Sa Majesté le roi d'Espagne et des Indes.

SIRE,

« J'ai l'honneur de rendre compte à Votre Majesté que
» j'ai donné ordre au général Franceschi de partir de
» Puebla de Sanabria avec la division de cavalerie légère

» qu'il commande, et de se rendre à Zamora, où il lui
» fera passer le Douro, et l'établira à la rive gauche sur
» la route qui conduit à Ciudad-Rodrigo, et attendra de
» nouveaux ordres.

» Lorsque le général Franceschi aura pourvu à cet éta-
» blissement, il se rendra en poste près de Votre Majesté,
» à l'effet de lui remettre les dépêches dont je l'ai chargé,
» lui donner tous les détails sur la situation du corps
» d'armée et sur ses opérations, qu'elle pourra désirer,
» et avoir l'honneur de prendre des ordres.

» Je supplie Votre Majesté d'accueillir avec bonté le
» général Franceschi, de lui témoigner même qu'elle est
» satisfaite des services signalés qu'il a rendus pendant la
» campagne, et de vouloir bien me le renvoyer le plutôt
» possible, sa présence étant nécessaire pour le rétablis-
» sement de la division dont le commandement lui est
» confié.

» Le capitaine Anthonius, mon aide de camp, part
» avec le général Franceschi, et aura aussi l'honneur de
» prendre les ordres de Votre Majesté. Ce brave officier
» s'est conduit avec une grande distinction pendant la
» campagne, et je ne puis trop en faire l'éloge.

» Je me fais précéder à Zamora, où je compte me
» rendre le 2 juillet prochain, par l'ordonnateur en chef
» du corps d'armée, le sieur Lenoble, afin qu'il fasse pré-
» parer les subsistances nécessaires à la troupe, et l'hô-
» pital qui doit recevoir les nombreux malades qui sont
» à la suite des régimens. Il doit aussi réclamer, près

» M. l'intendant général de l'armée, les moyens en tout
» genre qui me manquent, tels qu'habillemens, chaus-
» sures, ambulances, officiers de santé, administration,
» transport militaire, payeurs, argent pour solde et dé-
» penses extraordinaires, poste, etc. J'ai l'honneur de
» supplier Votre Majesté de daigner donner des ordres
» pour qu'il soit fait droit à ces demandes; mes besoins
» sont très-grands.

» Je la supplie aussi de vouloir bien donner des pareils
» ordres au général commandant l'artillerie de l'armée,
» pour que les demandes que le général Dulauloy (que
» pour cet effet j'envoie à Zamora) fera au sujet de son
» service soient remplies. Le premier de ce mois, j'écrivis
» à M. le maréchal Jourdan, pour le prier de solliciter
» l'autorisation de réunir à Zamora un équipage d'artil-
» lerie de campagne pour y être à ma disposition; ma
» lettre doit lui être parvenue par M. le général Bigarre,
» aide de camp de Votre Majesté.

» J'ose encore demander à Votre Majesté qu'elle ait la
» bonté d'ordonner que tous les détachemens, les dépôts
» et les transports quelconques d'habillement qui doivent
» être dans diverses places, me rejoignent à Zamora; à
» moins que Votre Majesté ne préférât les envoyer à Sa-
» lamanque, dans le cas qu'il entrât dans ses dispositions
» de me faire diriger avec le corps d'armée sur ce point,
» pour être plus à portée de concourir aux opérations
» générales pendant même que je m'occuperais du réta-
» blissement des troupes.

» Votre Majesté est instruite qu'il y a plus de cinq
» mois que je n'ai reçu ni ordre, ni nouvelles, ni se-
» cours; par conséquent que je dois manquer de beau-
» coup de choses, et même ignorer les dispositions géné-
» rales desquelles l'exécution doit avoir lieu à ce sujet;
» j'ai aussi l'honneur de la prier de vouloir bien ordonner
» qu'il me soit envoyé des duplicata des ordres qui me
» manquent, et je m'y conformerai.

» Dans ma dépêche du 30 mai dernier, j'ai rendu
» compte à Votre Majesté que je mettais à la disposition
» de M. le maréchal Ney le général de brigade Rouger;
» mais ce général, qui a beaucoup de zèle, étant resté
» plusieurs jours à Lugo sans être employé, et pouvant
» l'utiliser, je l'ai amené : c'est lui qui a conduit le der-
» nier détachement qui est venu de Lugo, avec l'artil-
» lerie de Montagne.

» Le général de brigade Vialannes était très-fatigué,
» et il prétexta, avant mon départ de Lugo, des maladies
» que je ne crus pas aussi graves qu'il le prétendait; mais
» ayant remarqué en lui un affaiblissement moral, je lui
» ai donné ordre de se retirer près du major général de
» Votre Majesté pour recevoir des ordres.

» A cette époque, j'aurais aussi voulu pouvoir faire
» partir les généraux Lahoussaye et Mermet qui n'ont
» pas toujours fait ce qui était de leur pouvoir pour le
» succès des opérations; mais j'ai préféré attendre être
» arrivé à Zamora, afin de ne pas accréditer les bruits

» d'intrigues ou de conspiration qui eurent lieu en partant
» d'Oporto, auxquels ils n'ont certainement aucune part,
» et dont j'ai rendu compte à Votre Majesté ; les bruits
» étant aujourd'hui entièrement tombés, je crois utile
» au bien du service de l'Empereur qu'il soit donné une
» autre destination à ces deux généraux, que pour le
» moment il n'est pas nécessaire de remplacer ; la réduc-
» tion de la cavalerie permet de supprimer le cadre d'une
» division de dragons, et le général Loison qui est sans
» division, ou le général Ferby, en faveur duquel j'ai
» demandé le grade de divisionnaire, peuvent très-bien
» remplacer le général Mermet à Zamora ; je prendrais
» des dispositions en conséquence. Je supplie Votre Ma-
» jesté de l'approuver.

Il y aurait encore quelques changemens à faire sur le
» placement des généraux. J'ai chargé le général Fran-
» ceschi d'avoir l'honneur d'en entretenir Votre Majesté :
» le bien du service le commande, et le motif est trop
» puissant pour que l'Empereur n'y donne pas son agré-
» ment ; car, dans le genre de guerre que nous faisons,
» et avec l'espèce d'ennemis qu'il y a à combattre, il
» importe beaucoup au succès des opérations, que les
» chefs qui sont à la tête des troupes soient non-seule-
» ment impassibles, mais qu'ils aient une force d'âme qui
» les mette, en toutes circonstances, au-dessus des évé-
» nemens même les plus fâcheux. J'ai l'honneur de prier
» Votre Majesté qui, elle-même en est persuadée, de
» daigner prendre en considération l'observation que je

» me permets de lui faire, et qu'un zèle ardent pour le
» service m'inspire. »

J'ai l'honneur, etc.

Signé M. le duc de DALMATIE.

NOTE XV.

Voyez sur l'affaire de Talavera la lettre suivante du maréchal Jourdan au maréchal Soult, et la traduction de la lettre du chef des Anglais à lord Castelreagh. — La lettre du maréchal Jourdan a été interceptée par les Espagnols, et elle est tirée des papiers présentés au parlement d'Angleterre en 1810. Elle est comprise sous le titre de (Twenty-first inclosure referred to in n°. 14.)

Lettre du maréchal Jourdan au maréchal Soult, datée de Bargas, le 30 juillet 1809.

MONSIEUR LE MARÉCHAL,

« Éloigné depuis plusieurs jours de Madrid, je vous ai
» écrit plusieurs fois ; mais comme il est possible que mes
» lettres aient été interceptées, je vais vous communiquer
» l'ensemble des opérations de l'armée sous les ordres du
» roi depuis le 23 jusqu'à ce jour.

» Le 22 au soir le roi apprit que l'armée anglaise,
» réunie à celle de Cuesta aux environs de Talavera, se
» disposait à prendre l'offensive contre M. le duc de
» Bellune, qui était campé sur l'Alberche et qui avait son

» quartier général à Casalejas. Le mouvement de l'armée
» anglaise et de Cuesta sur M. le duc de Bellune devait
» être soutenu par un corps de dix à douze mille Portugais,
» qui des bords du Tietar s'était porté sur Escalona et
» sur l'Alberche, afin d'attaquer M. le duc de Bellune en
» queue, tandis qu'il le serait de front par l'armée an-
» glaise et celle de Cuesta.

» Le roi, qui avait prévu en partie ces mouvemens, avait
» donné ordre à M. le général Sébastiani de se replier
» sur Tolède.

» Le 23 le roi partit de Madrid avec sa réserve, et vint
» coucher à Navalcarnero. Sa Majesté avait le projet
» de continuer son mouvement sur Casalejas, afin de se
» réunir au duc de Bellune; elle avait également le projet
» d'appeler à Casalejas le 4ᵉ corps, lorsqu'il serait arrivé
» à Tolède.

» Dans la soirée du 23, M. le duc de Bellune rendit
» compte à Sa Majesté qu'ayant la certitude qu'il serait
» attaqué le 24, et que ne croyant pas prudent de com-
» battre contre un ennemi aussi supérieur, il allait se
» retirer sur Tolède et venir prendre position sur la
» Guadarama.

» Le roi ne put donc pas continuer son mouvement
» sur Casalejas; en conséquence Sa Majesté se rendit le
» 24 à Bargas, près de Tolède. Ce jour-là la tête du 4ᵉ
» corps arriva à Tolède, et le 25 le 1ᵉʳ corps, le 4ᵉ
» corps et la réserve furent réunis aux environs de To-
» lède.

» Le 26, le roi laissa trois mille hommes pour défendre
» Tolède, et se mit en marche avec toute l'armée pour
» prendre l'offensive. Arrivé à Torrijos, on rencontra les
» avant-postes ennemis; ils furent culbutés sur le corps
» de l'armée espagnole qui était campée à Santa-Olalla,
» où Cuesta avait son quartier général; l'armée anglaise
» était restée à Talavera, ayant une avant-garde à Casa-
» lejas.

» Le même jour le roi continua sa marche sur Santa-
» Olalla, où il vint établir son quartier général. L'armée
» espagnole se mit en retraite sur Talavera; son arrière-
» garde fut atteinte et sabrée.

» Le 27, le roi continua son mouvement en avant;
» l'avant-garde de l'armée anglaise fut rencontrée près
» de Casalejas et fut culbutée.

» L'armée anglaise et l'armée espagnole prirent posi-
» tion, la droite à Talavera, et la gauche sur un plateau
» dont l'accès était extrêmement difficile.

» Le roi fit passer l'Alberche à toute l'armée; tout ce
» qui voulut s'opposer à sa marche fut culbuté, et l'armée
» impériale arriva la nuit à portée du canon de l'armée
» ennemie; deux heures de jour de plus auraient permis
» au roi de faire enlever le plateau, auquel s'appuyait
» l'aile gauche de l'armée ennemie, et, comme ce plateau
» était la clef de sa position, elle eut été complètement
» battue.

» L'ennemi, qui sentit toute l'importance de cette
» position formidable, portait pendant la nuit sur ce

» plateau une nombreuse artillerie, et plaça toute l'armée
» anglaise en arrière de cette position, tandis que l'armée
» espagnole, forte de trente-six mille hommes, occupait
» les environs de Talavera.

» Néanmoins le roi se décida à attaquer les deux armées
» ennemies. Le 28, à la pointe du jour, le combat s'engagea
» par l'attaque du plateau, qui fut faite par les troupes du
» 1er corps. Nos troupes montèrent à l'assaut avec une va-
» leur peu commune; cependant, arrivées à la sommité,
» elles furent forcées de se replier, ayant été attaquées
» par des forces supérieures.

» Elles rentrèrent dans leur première position, et le
» combat fut suspendu.

» Le roi fut lui-même reconnaître le plateau; il fut
» décidé qu'on ferait une nouvelle attaque sur ce point
» important, qu'il n'y avait pas de possibilité de tourner.
» Mais que cette attaque serait faite par tout le 1er corps,
» tandis que le 4e attaquerait le centre de l'ennemi. Les
» troupes se mirent en mouvement à quatre heures après
» midi; il s'engagea de suite une action des plus vives;
» nos troupes firent des prodiges de valeur. Elles forcè-
» rent l'ennemi à abandonner le plateau, mais elles ne
» pouvaient jamais s'y maintenir par la facilité que l'en-
» nemi avait d'attaquer nos têtes de colonnes avec des
» forces supérieures. L'attaque du centre força également
» l'ennemi à recéder; nos troupes couchèrent sur le
» champ de bataille, après avoir fait éprouver à l'ennemi
» une perte immense; la nôtre a été considérable.

» Toute l'infanterie, excepté la réserve, a été engagée;
» le terrain n'a pas permis de faire agir la cavalerie.

» Le roi, ayant été prévenu que l'armée de Venegas
» s'était portée sur Tolède et sur Aranjuez, et qu'elle
» jetait des partis de cavalerie jusqu'aux portes de Ma-
» drid, a cru devoir se rapprocher de sa capitale pour
» empêcher que Madrid ne fût envahi. Il a aussi été porté
» à prendre ce parti dans l'espérance que le résultat de la
» bataille et votre mouvement sur Placentia engageraient
» l'armée anglaise à se séparer de Cuesta et à se reporter
» sur Placentia; en conséquence, le 29, le 1er corps prit
» son ancienne position sur l'Alberche, et Sa Majesté est
» venue coucher ce même jour avec le 4e corps et la
» réserve à Santa-Olalla; aujourd'hui il est venu à Bargas.
» Là, Sa Majesté est en position de secourir encore une
» fois, au besoin, le 1er corps, et d'empêcher l'ennemi
» de rien entreprendre sur Tolède, et faire repentir
» Venegas de sa témérité, s'il passait le Tage à Aranjuez
» pour se porter sur Madrid.

» Maintenant que je vous ai communiqué, M. le ma-
» réchal, tout ce qui a été fait, et les positions qu'occupe
» l'armée, Sa Majesté m'ordonne de vous dire, que si par
» votre mouvement sur Placentia, vous ne forcez pas
» l'armée anglaise à se séparer de l'armée espagnole,
» Sa Majesté aura de la peine à tenir tête à toutes les
» forces qui sont réunies devant elle; l'armée de Cuesta
» est forte de trente-cinq mille hommes, celle de Venegas
» de vingt-cinq mille; l'armée anglaise est également au
» moins de vingt-cinq mille; joignez à cela douze ou

» quinze mille Portugais aux ordres du général Wilson,
» vous verrez que tout cela s'élève à cent mille hommes.
» — J'oubliais de vous dire que le corps de Wilson s'est
» avancé jusqu'à Navalcarnero, et qu'au moment où le
» roi marchait sur l'armée anglaise, ce corps a été
» rappelé.

» Sa Majesté espère que vous êtes en pleine marche
» pour vous porter sur Placentia, et que, dans le cas où
» l'armée anglaise n'y serait pas parvenue, vous la cher-
» cherez partout où elle sera, afin de la combattre. Vous
» sentez que vous n'avez pas un moment à perdre, et que
» vous devez agir avec la plus grande célérité.

» Le roi désire recevoir fréquemment de vos nouvelles;
» il faut tâcher d'établir votre communication avec Avila,
» afin que Sa Majesté reçoive plus promptement de vos
» nouvelles.

» J'ai l'honneur de vous saluer avec la considération
» la plus distinguée.

» *Signé* le maréchal d'empire, major-général de
   » Sa Majesté Catholique, JOURDAN. »

30 juillet 1809.

Traduction d'une lettre du lieutenant général sir Arthur Wellesley à lord vicomte Castlereagh, datée de Talavera de la Reyna, le 29 juillet 1809, tirée des papiers présentés au parlement en 1809, sous le titre du n°. 28.

MILORD,

« Le général Cuesta suivit la marche de l'ennemi avec

» son armée le matin du 24, depuis l'Alberche jusqu'à
» Santa-Olalla, et il fit avancer son avant-garde à To-
» rijos.

» D'après les raisons que j'ai données à votre seigneurie
» dans ma dépêche du 24, je plaçai seulement deux di-
» visions d'infanterie et une brigade de cavalerie, au-
» delà de l'Alberche, à Casalegas, sous les ordres du lieu-
» tenant général Sherbrooke, dans l'intention d'entre-
» tenir la communication entre le général Cuesta et moi,
» et avec le corps de sir Robert Wilson, qui était à
» Escalona.

» Il paraît que le général Venegas n'avait pas exécuté
» cette partie du plan d'opération qui concernait son ar-
» mée, et qu'il était toujours à Damiel dans la Manche,
» et l'ennemi pendant les jours du 24, 25 et 26, ras-
» sembla toutes ses forces dans cette partie de l'Espagne,
» entre Torijos et Tolède, ne laissant qu'un petit corps
» de deux mille hommes dans cette ville.

» Son armée réunie se trouva alors composée du corps
» du maréchal Victor, de celui du général Sébastiani, de
» sept ou huit mille hommes des gardes de Joseph Bo-
» naparte et de la garnison de Madrid ; elle était com-
» mandée par Joseph Bonaparte, aidé par les maréchaux
» Jourdan et Victor, et par le général Sébastiani.

» Le 26, l'avant-garde du général Cuesta fut attaquée
» près de Torijos et obligée de reculer, et le général se
» retira avec son armée ce jour-là sur la rive gauche de
» l'Alberche. Le général Sherbrooke était à Casalegas, et
» l'ennemi à Santa-Olalla.

» Il était clair que l'ennemi se proposait d'essayer le
» résultat d'une action générale; la meilleure position pour
» l'attendre, semblait être dans le voisinage de Talavera,
» et le général Cuesta ayant consenti à prendre cette posi-
» tion le matin du 27, j'ordonnai au général Sherbrooke de
» se retirer avec son corps à sa place dans la ligne, lais-
» sant le général Mackenzie avec une division d'infanterie
» et une brigade de cavalerie, comme un avant-poste
» dans le bois, sur la droite de l'Alberche, qui couvrait
» notre flanc gauche.

» La position prise par les troupes à Talavera s'éten-
» dait à un peu plus de deux milles, le terrain était
» ouvert à la gauche, là où l'armée anglaise était placée, et
» elle était protégée par une hauteur sur laquelle elle était
» en échelon, et il y avait en seconde ligne une division
» d'infanterie sous les ordres du général major Hill.

» Il y avait une vallée entre cette hauteur et une chaîne
» de montagnes placées plus loin vers la gauche; la vallée
» n'avait pas été d'abord occupée, parce qu'elle était domi-
» née par la hauteur, et parce que la chaîne de montagnes
» semblait trop éloignée pour pouvoir influer sur l'action
» qui allait avoir lieu.

» La droite, composée des troupes espagnoles, s'étendait
» immédiatement en face de la ville de Talavera jusqu'au
» Tage; cette partie du terrain était couverte par des
» plantations d'oliviers et très-entrecoupée par des fossés
» et des haies. Le grand chemin qui conduit au pont sur
» l'Alberche était défendu par une batterie pesante, placée

» en face d'une église qui était occupée par l'infanterie es-
» pagnole. Toutes les avenues de la ville étaient défendues
» de la même manière ; la ville était occupée, et le reste
» de l'infanterie espagnole était formé en deux lignes der-
» rière les haies des routes qui communiquaient depuis la
» ville de la droite à la gauche de notre position.

» Au centre, entre les deux armées, il y avait une élé-
» vation de terrain ouverte par derrière, sur laquelle
» nous avions commencé à construire une redoute.

» Le brigadier général Alexandre Campbell, était placé
» sur cette monticule, avec une division d'infanterie, sou-
» tenue par la brigade de dragons du général Cotton et
» par quelque cavalerie espagnole.

» A peu près à deux heures, le 27, l'ennemi parut en
» force sur la rive gauche de l'Alberche, et manifesta l'in-
» tention d'attaquer la division du général Mackenzie.

» L'attaque fut faite avant qu'elle pût recevoir l'ordre
» de se retirer ; mais cette division, qui était composée des
» brigades du général Mackenzie et du colonel Donkin,
» et de la brigade de cavalerie du général Anson, et qui
» était soutenue dans la plaine qui est entre Talavera et le
» bois, par le général Payne, à la tête de quatre régi-
» mens de cavalerie, se retira en bon ordre, mais avec
» quelques pertes éprouvées en particulier par le 2ᵉ ba-
» taillon du 87ᵉ régiment et le 2ᵉ bataillon du 31ᵉ régi-
» ment qui étaient placés dans le bois.

» Dans cette occasion la fermeté et la discipline du
» 45ᵉ régiment et du 5ᵉ bataillon du 60ᵉ régiment, ont

» été très-remarquables, et j'ai été surtout très-satis-
» fait de la manière dont le général major Mackensie a
» fait retirer son avant-garde.

» Vers la fin du jour, l'ennemi parut en plus grand
» nombre sur la droite de l'Alberche, et il était clair
» qu'il se proposait de faire une attaque générale contre
» les armées combinées.

» Le général Mackensie continua à reculer graduelle-
» ment sur la gauche de la position des armées combi-
» nées, et il fut placé dans la seconde ligne en arrière des
» gardes. Le colonel Donkin était dans la même position
» plus à gauche en arrière de la légion royale alle-
» mande.

» L'ennemi commença son attaque immédiatement
» après la chute du jour dans la soirée, par une canonnade
» contre la gauche de notre position, et par une attaque
» de sa cavalerie, pour renverser l'infanterie espagnole
» postée sur la droite, comme je l'ai déjà dit; cette atta-
» que a échoué entièrement.

» De bonne heure dans la nuit, il envoya une division
» par la vallée contre la gauche de la hauteur occupée
» par le général major Hill, et dont il s'empara momen-
» tanément : mais le général major Hill l'attaqua à l'ins-
» tant avec la baïonnette, et regagna sa position.

» Cette attaque fut répétée pendant la nuit, et man-
» qua; elle fut recommencée de nouveau le matin, au
» point du jour du 28, par deux divisions d'infanterie,
» et elle fut repoussée par le général major Hill.

» Le général major Hill a loué particulièrement la
» conduite du 29ᵉ régiment et du 1ᵉʳ bataillon du 48ᵉ régi-
» ment, dans ces différentes affaires, aussi bien que celle
» du général major Tilson et du brigadier général Ri-
» chard Stewart.

» Nous avons perdu plusieurs braves officiers et soldats
» dans la défense de ce point important de notre po-
» sition. Je ne peux m'empêcher de faire mention du
» major de brigade Fordyce et du brigadier major Gar-
» dner ; le major général Hill a été blessé lui-même,
» mais très-légèrement.

» Cet essai infructueux fut suivi vers midi par une at-
» taque générale de toutes les forces de l'ennemi, contre
» toute la position occupée par l'armée anglaise.

» A la suite des attaques réitérées contre la hauteur
» où était notre gauche, par la vallée, j'avais placé deux
» brigades de cavalerie anglaise dans cette vallée ; elles
» étaient soutenues en arrière par la division de cava-
» lerie espagnole du duc d'Albuquerque.

» L'ennemi alors plaça de l'infanterie légère sur la
» chaîne des montagnes, à la gauche de la vallée ; je lui
» opposai la division d'infanterie espagnole du lieutenant
» général Bassecourt.

» L'attaque générale commença par la marche de plu-
» sieurs divisions d'infanterie que l'ennemi fit avancer
» par la vallée, dans l'intention d'attaquer la hauteur
» occupée par le général major Hill. Ces colonnes furent
» immédiatement chargées par le 1ᵉʳ et le 23ᵉ régimens

» de dragons légers, sous le brigadier général Anson,
» conduits par le lieutenant général Payne, et soutenus
» par la brigade de cavalerie pesante du général Fane; et
» quoique le 23ᵉ de dragons aie souffert une perte con-
» sidérable, cette charge a eu l'effet d'empêcher l'exécu-
» tion du plan de cette partie de l'armée de l'ennemi.

» En même temps il dirigea une attaque sur la position
» du brigadier général Campbell, contre le centre des ar-
» mées combinées, et à la droite des Anglais. Cette atta-
» que fut vigoureusement repoussée par le brigadier gé-
» néral Campbell, soutenu par le régiment de cavalerie
» espagnole du roi, et par deux bataillons d'infanterie es-
» pagnole; et le brigadier général Campbell prit le canon
» de l'ennemi.

» Le brigadier général fait mention en particulier de la
» conduite du 97ᵉ, du 2ᵉ bataillon du 7ᵉ et du 2ᵉ ba-
» taillon du 53ᵉ, régiment. J'ai été extrêmement satisfait
» de la manière dont on a défendu cette partie de la po-
» sition.

» L'ennemi fit aussi une attaque en même temps contre
» la division du lieutenant général Sherbrooke, qui était
» à la gauche, et au centre de la première ligne de l'ar-
» mée anglaise.

» Cette attaque fut vaillamment repoussée par une
» charge à la baïonnette de toute la division; mais la bri-
» gade des gardes qui était à gauche, s'étant trop avancée,
» fut exposée vers son flanc gauche au feu des batteries des
» ennemis et à celui de leurs colonnes, qui se retiraient;

» et la division fut obligée de se retirer à la première po-
» sition, sous la protection de la seconde ligne de la bri-
» gade de cavalerie du général Cotton que j'avais fait
» venir du centre, et sous la protection du 1er bataillon
» du 48e régiment.

» J'avais fait descendre ce régiment de sa première po-
» sition sur les hauteurs ; aussitôt que je vis les gardes
» avancer, il se forma dans la plaine, marcha contre
» l'ennemi, et couvrit la formation de la division du gé-
» néral Sherbrooke.

» Quelques momens après que nous eûmes repoussé
» cette attaque, dans laquelle apparemment toutes les
» troupes des ennemis avaient été employées, l'armée
» française commença sa retraite se dirigeant vers l'Al-
» berche; cette retraite fut conduite avec l'ordre le plus
» parfait, et fut effectuée pendant la nuit. L'ennemi
» laissa entre nos mains vingt pièces de canon, des
» munitions, des chariots, et quelques prisonniers.

» Votre Seigneurie observera, par l'état ci-inclus,
» la grande perte que nous avons éprouvée en officiers
» et soldats estimables dans cette action longue et diffi-
» cile, contre un ennemi deux fois plus nombreux que
» nous. La perte de l'ennemi a été beaucoup plus grande.
» J'ai appris que des brigades entières d'infanterie avaient
» été détruites; et, en vérité, les bataillons qui se reti-
» raient étaient beaucoup diminués en nombre. D'après
» tous les rapports, leur perte se monte à dix mille
» hommes ; les généraux Lapisse et Morlot ont été

» tués, les généraux Sebastiani et Boulet ont été
» blessés.

» J'ai particulièrement à regretter la perte du général
» major Mackenzie, qui s'est distingué le 27, et celle du
» brigadier général Langworth, de la légion allemande du
» roi, et celle du major des gardes Beckett. »

Suivent des demandes de récompenses pour divers officiers et corps de l'armée anglaise.

Signé ARTHUR WELLESLEY.

NOTE XVI.

Tolède était vivement attaquée par une division du général Venegas qui s'était emparé, dès le 27, d'Aranjuez et de Valdemoro. (Page 134.) Voyez la traduction suivante d'une lettre du général Venegas, à Son Exc. don Antonio de Cornel, secrétaire d'état de la guerre de la junte centrale d'Espagne. (Cette lettre est dans les papiers présentés au parlement d'Angleterre en 1810, sous le titre de *Fifleenth inclosure refered to in* n°. 12.

Ocana, 29 juillet 1809.

Très-excellent Seigneur,

« Le brigadier général don Louis Lacy m'annonce,
» dans son rapport d'hier, qu'il est arrivé à six heures
» du soir avec sa division sur les hauteurs qui dominent
» Tolède, du côté du pont d'Alcantara; que les Fran-

» çais avaient placé sur la plate-forme du château un
» détachement d'infanterie et deux pièces de quatre qui
» firent feu sur nos troupes. Notre artillerie répondit à
» celle de l'ennemi avec succès. Le général Lascy envoya
» ses troupes légères pour s'emparer du pont; mais elles
» en furent empêchées par le feu très-vif des fusiliers
» que les Français avaient embusqués dans les maisons
» voisines. Vers le soir, le général Lascy fit retirer ses
» troupes pour leur laisser prendre du repos, laissant,
» suivant l'usage, des gardes avancées pour observer l'en-
» nemi.

« Les paysans armés que commande don Ventura Xi-
» merick, firent aussi une attaque simulée du côté du
» pont de Saint-Martin; on vit les Français retirer vers
» le soir les deux pièces qu'ils avaient placées à l'entrée
» de ce pont.

» Nous n'avons perdu dans ces affaires qu'un seul ca-
» poral des grenadiers, qui a été enlevé par un boulet
» de canon.

» Les rapports du général Lascy m'annoncent que les
» Français n'ont dans Tolède que trois ou quatre mille
» hommes, y comprenant deux cents cavaliers; ils ont six
» pièces d'artillerie. Le général Lascy se proposait de
» faire de nouveau aujourd'hui une fausse attaque contre
» le pont de Saint-Martin, pendant qu'il attaquerait
» avec toutes ses forces celui d'Alcantara, afin de tâcher
» de s'emparer de la ville. Il est maintenant dix heures
» du soir, et je n'ai encore reçu aucunes nouvelles de lui,

» et je ne sais pas s'il s'est rendu maître de la place. On
» m'apprend cependant qu'on a entendu ce matin une
» canonnade très-vive du côté de Tolède. »

Signé, François Venegas.

Traduction d'une lettre du général Venegas à don Antonio de Cornel. (P. P. Sixteenth inclosure referred to in n°. 12.)

Ocana, 30 juillet 1809.

Très-excellent Seigneur,

« Dans ma dépêche d'hier j'annonçais à votre excel-
» lence que les Français avaient sur les hauteurs de la
» Reyna et de Salinas un poste de deux cents chevaux, et
» de trois cents hommes d'infanterie, que le colonel don
» Philippe de la Corte se proposait d'enlever ce poste avec
» son camp volant composé de cent cinquante soldats d'in-
» fanterie du régiment de Ronda, et de deux cent cin-
» quante cavaliers de la guerrilla, composée de dragons
» des régimens d'Espagne, de Grenade, de Parnesio,
» d'Alcantara, de lanciers d'Utrera et de contreban-
» diers à cheval. Le colonel de la Corte ayant fait le cir-
» cuit nécessaire pour entourer le poste français, l'assail-
» lit à neuf heures du soir, lui tua quatre-vingt-dix hom-
» mes, et lui fit six prisonniers, les autres Français s'é-
» chappèrent; mais ils auraient sans doute été tous tués ou
» faits prisonniers si la nuit n'eût facilité leur évasion.

» Vingt-deux autres prisonniers ont ensuite été amenés
» à mon quartier général par les paysans des villages voi-
» sins. Après cette action, les partis français qui étaient
» à Cien Pozuelos et à Valdemoro, se sont retirés préci-
» pitamment dans Madrid; où ils ont répandu la terreur
» et la consternation. »

Signé FRANCISCO VENEGAS.

NOTE XVII.

Madrid avait aussi été, quelques jours auparavant, au moment d'être occupée par le corps d'avant-garde du général anglais Wilson, qui s'était avancé d'Escalona jusqu'à Naval-Carnero. Les habitans de la capitale lui avaient ouvert leurs portes, etc. (Page 134.) Voyez la traduction suivante, tirée du récit des campagnes de la légion portugaise par le brigadier général sir Robert Wilson, London, 1812. (Pages 81 et 82.)

« Nous nous avançâmes vers Madrid par la route de
» Naval Carnero; le roi Joseph venait d'abandonner cette
» capitale, suivi de ses gardes, y laissant une petite gar-
» nison sous les ordres du général Belliard. Les routes
» étaient bordées d'habitans des campagnes qui, ras-
» semblés sur notre passage, se réjouissaient de nous
» voir. A la première nouvelle de notre approche, les
» bourgeois de Madrid s'insurgèrent, donnant les plus
» vives démonstrations de joie, dans l'espérance de secouer

» bientôt le joug du gouvernement oppressif des Fran-
» çais, et d'exterminer dans peu leur roi intrus et toute sa
» cour perfide. Les portes de Madrid furent ouvertes
» pour nous recevoir, et la faible garnison française
» laissée dans cette ville fut forcée de s'enfermer dans le
» Retiro pour se soustraire à la furie de la populace.

» Le gouverneur général Belliard était un homme hu-
» main et libéral; malgré le tumulte et l'agitation qui
» régnaient, il parcourut à cheval seul et sans escorte
» les rues de la ville, exhortant les habitans à prendre
» patience et à attendre l'issue de la bataille générale,
» leur disant qu'il leur abandonnerait bientôt la ville si
» l'armée alliée triomphait, et il expliquait en même temps
» au peuple qu'en se hâtant trop il s'exposerait aux plus
» sérieuses conséquences et à la vengeance du roi, etc.
» Néanmoins les citoyens de toutes les classes, de tous
» les rangs et de tous les âges se précipitèrent en foule
» sur la route par où nous devions arriver et s'avancèrent
» au-devant de nous à la distance de plusieurs lieues,
» s'efforçant de nous montrer de mille manières leur joie
» et leur reconnaissance de ce que nous venions les déli-
» vrer du joug des Français. Ils nous annonçaient avec
» des félicitations que nous serions reçus dans la ca-
» pitale au milieu des réjouissances et des fêtes, et que
» les Français ne pouvaient nous opposer aucune résis-
» tance.

NOTE XVIII.

Le maréchal Soult avait reçu cet ordre le 27 seulement, s'était mis en route le 28, etc. (Page 136).

Voyez la traduction suivante d'une lettre du duc del Parque à son excellence don Antonio Cornel, contenant la relation jour par jour des marches et des actions des Français dans la Vieille-Castille, depuis le 28 juillet jusqu'au 2 août, d'après les rapports des guerrillas espagnols. (Parl. pap. seventeenth inclosure referred in n°. 14.)

Ciudad-Rodrigo, le 3 août 1809.

« Très-excellent Seigneur,

» Je transmets à votre excellence le journal des mou-
» vemens et l'état des forces ennemies dans cette province
» de la Vieille-Castille, depuis le 28 juillet jusqu'au 2
» du présent mois.
» Votre excellence verra par les rapports de don Ju-
» lian Sanchez, commandant de guerrillas, que ce brave
» chef de parti ne perd pas une occasion de se dis-
» tinguer en attaquant les ennemis, et qu'il se passe peu
» de semaines sans qu'il acquière des droits à de nouvelles
» recompenses; comme il est difficile de lui en donner
» aussi souvent qu'il le mérite, j'ai ajouté cinquante
» cavaliers à la guerrilla qui est sous ses ordres, lui don-

» nant à entendre que je le faisais pour le récompenser
» de la manière dont il s'est conduit dans la dernière
» action.

» Votre excellence verra que j'ai reçu hier l'avis du
» départ des Français de Salamanque et qu'il ne reste
» plus que trois cents de leurs malades à Zamora. J'ai
» donné l'ordre aux guerrillas d'avancer et de me don-
» ner rapidement des nouvelles de l'état des choses,
» afin que je puisse profiter des circonstances pour m'em-
» parer des munitions, de la farine et des autres effets
» que les Français auraient laissés dans Salamanque, et
» veiller à ce que le bon ordre et la tranquillité soient
» établis dans cette ville.

» *Signé* le duc del Parque Castrillo. »

Journal des mouvemens et de l'état de l'armée française dans la province de la Vieille-Castille, depuis le 28 juillet jusqu'au 2 août.

Ledesma, 28 juillet.

« Les 1,000 dragons qui étaient ici en sont partis pour
» aller à Salamanque.

» Le 26, environ 2000 Français infanterie et cavalerie
» sont venus à Tamanès et ont pris la route de Salaman-
» que, après avoir dévasté la ville. »

Ciudad-Rodrigo, 28 juillet.

« Une femme partie le 21 de Valladolid, et qui ar-

» rive ici dans ce moment, dit que la garnison de cette
» ville était très-faible et que la route de Salamanque était
» couverte de troupes; que les ennemis avaient demandé
» une contribution de 2 millions de réaux, 8 mille ma-
» telas et 16 mille draps de lit, et qu'ils s'étaient fait
» donner toute l'argenterie qui était dans les églises;
» les troupes françaises paraissaient harassées et fort
» abattues. »

Béjar, 28 juillet.

« Les ennemis sont entrés en grandes forces dans
» Alva de Tormès, Maytera et Valdecarros. Ils ont fait
» dire aux magistrats de los Santos de préparer 20 mille
» rations pour demain; il paraît qu'ils comptent prendre
» poste à Gallegos. »

Béjar, 29 juillet.

« Environ 60 cavaliers sont descendus à Calzada de
» Pedro-Minyo et ont demandé 5,000 rations dans le
» village de Ledral. »

Salamanque, 29 juillet.

« Mortier s'est mis en route jeudi avec 6,000 hommes
» par la route de l'Alva. Hier 1,000 chevaux ont pris la
» même route; il en partira demain un nombre encore
» plus considérable, sans doute ils prendront la route de
» Banos. Soult partira d'ici demain ou après demain. Les
» deux corps qui ont passé ici sont forts de 26 à 30 mille
» hommes, ils n'ont que 18 pièces de canon et 4 obu-
» siers. Ils ont apporté avec eux 4 pontons de Zamora,

» quelques bombes de 24 pouces de diamètre, des gre-
» nades, et tous les canons qui étaient ici et qu'ils pré-
» tendaient appartenir au corps de Soult. »

Lettre de don Julian Sanchès, datée de Puente de San-Estervan, le 29 juillet.

« Ce matin, nous avons rencontré près de Tavera, à
» cinq lieues de Ledesma, un détachement fort de
» soixante-deux cavaliers ennemis. Ils se formèrent en
» bataille dès qu'ils nous virent; nous les attaquâmes
» aussitôt. il ne s'en est échappé que deux; vingt-huit
» ont été tués, et les trente-deux autres ont été faits pri-
» sonniers, ainsi que le commandant et un officier avec
» trente-sept chevaux; je les enverrai demain à votre
» excellence. Nous n'avons eu que deux soldats blessés. »

Salamanque, 31 juillet.

« Soult et toutes les troupes sous ses ordres sont par-
» tis hier, il n'a laissé ici que quatre cents soldats.
» Ney arrive dans la ville aujourd'hui, son corps d'ar-
» mée n'est pas fort de dix mille hommes; ainsi, les
» corps réunis de Soult, Mortier et Ney, ne forment pas
» plus de trente ou trente-quatre mille hommes. La ca-
» valerie qui a passé ici aujourd'hui est peu nombreuse;
» elle a pris la route de Fevarès, afin d'éviter de ren-
» contrer nos guerrillas. La plus grande partie de l'ar-
» tillerie, suivie de quelqu'infanterie, a traversé la ville

» sans s'arrêter, et elle a pris la même route que le
» corps de Soult. L'artillerie des trois corps français se
» compose de cinquante pièces de quatre, parmi les-
» quelles on compte une demi-douzaine de canon du
» calibre de huit. Il est évident que Soult et Ney ne
» sont pas en parfait accord, et la différence de leur
» manière de voir paraît influer sur l'esprit des sol-
» dats. Deux messagers sont arrivés ce matin, et en
» conséquence de leur arrivée, les deux cent soixante-
» sept hommes qui étaient venus de Zamora sont re-
» tournés sur leurs pas ; on dit qu'ils ont ensuite pris la
» route de Valladolid. On dit aussi que la Romana est à
» Léon, et qu'il y a un corps anglais à Carion. La cavalerie
» française qui était à Calzada de don Diego de Castri-
» jon, en est partie hier pour aller à la Calzada de la
» Plata ; ils ont pris la route directe de San-Pedro de
» Rozadas, où il y a un immense bivouac de troupes. »

Albera, 1er août.

« Les Français sont entrés dans Béjar avec dix mille
» hommes d'infanterie, huit cents cavaliers et quatre
» pièces de canon ; une partie de ce corps a pris la route
» de Placentia et de Coria. »

Salamanque, 1er août.

« Le corps d'armée de Ney est arrivé ici avec une
» grande quantité de bagages, quelque artillerie, et
» environ huit cents chevaux. Les soldats de ce corps

» disent qu'ils sont près de dix-sept mille, mais ils ne
» paraissent pas être autant ; on peut cependant éva-
» luer leur nombre à plus de douze mille. Ils ont em-
» porté environ cinq cents bombes du château de Za-
» mora, et sont partis pour Valladolid. »

Ledesma, 2 août.

« La poste de Salamanque arrive en ce moment, elle ap-
» porte la nouvelle que tous les Français qui y étaient en sont
» partis. Il paraît, d'après diverses lettres de particuliers,
» écrites à des individus de cette ville, que les Français
» étaient suivis par trente-quatre individus du pays, qu'ils
» avaient mis dans leurs intérêts. Nous avons reçu la nou-
» velle certaine, que les Français n'avaient laissé que trois
» cents malades dans la ville de Zamora, et que ne pou-
» vant les emmener, ils les avaient recommandés aux soins
» de la junte. Ils ont laissé dans les magasins de Sala-
» manque un grand nombre de sacs de farine, et une
» quantité d'obus et de boulets dans le couvent des
» Minimes. Soult s'est vanté de renverser dans peu, avec
» ses quinze mille hommes seulement, la junte suprême.

NOTE XIX.

Le roi Joseph n'avait aucun moyen de percevoir les impôts régulièrement; c'était en vain qu'il envoyait des colonnes mobiles parcourir le pays, les habitans se sauvaient dans les montagnes, ou bien ils se défendaient dans leurs maisons ; les soldats sacageaient les villages, et les contributions ne se levaient pas ; les individus paisibles payaient quelquefois pour tous les autres ; mais ils étaient ensuite tous grièvement punis par les chefs de quadrilles pour ne s'être pas enfuis à l'approche des Français, etc. (Page 242.)

(Voyez la traduction suivante de quelques extraits des gazettes espagnoles, tirés de l'*Edimbourg annual Register*; ils donnent de grands détails sur ces vengeances réciproques, sur les quadrilles espagnoles, et en particulier sur les partisans Mina et l'Empecinado.)

« Le 21 avril, les Français ont découvert que l'alcade » de la Roca avait préparé des vivres pour les troupes » de don Carlos d'Espagne ; ils ont fusillé cet alcade après » lui avoir arraché les yeux. »

« Le 24 mai, une colonne mobile française, forte de » quatre cents hommes d'infanterie et de quatre-vingt-» dix cavaliers, est entrée dans la petite ville de la Mota » del Cuervo après avoir dispersé le parti des guerrillas, » aux ordres de don Francisco Sanchés ; un des plus res-» pectables d'entre les habitans a été tué et la ville a été » saccagée pendant toute la nuit ».

« Huit hommes de la bande des guerrillas de l'Empe-» cinado ont été pris par les Français dans la montagne » de Guadarrama et pendus à des arbres. — L'Empeci-

» nado a pendu, quelque temps après, en représailles, un
» nombre égal de Français à la même place et aux mêmes
» arbres ».

« Don Juan Martin, surnommé *el Empecinado* l'im-
» placable, a mérité ce surnom, sous lequel il est de-
» venu si fameux, parce que plusieurs des membres de
» sa famille ayant été massacrés, il fit le vœu de ne ja-
» mais suspendre ses vengeances tant qu'un Français res-
» pirerait sur le sol de l'Espagne; et, à la tête de sa bande,
» il a déjà fait réellement éprouver aux Français des pertes
» plus considérables que celles qu'ils ont jamais pu faire
» dans les plus sanglantes batailles ».

« Un Espagnol nommé Rigo, qui avait d'abord affecté
» beaucoup de zèle pour la cause des patriotes, s'étant
» sauvé à Madrid, obtint un emploi considérable auprès
» du roi Joseph, et persécuta violemment tous les habi-
» tans de la capitale qui avaient des correspondances avec
» les patriotes. — L'Empecinado jeta sur lui un regard
» de vengeance, et reçut bientôt après l'avis que Rigo
» allait se marier et qu'il allait célébrer ses noces dans
» une maison de campagne située auprès de la capitale.
» Le festin de noces était commencé lorsque l'Empeci-
» nado arrive à la porte de la maison à la tête de sa bande
» de guerrillas, frappe et demande qu'on lui livre sur-
» le-champ Rigo, disant qu'il ne fera aucun mal
» au reste des convives. — Rigo fut livré, enlevé et en-
» voyé sous l'escorte de quelques hommes à Cadix pour
» y être décapité sur la grande place.

» L'alcade de Brihuega a été de même puni sévèrement » pour avoir montré du dévouement aux Français.

» Il s'en est peu fallu que Joseph n'ait été enlevé comme » Rigo; il donnait à dîner à la Alameda, à une lieue » de Madrid, au gouverneur général Belliard, lorsqu'il » fut interrompu par l'arrivée de l'Empecinado à la tête » d'une bande de patriotes; Joseph aurait été pris avec » toute sa suite s'il ne se fût sauvé en toute hâte vers » Madrid ».

« Le 27 de septembre, Joseph était à Guadalaxara, et » il voulut aller à Siguenza. L'Empecinado se plaça en » embuscade à Cogolludo, et le força à se sauver en » toute hâte sous la protection de la garnison de Madrid. » Il fut poursuivi si vivement jusqu'aux portes de la capi- » tale, que l'Empecinado tailla en pièces plus de qua- » rante de ses gardes à Torrejon et à el Molar ».

« Le nom de Mina, chef aussi entreprenant que l'Em- » pecinado, a été successivement rendu célèbre par deux » héros espagnols. Le premier des Mina était un étudiant » de la Navarre; à peine âgé de vingt années, il a été » blessé et fait prisonnier par les Français. L'oncle de » celui-ci, don Francisco Espoz y Mina, profita de la » popularité que son neveu avait acquise, il rallia les » bandes espagnoles éparses, et conquit, malgré les » Français, le commandement de la province de Na- » varre. L'autorité qu'il s'est ainsi acquise a été en- » suite confirmée par un décret de la junte. Les Français » l'ont surnommé le roi de la Navarre, parce qu'il y

» règne en effet malgré leur présence et quoiqu'ils en
» occupent toutes les forteresses.

» Les Français ont souvent essayé de s'emparer par
» surprise de la personne d'Espoz y Mina; mais leurs
» tentatives ont toujours été vaines, parce que tous les
» habitans de la Navarre lui sont dévoués. Il fait fabri-
» quer sa poudre dans une caverne des hautes monta-
» gnes. Son hôpital militaire est aussi dans un village
» retiré, et chaque fois que les Français arrivent, les
» paysans s'empressent de transporter les malades et les
» blessés dans les escarpemens de la montagne, où ils
» viennent ensuite les reprendre quand les Français sont
» partis ».

« Les alcades de tous les villages doivent avertir Mina
» dès que les Français leur ordonnent de préparer des
» vivres. S'ils y manquent, il les fait aussitôt enlever et
» fusiller. Mina encourage les habitans de la Navarre à
» commercer avec les Français, afin d'en obtenir des
» informations et de se procurer, par leur moyen, des
» effets d'habillement et d'armement, enfin toutes les
» choses nécessaires à sa troupe. Il donne des passe-ports
» aux riches commerçans, et il lève sur eux un impôt
» avec lequel il paie libéralement ses soldats et ses es-
» pions. Lorsqu'il découvre qu'un Espagnol est espion des
» Français, il lui fait aussitôt couper l'oreille droite, et
» on lui imprime sur le front avec un fer ardent ces pa-
» roles : *Viva Mina!*

» Mina fait observer la plus parfaite discipline et la plus

» grande austérité de mœurs dans sa bande ; il ne souffre
» pas qu'aucun de ses soldats fasse sa cour aux femmes,
» et il donne l'exemple. Il pourrait facilement réunir
» douze mille hommes sous son commandement, mais il
» n'en met ordinairement que quatre à cinq mille sous
» les armes, nombre qu'il trouve suffisant et plus facile
» à conduire dans des expéditions rapides. Un enfant
» de quatorze ans lui sert de garde avancée, et dans le
» genre de guerre qu'il fait, il emploie souvent même
» des femmes et des vieillards.

» Un autre chef de parti est appelé *El Abuelo*
» l'aïeul ; c'est un vieillard qui a commencé à or-
» ganiser sa bande avec son fils et son petit-fils.
» D'autres chefs de guerrillas sont connus sous le nom
» de *el pastor*, le berger, *el medico*, le médecin,
» *el manco*, le manchot, *el frayle*, le moine, *el
» cura*, le curé, *el cantarero*, le potier, surnoms pris
» des qualités qui les caractérisaient, de leurs occupations
» ou des professions qu'ils remplissaient avant de se faire
» chefs de guerrillas.

» Ces partis de guerrillas s'embusquent en tous lieux
» pour attendre les petits détachemens des Français,
» ils cernent leurs fourrageurs, détruisent leurs traî-
» neurs, surprennent leurs petites garnisons, enlèvent
» leurs convois, et interceptent toutes leurs communica-
» tions.

» Le long de la grande route, entre Victoria et Irun,
» les Français ont fait abattre tous les bois à la distance
» d'une portée de fusil de chaque côté de la route.

» Par un nouveau décret de Kellerman, une senti-
» nelle doit être placée au sommet du clocher de chaque
» village pour sonner les cloches dès qu'elle aperçoit
» un parti de guerrillas.

« Les courriers français sont toujours accompagnés par
» une forte escorte de cavalerie; et cependant ce service
» est si dangereux, qu'on vient d'emprisonner en une
» seule fois à Bayonne seize courriers qui avaient refusé
» de marcher pour entrer en Espagne. On dit à Bayonne
» qu'il n'y en a pas un sur six qui arrivent à leur destina-
» tion. »

NOTE XX.

Les Anglais et les Portugais occupaient sur la crête des montagnes une position qui formaient un arc de cercle..... cette circonstance contribua principalement à l'avantage qu'ils remportèrent.

(Voyez la traduction suivante de la page 291, de l'ouvrage anglais intitulé, *Narration of the campaigns of the loyal Lusitanian legion under, brigadier général sir Robert Wilson.*)

« L'armée combinée était postée sur une étendue de
» deux lieues, le long de la crête de la montagne de Busaco;
» en avant était une chaîne de postes, occupés par
» des troupes légères, et cette chaîne de postes formait
» avec la position de l'armée, le segment d'un cercle qui
» embrassait par ses deux extrémités, chaque partie de

» la position des ennemis. Les Français ne pouvaient faire
» le moindre mouvement dans leurs positions, sans qu'il
» ne fût immédiatement vu du sommet de la montagne;
» et cette circonstance contribua *most materially*, très-
» essentiellement au succès des Anglais. »

NOTE XXI.

Mais des reconnaissances envoyées sur divers points trouvèrent l'armée de lord Wellington retranchée dans une position qu'il était impossible d'attaquer ou de tourner, entre la mer et le Tage, sur la chaîne des montagnes qui s'étendent depuis Alhandra jusqu'à Torrès-Vedras et à l'embouchure du Sisandro, et plus en arrière vers Mafra. (Page 253.)

Voyez le plan et la description du capitaine d'artillerie anglais William Granville Éliot. Voici la traduction de de quelques extraits tirés d'un livre anglais intitulé : *Narration of the compaigns in Spain and Portugal under, brigadier général sir Robert Wilson.* (Page 301.)

« Nous vîmes distinctement le maréchal Masséna,
» suivi d'un état-major nombreux, s'avancer pour faire
» la reconnaissance de nos positions. Son armée était
» partagée en trois corps, dont la droite ne paraissait
» pas être avancée au-delà de Sobral.
» La gauche s'appuyait au Tage. Les pluies avaient
» rendu impraticable la route qui conduit à Torrès-Ve-

» dras. Les Français virent alors que leur marche rapide
» les avait mis dans une très-mauvaise situation.

» Masséna rencontra des obstacles auxquels il était
» bien loin de s'attendre; et les difficultés dans lesquelles
» il s'était engagé s'accroissaient journellement par le
» manque de vivres.

Voici la position de notre armée combinée, anglaise et portugaise.

« 2ᵉ division sous les ordres du général Hill. La
» droite à Alhandra, près du Tage, son flanc est couvert
» par les chaloupes canonnières. Les brigades des géné-
» raux Humbley et Hoghton sont à Bucellas.

» Division légère du général Crawford. } sous Canvas.
» 5ᵉ ditto du général Heiths.

» 1ʳᵉ division, commandée par sir B. Spencer, au
» centre et à la gauche; le quartier général à Sobreira.

» 3ᵉ division. Celle du général Picton à Torrès Védras.

» 4ᵉ division. Celle du général Cole, à Dias Portas.

» 5ᵉ division. Celle du général A. Campbell, à Ribal-
» diéra.

» Cavalerie, sir J. Cotton qui la commande, a son
» quartier général à Mafra.

» Les brigades portugaises sont entremêlées, pour la
» défense des batteries, avec les brigades anglaises. Le
» brigadier général Pake est commandant du fort qui a
» été construit au centre des positions retranchées, et

» sur le sommet le plus élevé des montagnes. Lorsqu'on
» est arrivé dans ce fort, qui est immédiatement au-des-
» sus du village de Portella de Casaes, on jouit de la
» perspective la plus belle et la plus étendue. On voit
» à sa droite la riche vallée du Tage, et par de-là ce
» fleuve, la province de l'Alentejo. Vers la gauche, la
» vue s'étend sur tout le reste des positions militaires et
» sur la mer Atlantique. On distingue les sommités de
» la montagne de Cintra, les Burlingues et la forteresse
» de Peniche. »

NOTE XXII.

Les Anglais, toujours sur leurs gardes dans leurs lignes jouisssaient du plus grand repos, etc. (Pag. 258.)

(*Voyez la traduction suivante du récit d'une anecdote insérée dans l'Edimburgh annual register de 1810.*) (Page 468.)

Un taureau s'étant échappé d'un poste français qui était placé vis-à-vis le piquet du 92ᵉ régiment anglais, fut atteint dans le terrain neutre qui était entre les deux armées, et tué par les soldats anglais.

Pendant qu'ils étaient occupés à couper ce bœuf en quartier, des soldats français vinrent, sans armes, en réclamer leur part, faisant des signes avec leurs mouchoirs, et disant que c'étaient les seules provisions qu'ils eussent, et qu'ils venaient de la part de leur officier pour demander à partager la prise ; les Anglais donnèrent aux soldats français la moitié du bœuf, et y ajoutèrent un présent de quelques pains et une bouteille de rum. Les piquets anglais et français sont devenus si familiers, qu'ils se visitent fréquemment et boivent ensemble.

NOTE XXIII.

Un paysan des environs de Thomar avait choisi pour lieu de retraite une caverne près de cette ville, et il tua de sa propre main, dans le mois de février, plus de trente Français. (Page 268).

Cette anecdote est tirée de (l'Edimburgh annual register, *for* 1811, *p.* 252.)

NOTE XXIV.

Voilà quelle était la situation des Français au commencement du mois de mars, lorsqu'un convoi de biscuit, qu'ils attendoient de France, fut enlevé par des partisans espagnols. (Page 280.)

L'enlèvement de ce convoi de biscuit est rapporté dans l'Edimburgh annual register 1811, *History of Europe*, pag. 254.)

FIN.

ERRATA.

Page 15, ligne 25, *l'armée de la droite*; lisez : l'armée de la gauche.
— 37, lig. 12, *hussads*; lisez : hussards.
— 50, lig. 16, *et de profiter*; lisez : et pour profiter.
— 65, lig. 24, *où il était entré*; lisez : où il entra.
— 71, lig. 8, *fait faire croire et dire*; mettez une virgule après faire.
— 72, lig. 9, le *Douero*; lisez : le Duero.
— 76, lig. 22, *pour la nécessité*; lisez : par la nécessité.
— 88, lig. 23, et page 89, ligne 21, *Messa d'Ibor*; lisez : Messa de Ibor.
— 90, lig. 2, *Messa d'Ibor*; lisez : Messa de Ibor.
— 92, lig. 14, *Miacasas*; lisez : Miajadas. *Idem*, pag. 93, lig. 24, et page 94, lig. 14.
— 95, lig. 5, *et ils formèrent en une*; lisez : et ils formèrent une.
— 100, lig. 14, *à l'infantaire*; lisez : à l'infanterie.
— 105, lig. 12, *remercia Varrus*; lisez : remercia le consul Varro.
— 107, lig. 9, *Pinbla de Sanabria*; lisez : Puebla de Sanabria.
— 117, lig. 25, *la bonté du roi*, lisez : la bonté naturelle au roi.
— 130, lig. 21, *de joindre à leurs ennemis*; lisez : de joindre leurs ennemis.
— 132, lig. 10, *déborder*; lisez : déboucher.
— 158, lig. 26, *qu'on ne remarque pas dans*; lisez : qu'on ne remarque dans.
— 163, lig. 7, *sur lesquelles reposent*; lisez : sur lesquelles repose.
— 166, lig. 26, *et de chanter des sequidillas*; lisez : et de chanter des seguidillas.
— 178, lig. 1, *d'un air doucereux*; lisez : d'un ton doucereux.
— 193, lig. 10, *qui avaient*; lisez : qui eurent.
— 193, lig. 11, *étaient aussitôt*; lisez : furent aussitôt.
— 196, lig. 25, *faisaient*; lisez : font.
— 206, lig. 8, *faire de distributions*; lisez : faire des distributions.
— 214, lig. 11, *en tirailleurs*; lisez : en fourrageurs.
— 222, lig. 6, *montagne*; lisez : montagnes.

www.ingramcontent.com/pod-product-compliance
Lightning Source LLC
Chambersburg PA
CBHW060610170426
43201CB00009B/962